普通高等教育"十二五"规划教材

文献检索与利用教程

王良超 高 丽 主 编

化学工业出版社

·北京·

本书对文献信息检索相关的基本概念、基本理论方法进行了讲解，对各类文献信息资源的利用方法做了深入浅出的介绍，并有结合各章节的思考题供参考。本书文理兼顾，有理论阐述，有检索实例，有资源评价，也介绍了文献利用过程中的道德规范。实用性强。本书适合在校本专科学生、低年级研究生使用，也适合社会各界希望提高文献获取能力和提升文献信息素养的人士，以及公共图书馆各类型读者。

图书在版编目(CIP)数据

文献检索与利用教程／王良超，高丽主编．—北京：化学工业出版社，2014.1（2025.7重印）
普通高等教育"十二五"规划教材
ISBN 978-7-122-19252-3

Ⅰ．①文⋯　Ⅱ．①王⋯　②高⋯　Ⅲ．①情报检索-高等学校-教材　Ⅳ．①G252.7

中国版本图书馆 CIP 数据核字（2013）第 295072 号

责任编辑：杨　菁　金　杰　　　　　装帧设计：张　辉
责任校对：宋　夏

出版发行：化学工业出版社（北京市东城区青年湖南街 13 号　邮政编码 100011）
印　　装：北京盛通数码印刷有限公司
787mm×1092mm　1/16　印张 14½　字数 338 千字　2025 年 7 月北京第 1 版第 17 次印刷

购书咨询：010-64518888　　　　　　售后服务：010-64518899
网　　址：http://www.cip.com.cn

凡购买本书，如有缺损质量问题，本社销售中心负责调换。

定　价：29.00 元　　　　　　　　　　　　　　　　　版权所有　违者必究

前　言

20 世纪 80 年代中期，编者还在大学里学习。其时托夫勒的《第三次浪潮》席卷整个校园。而今，他所描述的信息化时代，正真切且日新月异地呈现在人们面前。

在有限的生命周期内，面对无限的生机勃勃的信息世界，如何在信息的海洋里快速准确获取自己所需要的那部分？自己所获取信息的真实性、权威性如何？尽管现在出现了类似谷歌、百度这样的检索工具，大大方便了网民。但一网下去，结果也往往令人傻眼：要么和需求毫无关联，要么结果成千上万，让人无所适从。

本教材试图理论与实践相结合，对各类文献信息资源的特点、检索方法做基本的介绍。通过对这些原理举一反三的应用，各类型读者文献信息检索能力应该有所提升。

西南石油大学本科生文献检索课开设院系和修读学生逐年增加。根据教育部要求，专业硕士也应开设文献检索课程。2006 年，学校批准再次成立文献检索教研室，以加强文献检索课教学管理和规划工作，同时规定将全校各教学院系文献检索课程归属图书馆管理。几年来，在图书馆领导及各部门的大力支持下，经教研室全体教师共同努力，在文献检索课师资培养、教学大纲、教学内容、教学方法、上机实习、课后作业、考试方法等方面进行了积极的探索、改进、提高。文献检索课程在大学生信息意识养成、检索技能培养方面起到了重要的作用。在数年的教学实践过程中，我们深感有必要结合实际，编写一本深入浅出、纸本和电子文献介绍结合、文理兼顾、更能贴近石油院校专业设置及切合本课程教学大纲的教材，使教材针对性更强，对教与学双方都能更好地发挥作用。结合校级教改项目实施，三年前，我们着手本教材的编写工作。

本书编写分工如下：王良超负责本书整体规划及章节制订，编写第 1 章，第 2 章第 1 节，并编写每一章的前言部分；邹晖编写第 2 章第 2 节，第 5 章第 1 节 5.1.6、5.1.7 部分，第 7 章第 1 节；高燕琼编写第 2 章第 2、第 3、第 4 节，第 5 章第 1 节 5.1.4、5.1.5 部分；强深涛编写第 3 章第 1、第 2、第 3 节，第 5 章第 1 节第 6、7 部分；第 5 章第 2 节 5.2.1、5.2.5、5.2.6、5.2.7 部分，第 5 章第 3 节 5.3.2、5.3.3 部分，第 6 章第 3 节石油天然气工程、地球科学、机械工程部分；严敏编写第 3 章第 5、第 6、第 7 节，第 4 章第 1、第 2 节，第 4 章第 3 节 4.3.1 部分，第 5 章第 4 节 5.4.1 部分，第 7 章第 2、第 3 节；肖春平编写第 3 章第 4 节、第 4 章第 3 节 4.3.2 部分，第 5 章第 2 节 5.2.2、5.2.3、5.2.4 部分，第 5 章第 3 节 5.3.1、5.3.4、5.3.5 部分，第 5 章第 4 节 5.4.2 部分，第 5 章第 5 节，第 6 章第 2 节，第 6 章第 3 节电子工程、材料工程、化工、建筑部分；李文波编写第 5 章第 1 节 5.1.1、5.1.2、5.1.3 部分，第 6 章第 1、第 3 节；樊映影编写第 4 章第 4 节，第 6 章第 3 节法学、管理科学、语言学部分，第 7 章第 4 节。

在本书的编写过程中，高燕琼参与早期文档合成排版工作；肖春平参与校对工作，并通读修订全书稿，根据各数据库的最新变化更新了部分截图；王良超对全书进行组织规划并统稿、对初稿和定稿进行全面的修订完善。因时间仓促，经验不足，本教材免不了存在问题和不妥之处，望读者在使用过程中指出，以便及时修正。

本教材能正式出版，要感谢图书馆领导的支持，感谢教研室全体教师的共同努力，也要感谢学校将其列为重点资助出版教材。

本教材的编写，参考了众多国内同类教材的内容，在本书最后的参考文献中一一列出，在此一并致谢。

编　者

2013 年 11 月

目 录

第1章 信息意识与信息素养 ·················· 1
1.1 信息意识 ·················· 1
1.2 信息素养 ·················· 3

第2章 文献检索基础知识 ·················· 5
2.1 文献及其相关概念 ·················· 5
2.2 文献的特点 ·················· 5
2.2.1 社会科学文献的特点 ·················· 7
2.2.2 自然科学文献的特点 ·················· 8
2.3 文献的类型 ·················· 9
2.3.1 按文献的出版形式划分 ·················· 9
2.3.2 按文献的加工深度划分 ·················· 13
2.3.3 按文献的公开程度划分 ·················· 14
2.3.4 按文献的载体形式划分 ·················· 15
2.4 文献分布与文献评价的相关知识 ·················· 15
2.4.1 布拉德福定律与核心期刊 ·················· 15
2.4.2 被引文量、被引率、自引率、他引率 ·················· 18
2.4.3 影响因子 ·················· 18
2.4.4 文献半衰期 ·················· 18

第3章 文献检索原理 ·················· 20
3.1 文献检索概述 ·················· 20
3.2 检索语言 ·················· 20
3.2.1 检索语言的概念与作用 ·················· 20
3.2.2 描述文献外表特征的语言 ·················· 21
3.2.3 描述文献内容特征的语言 ·················· 24
3.3 检索工具 ·················· 26
3.3.1 检索工具定义 ·················· 26
3.3.2 检索工具类型 ·················· 27
3.3.3 检索工具结构 ·················· 28
3.4 计算机检索技术 ·················· 29
3.4.1 布尔逻辑检索 ·················· 29
3.4.2 截词检索 ·················· 30
3.4.3 字段限定检索 ·················· 31
3.4.4 位置检索 ·················· 31
3.5 检索途径 ·················· 32
3.5.1 根据信息外部特征的检索途径 ·················· 32
3.5.2 根据信息内容特征的检索途径 ·················· 33
3.5.3 常用检索途径的检索思路及常见问题 ·················· 33
3.6 文献检索的步骤 ·················· 38
3.6.1 分析研究课题与确定检索要求 ·················· 38
3.6.2 选择检索方法与确定检索工具 ·················· 38
3.6.3 确定检索途径 ·················· 39
3.6.4 优化检索策略 ·················· 39
3.6.5 整理检索结果 ·················· 39
3.6.6 获取原始文献 ·················· 40
3.7 检索结果评价 ·················· 41
3.7.1 查全率与查准率 ·················· 41
3.7.2 查全率与查准率的相关关系 ·················· 41

第4章 纸本文献检索 ·················· 43
4.1 常用纸本文献检索工具类型 ·················· 43
4.2 典型工具书简介 ·················· 44
4.2.1 报刊、书目类 ·················· 44
4.2.2 综合性百科全书 ·················· 45
4.2.3 印刷型字词典 ·················· 46
4.2.4 类书与政书 ·················· 47
4.2.5 综合性名录 ·················· 47
4.3 各专业工具书简介 ·················· 48
4.3.1 人文社科类 ·················· 48
4.3.2 自然科学、技术科学类 ·················· 51
4.4 文献服务机构 ·················· 57
4.4.1 图书馆服务 ·················· 57
4.4.2 其他服务机构 ·················· 59

第5章 数据库电子文献检索 ·················· 61
5.1 国内常用数据库 ·················· 61
5.1.1 中国知网 CNKI ·················· 61

5.1.2 维普中文科技期刊数据库 …… 66	6.2 开放获取资源及专业网络文献资源 …… 184
5.1.3 万方数据知识服务平台 …… 69	6.2.1 开放获取概述 …… 184
5.1.4 读秀学术搜索和超星数字图书馆 …… 71	6.2.2 开放获取期刊 …… 184
5.1.5 书生之家数字图书馆 …… 81	6.2.3 作者自存档 …… 184
5.1.6 法律数据库 …… 84	6.2.4 开放获取的发展趋势 …… 185
5.1.7 经济类数据库 …… 93	6.2.5 开放获取资源介绍及链接 …… 190
5.2 国外常用数据库检索 …… 94	6.3 网络信息的评价 …… 203
5.2.1 《化学文摘》CA …… 94	6.3.1 网络信息资源评价的必要性 …… 204
5.2.2 《工程索引》EI …… 112	6.3.2 网络信息资源的定性评价与定量评价 …… 204
5.2.3 《科学引文索引》SCI …… 117	
5.2.4 Elsevier …… 124	6.3.3 内容评价与形式评价 …… 205
5.2.5 美国石油工程师协会数据库（Onepetro） …… 127	**第7章 文献信息的利用** …… 207
	7.1 文献信息利用过程中的版权保护及学术道德 …… 207
5.2.6 IEEE/IEE Electronic Library …… 133	7.1.1 文献利用中的道德规范 …… 207
5.2.7 Springer Link 数据库 …… 135	7.1.2 文献利用中的版权保护 …… 207
5.3 特种文献检索 …… 139	7.2 学术论文的写作 …… 208
5.3.1 专利 …… 139	7.2.1 学术论文概述 …… 208
5.3.2 标准文献 …… 151	7.2.2 学术论文的基本格式 …… 210
5.3.3 学位论文 …… 155	7.2.3 学术论文的写作程序 …… 211
5.3.4 会议文献 …… 159	7.3 综述报告的撰写 …… 215
5.3.5 科技报告 …… 163	7.3.1 概念、特点及其作用 …… 215
5.4 文献检索案例 …… 167	7.3.2 综述报告写作前的准备工作 …… 215
5.4.1 社科文献检索案例 …… 167	7.3.3 综述报告的基本格式及写作方法 …… 216
5.4.2 工程科学检索案例 …… 169	7.4 参考文献的著录方法 …… 218
5.5 国内外数据库文献的评价 …… 171	7.4.1 有关基本概念 …… 218
第6章 网络文献信息检索 …… 175	7.4.2 参考文献的著录格式 …… 218
6.1 典型搜索引擎及工作原理 …… 175	7.4.3 参考文献表的组织方法 …… 220
6.1.1 搜索引擎的发展 …… 175	7.4.4 文献类型和文献载体标志代码 …… 220
6.1.2 搜索引擎的工作原理 …… 176	**参考文献** …… 222
6.1.3 国内外主要搜索引擎简介 …… 177	
6.1.4 Google …… 178	

第 1 章　信息意识与信息素养

很多文献对大学生应具备的能力素质进行了深入的研究，综合起来，一个大学生步入社会后是否能取得成就，往往取决于三个方面：个人态度与个人品质、工作能力、社会能力。工作能力中很重要的方面就是学习能力，而信息获取能力，是学习能力的一个重要组成部分。文献检索课程的教学目的，就是让大学生了解各种不同类型文献信息源的特点、获取途径、获取方法以及文献信息的甄别和利用，提升自我的信息素质。

1.1　信息意识

信息意识是指人对信息敏锐的感受力、判断能力和洞察力，即人的信息敏感程度。通俗地讲，就是面对不懂的东西，能积极主动地去寻找答案，并知道到哪里，用什么方法去寻求答案，这就是信息意识。

电影《渡江侦察记》描述了解放军为了获取作战对方的兵力部署，派侦察兵到敌占区获取战争情报信息的故事。在战争年代，一条及时可靠的情报信息，可以让己方减少伤亡，占据主动；在和平年代的经济建设中，一条信息可以让人走上致富道路，改变人的一生。信息是一种资源，信息资源把握好了，有时可以转化为财富。信息资源是可以通过不同途径获取的。面对信息化时代，大学生要培养积极的信息意识，认识文献信息资源的重要性，自觉学好文献检索这门课程。

大庆油田被日本通过信息检索和分析获悉

这个事例反复被电视节目、各类教材引用。其真实性不得而知。但就算是一个故事，也可以通过其中的逻辑合理性进行思考。

20 世纪 60 年代，日本出于战略上的需要，非常重视中国石油工业的发展，于是把摸清大庆油田的情况，作为情报工作的主攻方向。

大庆油田在什么地方？

日本人对大庆油田早有所闻，但始终得不到准确的情报。后来，在 1964 年 4 月 20 日的《人民日报》上看到"大庆精神大庆人"的字句。于是日本人判断"中国的大庆油田，确有其事"。但是，大庆油田究竟在什么地方，日本还没有材料做出判断。

在 1966 年 7 月的《中国画报》上，日本人看到一张照片（图 1.1）。他们根据这张照片上人的服装衣着判定："大庆油田是在冬季为零下 30 度的黑龙江省，大致在哈尔滨与齐齐哈尔之间。"后来，到中国来的日本人坐火车时发现，从东北来往的油罐车上有很厚的一层土，从土的颜色和厚度，证实了"大庆油田在黑龙江省"的论断是对的，但大庆油田的具体地点还是不清楚。

在 1966 年 10 月，日本又从《人民中国》杂志的第 76 页上看到了石油工人王进喜的事迹。分析中得知，最早的钻井是在安达东北的北安附近。并且离火车站不会太远。因为在英雄事迹宣传中有这样一句话：王进喜一到马家窑看到大片荒野说："好大的油海，把石油工业落后的帽子丢到太平洋去"。

于是，日本人从伪满旧地图上查到"马家窑是位于黑龙江海伦县东南的一个小村，在北安铁路上一个小车站东边十多公里处"。就这样，日本终于把大庆油田的地理位置搞清楚了。

大庆油田有多大规模？

日本人对王进喜事迹的报道做出了如下分析：王进喜是玉门油矿的工人，是1959年9月到北京参加国庆庆典之后志愿去大庆的。大庆油田肯定是1959年以前就开钻了。马家窑是大庆油田的北端，即北起海伦的庆安，西南穿过哈尔滨市与齐齐哈尔市铁路的安达附近，包括公主峰西面的大赉，南北四百公里的范围。估计从黑龙江省到松辽油田统称为大庆。

中国炼油能力如何？

到1966年7月，日本人把注意焦点转到炼油设备上，"有心人"终于在《中国画报》上发现一张炼油厂反应塔的照片，日本人就从这张照片推算出了大庆炼油厂的规模和能力。

其推算方法也很简单：首先找到反应塔上的扶手栏杆，扶手栏杆一般是1米多点，以扶手栏杆和反应塔的直径相比，得知反应塔内径是5米。因此，日本人推断，大庆炼油厂的加工能力为每日900千升。如以残留油为原油的30%计算，原油加工能力为每日3000千升，一年以330天计算，年产量为100万千升。而中国当时在大庆已有820口井出油，年产量是360万吨，估计到1971年大庆油田的年产量将达1200万吨。

大庆给日本带来了什么机遇？

根据大庆油田出油能力与炼油厂有限的炼油能力，日本人推论：中国最近几年必然因为炼油设备不足，会考虑买日本的轻油裂解设备。中国要买的设备规模和数量多大？根据情报分析，要满足日炼油1万千升的需要。

这是日本在1966年根据公开报刊点滴信息作出的判断和决策。

似已尘封的事件，如今读来依然发人深省。要知道，日本人仅仅对我们公开的资料进行了深入分析，就了解到这么多的信息情报。

图1.1　1966年7月《中国画报》中的王进喜照片

"永春"是谁？

《大河报》于1995年8月1日创刊，是由河南日报报业集团主办的一份综合性都市生活日报。

2013年7月30日，河南《大河报》以两个要闻整版的篇幅，发表了一篇题为《观猴有感》的文章。此文诸多论点引起媒体广泛关注，而其中作者"永春"是谁，更引起读者好奇。有媒体按照以下资料进行了梳理。

《大河报》隶属于河南官方媒体《河南日报》报业集团，属于具有官方色彩、同时又兼具市场属性的都市报。此番以要闻版发表署名"永春"的文章，按照内地媒体规律，以笔名在具有官方背景的媒体重要版面发表文章，一般都是现任或退休领导人居多。

通过网络搜索发现，2012年2月16日《人民日报》第四版即发表了一篇署名为"永春"的文章，题为《"有权不用，过期作废"新解》。那么，这个"永春"又是谁呢？进一步检索发现，在此文发表后不到一个月的全国两会期间，隶属于《南方日报》的都市类报刊《南方都市报》在一篇两会报道中，有这样一句话：李长春风趣地说："我最近用笔名写了一篇短评《'有权不用，过期作废'新解》，在人民日报上发表。"两相对照，可以推论：在人民日报发表文章的"永春"，即为时任中共中央政治局常委的李长春。

那么,此番在《大河报》发文的"永春"是否与上述人民日报的"永春"为同一人呢?目前没有官方证实的消息。一个可供参考的背景是,李长春曾于1990年调任河南,先后任省委副书记、代省长、省长、省委书记,直至1998年调任广东省委书记,在河南任职长达8年之久,可谓河南的"老领导"。作者在《观猴有感》中提到,这是自20世纪90年代以来,自己第五次到那里观看猕猴群。

由此,我们可以得出自己的判断。

信息的价值

20世纪70年代初,我国从国外引进乙二醇生产技术,为此对22项专利技术支付使用费100万美元。后来才发现这22项技术中有7项在合同签订时已期满失效,另有2项仅差几个月过期。按照惯例,过期失效专利技术不应支付使用费,而我方整整多花了41万美元。

1982年,上海耀华玻璃厂引进英国皮尔金顿公司"浮法工艺技术"。谈判前从上海专利管理局获得了一条重要信息:皮尔金顿公司拥有的137项英国专利中,已失效和即将失效的有51项。耀华玻璃厂的谈判人员掌握这一情况后同英方交涉,使引进"浮法工艺技术"费用从开价的1250万英镑降至52.5万英镑。

1.2 信息素养

1. 信息素养的定义

信息素养是人们在工作中运用信息、学习信息技术、利用信息解决问题的能力,又称为信息素质。信息素养包含信息意识、信息知识、信息能力、信息道德这几方面。

信息素养与就业

广州某公司在报纸上刊登了一则招聘营销人员的招聘启事,应聘条件、工资待遇等内容一应俱全,参加笔试、面试等要求也非常明确,可通篇启事从头看到尾,就是没有发现应聘单位的联系方法。

招聘启事哪有不留联系方法的?多数人认为这是招聘单位疏忽或是报社排版错误,于是,便耐心等着报社刊登更正或补充说明。但也有三位应聘者见招聘的岗位适合自己,便不去管是谁的疏忽:小王通过互联网搜索,输入公司名称,轻松地搜出了包括通信方式在内的所有公司信息;小张则立即通过114查号台,查出了该公司的办公电话,通过向公司办公室人员咨询,取得了联系方法;小刘查找联系方式的办法则颇费了一番周折,他依稀记得该公司在某商业区有一个广告牌,于是骑车围着城区转了一下午,终于找到了广告牌,并顺藤摸瓜取得了公司的地址和邮编。

招聘启事刊登的第三天,多数应聘者还眼巴巴地等着从新来的报纸中找有关更正和补充,但小王、小张和小刘三人的求职信及有关招聘材料已经寄到了公司人事主管的手中。

此后,人事主管与小王、小张和小刘相约面试。面试时,公司老总对三位小伙子的材料和本人表示满意,当即决定办理录用手续。三人为如此轻松应聘而颇感蹊跷:招聘启事中不是说要进行考试吗?带着这一疑问,他们向老总请教。

老总拍着他们的肩膀说:我们的试题其实就藏在招聘启事中,作为一个现代营销员,思路开阔,不循规蹈矩是首先应具备的素质,你们三人机智灵活,短时间内能另辟蹊径,迅速找到公司的联系方式,这就说明你们已经非常出色地完成了这份答卷。

(引自 http://www.sina.com.cn 2002/08/20 10:48 生活时报)

2. 信息素养的重要性

一个现代大学生,具备良好的信息素养是信息时代的需要。很多学生上网是每天的必修课,但未必能很好地利用广泛存在的信息资源。在垃圾信息、不实信息广泛充斥的时代,如何找到切合自身需要的信息资源尤其重要。

一个现代大学生,具备良好的信息素养,也是当前教育改革的需要。目前高校对大学生的培养模式，是从传统知识积累型向能力培养型发展。具备学习能力，了解各类信息资源的特点和获取方式，是个人学习能力培养的重要内容。

一个现代大学生，具备良好的信息素养，也是个人自身发展的需要。面对这样一个信息化的时代，每一个人都应该是终身学习者。在学校所学的专业知识，很快就过时了。有关研究表明，一个人从小学到大学所学到的书本知识，只占他一生应用知识的20%，绝大部分要靠自己走上社会后自学获得。20世纪80年代流行的BASIC计算机语言，现在早已无人问津；在材料科学、生物科学这样的新兴学科领域，新技术、新方法层出不穷，不学习就会落伍。大学生走出校门后，良好的信息素养可以让你知道到哪里去获取自己工作生活所需的文献信息资源，并且往往事半功倍。

3. 信息素养培养的主要内容

信息素养的培养要注重三个方面。

① 信息意识——要建立起信息就是价值，就是效益，就是生存权的观念。

② 信息利用的道德尊崇——个体在获取、利用、加工和传播信息的过程中必须遵守一定的伦理规范，要合理合法地使用文献信息，尊重他人的劳动创造，遵守国家的法律法规，不得危害社会或侵犯他人的合法权益。

③ 信息获取能力——要学习了解文献信息资源的类型，获取文献信息资源的理论、方法、技能。这也是本门课程重点阐述的内容。

思 考 题

1. 简述你对信息意识的理解。
2. 用你自身或他人的事例说明信息素养的重要性。
3. 利用所在学校图书馆书目检索系统，查阅有关著作权法方面的图书资料，了解有关内容。

第 2 章 文献检索基础知识

本章介绍文献检索这门课程所涉及的一些基本概念。

2.1 文献及其相关概念

1．信息

信息指应用文字、数据或信号等形式通过一定的传递和处理，来表现各种相互联系的客观事物在运动中所具有的特殊内容的总称。信息是物质存在的一种形式、形态或运动状态。能源、材料、信息，共同构成支配人类社会的三大因素。

2．知识

知识是人类在改造客观世界的实践中所获得的对客观事物本质和运动规律的认识。知识的表现形式就是信息，是可利用的信息。知识具有实践性、规律性、渗透性、继承性。

3．情报

情报是在传递中的对解决某一问题具有实际效用的知识或信息。情报是可以传递的，而且必须是具有针对性的知识，不一定是新的知识或信息。情报有知识性、针对性、时效性等特点。

4．文献

按照我国《文献著录总则》（GB3792.1—83）的定义：文献是指"记录有知识的一切载体"。文献属于存储型的固态载体。而不是瞬时信息的附着物。根据文献的定义，可以看出构成文献的三要素：要有一定的知识内容；要有用以保存和传递知识的记录方式，如文字、图形符号、视频、声频等技术手段；要有记录知识的物质载体，如纸张、感光材料、磁性材料等。这三要素缺一不可。一本白纸再厚也不是文献；口述的知识，再多也不是文献；存在于大脑中的知识，也不能称为文献。

2.2 文献的特点

关于文献特点，现有文献已多有描述，从目前已有研究成果看，综合起来，有以下特点。

1．数量急剧增长

随着全世界科学技术的迅猛发展，各种科研成果大量涌现，各种科技交流频繁开展，科技文献得到了极大的丰富。尖端科学的文献增加速度更快，每隔二三年就翻一番。据不完全统计，全世界每年出版的图书有 80 万～90 万种，期刊 20 万种，研究报告 70 余万篇，专利说明书 100 万件以上，会议论文 10 多万篇，技术标准 75 万件，产品样本 50 万件，学位论文 10 万件，政府出版物 20 万篇以上，技术档案数百万件。以《中国统计年鉴—2012》

中统计的中国出版的图书数据为例,1980 年到 2011 年间我国图书的出版量逐年增长,如图 2.1 所示。

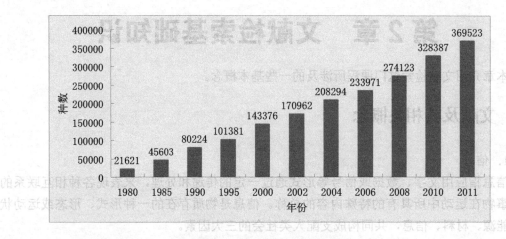

图 2.1　我国年出版图书总量

2．文献种类繁多

在第二章第 2.3 节,我们将讲到,按照不同的分类方式,文献可以分成众多的类型,比如按出版形式分成图书、期刊、专利文献、标准文献、会议文献、科技报告、学位论文、产品资料等。按照载体分成印刷版、录音带、录像带、缩微资料、磁带、光盘、磁盘、唱片、电子版、网络版等,尤其是近十年来电子版、网络版异常迅猛地发展,目前已达到与印刷版相抗衡,甚至大有超越之势。

3．文献语种增多,译文增多

以往,由于科技都掌握在少数几个英语语种的国家和俄语国家手里,因此最先的科技文献绝大多数都是以英语或俄语出版。现在随着各国科学技术的不断发展进步,在某些技术领域,其他语种的国家甚至已经超越了英语、俄语国家。因此,现在大量的科技文献还用中、法、日、德等国语言出版。为了便于技术交流与普及,各国不同语种的文献之间进行互译,许多科技文献都有了不同的译文。

4．内容重复交叉,文献出版分散

在文献出版传播过程中,同一文献往往由一种类型向另一类型转换,不同文献类型之间相互交叉。例如,科技报告大部分内容都在期刊上发表,许多学位论文和会议文献也常常以期刊或图书的形式出现。大量文献译本的存在使得许多科学技术文献在内容上重复了。

由于传统的学科界限不断被打破,不同学科之间相互渗透,不断地出现一些新兴学科、边缘学科,科学技术综合交错,文献的专业性质不确定。因此发表文献时,同一专业性质的文献可能发表在众多不同的学科领域期刊上。我们在使用期刊文献时会看到,同样主题的文献大部分出现在固定的主题相符期刊上,但也有小部分的文献分散在大量的其他主题不相符的期刊上。这就是后面要谈到的布拉德福定律。目前学术性期刊跨界发表论文的现象日益增多,值得关注。

5．文献知识内容老化失效加快

随着科技的发展，文献的老化失效速度越来越快。17世纪，文献知识老化周期为80～90年；19世纪到20世纪初为30年；20世纪下半叶为10年。在高校图书馆里，去年的考研政治辅导用书，今年就少有人借阅。目前有很多研究文献指出我国的大学生专业知识与现实脱节，甚至已落伍20年。很多大学生毕业进入工作单位后，第一任务就是接受专业培训，学习最新的技术知识。因此，我们需要树立终身学习的观念。

6．文献载体电子化

计算机技术和现代存储技术的不断发展，使得现在的文献载体由传统的纸质向光介质、磁介质发展，目前文献载体电子化已成为文献的主要发展趋势。随着互联网的普及，检索技术的发展，越来越多的人在获取文献时倾向于电子版本，因此数据库集成商不断地发展，目前世界上已有诸多提供电子文献数据库的专业商家，仅我们国内就有诸如超星数图信息技术有限公司、北京书生科技有限公司、同方知网技术有限公司、万方数据股份有限公司、重庆维普资讯有限公司等多家专门提供电子版图书、电子版期刊、电子版标准等的著名数据库经销商。文献载体的电子化为我们获取和利用文献都提供了极大的便利，越来越受到大众欢迎。越来越多的印刷版文献都朝电子化方向发展，电子版文献大有迎头赶上印刷版文献、并超过印刷版文献的势头。一些报刊已开始不再印刷纸版，比如，瑞典《国内邮报》发行了362年后，在2007年不再发行纸本。

7．文献传播网络化

以往，文献传播主要是靠手工誊抄、复印的传统形式，这些形式受到地域和效率的制约，传播的范围和速度都有限。年纪大点的教师及科研工作者都还记得专门出差到外地查资料的情形。随着当代网络技术和电子文献的发展，文献传播不再受时间、空间条件的限制。在一般情况下，只要是电子版的文献，理论上就可以不断复制，通过电子邮件或其他网络传输途径在全球范围内迅速传播。文化和科技的交流速度正变得越来越快捷。在中国任何一所大学的角落里，完全可以利用远在欧美服务器上的即时数字信息。

2.2.1 社会科学文献的特点

文献是指"记录有知识的一切载体"。从文献的定义出发，我们可以得出：社会科学文献就是指记录有关于社会科学知识信息的一切载体，是社会科学领域中诸学科文献的总称。它来源于人类的社会实践，是在认识和实践过程中反映社会现象及其规律，并反作用于社会的产物。相对于自然科学和工程科学类文献，社会科学文献有其一定的特殊性。在这里综合前人已有研究成果，对社会科学文献的特点做简单的概括。

1．具有一定的阶级性和政治倾向性

社会科学一般属于上层建筑和意识形态范畴。在有阶级的社会中，各学科的研究往往带有阶级的烙印，受社会政治经济的影响，其文献内容往往反映作者的立场，具有一定政治色彩。比如在阐述市场和政府的相互关系时，不同立场的学者往往观点有着鲜明的差别。所以，在利用社会科学文献时，我们要运用马克思主义的立场、观点加以分析鉴别。对所收集的文献资料进行有意识的区分和筛选。要特别注意关注各类不同的观点、方法，关注已有的同类研究成果。善于分析，善于综合，善于取舍，从而得出自己的结论。

2. 文献面广量大

社会科学本身所包含的学科门类繁多，涉及人类社会政治、经济、军事、文化、教育等诸多方面。据不完全统计，社会科学学科超过 200 个门类。据《中国统计年鉴—2012》统计，2011 年我国共出版图书 369523 种，其中社会科学类图书就有 280905 种。就现存的中文古籍看，按照属性分类，绝大部分也是社会科学方面文献，蕴藏着丰富的知识信息，是我国宝贵的文化遗产。

3. 知识的积累性和继承性较强，具有较长的效用性

所有学科体系的发展，都不可能一蹴而就，都有开创、发展、深入研究、体系成熟的过程。但相对于自然科学而言，社会科学文献的积累性和继承性更强。在社会科学研究中，不仅要关注新的观点，掌握新资料，还要充分利用前人的研究成果，注重资料的积累性。因此，社会科学文献的有效使用期一般比较长。比如，考古和语言文字方面的研究，就不能单纯地依靠第二手资料，必须追本求源，查证核实。

2.2.2 自然科学文献的特点

自然科学文献，就是指记录自然科学知识信息的一切载体，是自然科学领域中诸学科文献的总称。自然科学文献整体反映了自然科学的历史发展及现状，体现了各个发展时期自然科学的门类、结构和体系，它是人们进行自然科学知识信息交流的载体。自然科学文献与社会科学文献相比，特点明显。对其特点也有很多阐述。综合起来看，有以下几个方面。

1. 具有一定的客观性、规律性

万物运动都有自然的规律性。自然科学许多领域的研究目的，就是探索自然现象的本质，从而揭示物质运动的规律，或将这种规律用来为人类社会建设发展服务。所以，自然科学文献往往遵循自然科学发展的客观规律，一般不受各种阶级意志的影响，具有客观性、规律性。当然，在某些特定历史时期，由于人类对自然现象认知能力和条件的限制，会出现偏差，比如"地心说"，但随着实验条件和工具的升级，往往可以回到正确的认识轨道上来，而且可以达成共识。在这点上，和社会科学有极大的不同。自然科学通常是客观的，结论往往是大家都认可的；而社会科学可以有不同立场，有些在认知上是永远无法达成共识的。

2. 文献量大且增长速度快，但各学科发展速度不一致

现代自然科学的发展不论从规模和速度上，还是在深度和广度上，或是在理论与方法上，都是过去任何一个时期所无法比拟的。自然科学研究队伍不断壮大，科研经费大量增加，研究领域的日益深化，使得自然科学成果急剧增多，从而必然导致自然科学文献的增长。

但自然科学各个学科文献增长的速度却是不相同的，一些学科文献增长十分稳定，这体现在历史悠久学科方面的研究文献上，比如数学学科，在文献增长速度上是缓慢的。而一些新兴学科文献增长速度就快，如生物文献，发表第一个 100 万篇文献用了 34 年，第二个 100 万篇文摘仅花了 8 年零 10 个月，而 1995 年的时候，只需要 4 年左右时间。一个学科文献量增长迅速，在一定程度上说明该学科社会应用的迅猛发展。

3. 文献出版的文种多但分布集中

20世纪40年代科技文献主要用英、德、法少数语种发表，而目前已达到七八十种文字，前苏联文献杂志引用了66种语言的文献，这充分体现了自然科学文献语种之多。但从文献总量看，文种分布相对比较集中，有研究表明，科技文献的语种分布大致为：英文占50%，日、俄、中文占33%，德、法、西以及其他文字占17%。

4. 文献分布集中且离散

专业学术性期刊的产生本身就是由学科发展的客观需要所决定的，每一种专业期刊一定会集中报道该学科的专业文献。所以自然科学文献分布是相对集中的。但由于学科的交互融合性日益增强，导致自然科学文献分布也呈现离散状态。如数学文献从文献内容看，数学理论性研究文献是相对集中的，而应用数学方面的文献分布却是十分分散的，几乎散布于人类活动的一切学科领域。

5. 文献老化快，但寿命不同

随着自然科学的不断发展进步，新技术、新产品的不断涌现，必然促使自然科学文献所承载的知识老化失效。以前的很多计算机程序语言，现在已经被人遗忘；信息存储技术也不断翻新，原有的技术不断被废弃和代替。在这点上，社会科学文献和自然科学文献有明显的差异。然而自然科学中的一些基础学科，如数学、物理学、化学、天文学等学科的基础知识方面的文献和科学规律，可能在较长时期内都有参考价值，尽管这部分科学的更新速度也在加快。

2.3 文献的类型

自人类诞生以来，产生了浩繁的文献资料，文献的类型多种多样，文献的分类依据也多种多样。将文献划分为不同的文献类型，可以方便人们有效地认识、管理和开发、利用人类宝贵的文献信息资源。

在具体使用各种文献时，面对同一份文献资料，有人称它为一次文献，有人称它为图书，有人称它为教材，可能还有人称它为印刷版文献等。其实对于这份文献资料的以上几种叫法都是正确的，它们是按照不同的分类依据对文献进行的分类。

文献的分类依据有：出版形式、加工深度、公开程度、载体形式、学科属性等。

2.3.1 按文献的出版形式划分

按照文献的出版形式，文献可分为图书、连续出版物和特种文献三大类，其中连续出版物包括期刊、报纸、年鉴，特种文献包括标准文献、专利文献、会议文献、科技报告、学位论文、政府出版物、产品资料、技术档案。

2.3.1.1 图书

联合国教科文组织对图书的定义是：凡由出版社（商）出版的不包括封面和封底在内49页以上的印刷品，具有特定的书名和著者名，编有国际标准书号（ISBN），有定价并取得版权保护的出版物。

图书是对已有的科研成果与知识的系统、全面的概括和论述，并经过作者认真比较、鉴别、筛选和融会贯通而成。图书的特点是内容比较系统、全面，理论性强、成熟可靠，缺点是编辑出版周期相对较长，从而导致知识的新颖性不够。如果我们希望获取某一专业或专题较全面、系统的知识，或对于不熟悉的领域要获得基本了解的读者，参阅有关图书是行之有效的方法。

图书的类型主要有：专著、教科书、丛书、工具书。

专著，也叫学术著作，是对某学科专门主题进行较全面、系统论述的图书。其特点是针对某一专业问题内容丰富、论述系统、观点成熟，具有较高的学术价值。比如《石油安全评价指标体系初步研究》、《石油动力学》、《牙轮钻头工作力学》。

教科书，是系统归纳和阐述某学科现有知识和成果的教学用书。其特点是材料都经过认真选择，释义比较清晰，对某方面知识归纳也比较系统，分析问题比较全面准确、段落分明、文字一般浅显易懂、结构上往往循序渐进，可以让人由浅入深了解专业知识内容。比如由樊映川编写，影响几代人的《高等数学讲义》。

丛书，是汇集多种图书，冠以总书名的成套图书。它通常是为了某一特定用途或特定读者对象，或围绕某一主题而编撰的，比如《小不点丛书》、《走向未来丛书》《民国丛书》等。

工具书，供查找和检索信息和知识用的图书。工具书是文献检索课程要掌握的重点出版物类型。它包括检索型工具书和参考型工具书两大类，前者有书目、索引、文摘等；后者有字词典、类书、政书、百科全书、年鉴、手册、名录、图谱、传记资料等❶。

2.3.1.2 连续出版物

1. 期刊

指有相对固定的名称、开本统一、有编号或年月标志、定期或不定期连续出版、每期内容不重复并由多名责任者撰写不同文章的出版物。期刊主要是从英文"magazine"、"periodical"、"journal"三个词翻译过来，periodical的含义比较广，通常包括报纸（newspaper）与杂志。图书馆一般把当年的期刊称为"现刊"，当年以前的期刊称为"过刊"。

期刊上刊载的论文大多数是原始文献，包含许多新成果、新水平、新动向。其特点是出版周期短、报道及时、内容新颖、学科广、数量大、种类多、发行及影响面广，是人们进行科学研究，交流学术思想经常利用的文献信息资源。据估计，从期刊上得到的科技文献信息约占信息来源的65%以上。根据出版频率的长短，期刊有周刊、旬刊、半月刊、月刊、双月刊、季刊、半年刊等。

2. 报纸

报纸有统一的名称，定期连续出版，每期汇集许多篇文章、报道、消息等，多为对开或四开，以单张散页的形式出版。它的出版周期更短、信息传递更及时。它包括日报、隔日报、三日报、周报、旬报等。报纸也是一种十分重要的信息源。

3. 年鉴

年鉴是以全面、系统、准确地记述上年度某一领域、某一地区、某一事物的运动、发展状况为主要内容的资料性工具书。汇辑一年内的重要时事、文献和统计资料，按年度连

---

❶ 洪全主编. 信息检索与利用[M]. 北京：清华大学出版社，2007.

续出版的一种工具书。年鉴是一种资料性工具书，也是一种特殊形式的大众传播媒介。与其他工具书和其他大众传媒相比，年鉴有五大特性：权威性、客观性、连续性、资料性、检索性。

2.3.1.3 特种文献

1. 标准文献

标准是对产品、工程和管理的质量、规格、程序、方法等所做的规定。它由有关主管部门批准颁布，是从事生产、管理的一种共同依据和准则。其中主要为有关工业产品和工程建设的质量、规格和检验方法的技术规定文件。标准文献作为一种规章性的技术文件，具有计划性、协调性、法律约束性等特点，是从事生产和建设的一个共同技术依据和准则，它可以促使产品规格化、系列化，产品质量标准化，对提高生产水平、产品质量、合理利用资源、节约原材料、推广应用研究成果、促进科技发展等有着非常重要的意义。广义的标准文献还包括标准的检索工具及有关标准化的文件等；狭义的标准文献仅指原始的技术标准或管理标准。此处主要讲述的是狭义的标准文献。

标准按使用范围可分为国际性标准、区域性标准、国家标准、部颁标准或行业标准、企业标准。

按其内容分为基础标准、产品标准、方法标准、安全与环境保护标准等。

按其成熟程度分为正式标准、试行标准、指导性技术文件、标准化规定等。

按其约束性程度分为强制性标准和推荐性标准。

标准文献是一类比较特殊的文献，具有以下特点。

(1) 约束性 标准文献由权威部门或组织编写和颁布，是生产和管理的依据。在一定范围内强制执行或推荐执行，具有法律式的约束力。

(2) 适用性 标准文献的约束性只适用于特定的领域和部门，限于特定的时期内。任何一项标准，首先必须明确规定其适用范围、用途及有效期限。

(3) 统一性 各国标准化机构对其出版的标准文献都有一定的格式要求，标准文献在编写格式、审批程序、管理办法、代号系统等方面与普通文献不同，它独自成为一套体系。

(4) 可靠性 标准文献中的数据、程序、方法等都是经过严格的科学验证取得的，并经过实践反复检验，而且要经常修订、补充、废除，这使得标准文献成为最可靠的一类文献。

(5) 协调性 标准文献不仅要与现行的上级标准及相关标准相协调，而且还需要与正在编制的其他标准相互配合，从而谋求技术上的协调一致。

(6) 时效性 随着时间发展，科学技术不断发展，总结科学技术先进经验的标准必须修改、补充，并废除旧的标准，以适应科学技术的发展。

2. 专利文献

在介绍专利文献之前需要了解我们经常提到的"专利"一词的概念。专利有多重含义，第一重是指专利本身；第二重是指专利权；第三重指专利说明书。

世界知识产权组织 1988 年编写的《知识产权教程》阐述了现代专利文献的概念："专利文献是包含已经申请或被确认为发现、发明、实用新型和工业品外观设计的研究、设计、开发和试验成果的有关资料，以及保护发明人、专利所有人及工业品外观设计和实用新型注册证书持有人权利的有关资料的已出版或未出版的文件（或其摘要）的总称"。

目前，常提到的专利文献主要指的是专利说明书。专利说明书是指专利申请人向专利管理部门递交的有关发明目的、构成和效果的技术性法律文件。专利说明书的内容比较具体，有的还有附图，通过它可以了解该项专利的主要技术内容，它是技术信息的主要来源。

专利作为一种特殊文献，具有下列特点。

（1）排他性或独占性　专利法规定，未经专利权人许可，任何单位和个人不得实施其专利，否则就是侵权，要负法律责任。

（2）时效性　各种专利都有不同的保护期，超出保护期限或在保护期内自动放弃，该专利就可被无偿使用。

（3）相关性　专利说明书都附有相关专利或相关技术作为发明的先进性佐证，所以能通过一件专利查到许多相关技术。

3. 会议文献

会议文献是指在国际和国内重要的学术或专业性会议上宣读发表的论文、报告。会议文献学术性强，内容新颖，质量较高，针对性强，往往能代表某一专业领域的最新的研究成果及水平，从中可以了解国内外科技的新发现、新动向和新成就，有较大的参考价值，是重要的信息来源之一。

会议文献以会议录形式出版，也有不少会议文献在期刊上发表。

4. 科技报告

科技报告是指国家政府部门和科研生产单位关于某项研究成果的总结报告，或是研究过程中的阶段进展报告。科技报告出版特点是各篇单独成册，统一编号，由主管机构连续出版。与期刊论文相比，报告内容新颖、专深、详尽、可靠，出版周期短，报道速度快，能反映一个国家或某一学科领域的科研水平，是一种不可多得的信息源。

科技报告根据其保密性可以分为保密报告、非保密报告和解密报告。保密报告按内容分成绝密、机密和秘密三个级别，只供少数有关人员参阅；非保密报告，分为非密限制报告和非密公开报告；解密报告，保密报告经一定期限，经审查解密后，成为对外公开发行的文献。

国际上较著名的科技报告是美国的四大报告，分别是：美国国家技术信息服务处（NTIS）出版的 PB 报告，包括民用工程、土木建筑、城市规划、环境保护等；美国国家航空宇航局出版的 NASA 报告，包括航空航天技术；美国能源部出版的 DOE 报告，包括能源方面的报告；美国国防技术信息中心（DTIC）出版的 AD 报，包括军事方面的报告。

5. 学位论文

学位论文是指高等院校、科研机构的学生为申请学位而提交的学术论文。学位论文质量参差不齐，但都是就某一专题进行研究所作的总结，一般都是具有独创性的一次文献，既偏重理论，也重视实践，其数据较全，探索较深，并附有大量参考文献，对科研有一定的参考价值。学位论文是非卖品，除极少数以图书、期刊论文的形式发表外，一般不公开出版，仅由学位授予单位和国家指定单位收藏。目前可以通过万方数据库中的"中国学位论文数据库"和 CNKI 数据库中的相应硕士博士论文数据库了解国内学位论文的情况。

6. 政府出版物

政府出版物是指政府部门及其专门研究机构发布或出版的文献，分为行政性和科技性两大类。行政性文件包括政府报告、会议记录、法令、条约、决议、规章制度、调查统计资料等；科技性文件包括科研报告、科普资料、科技政策、技术法则等。政府出版物的特点是具有正式性和权威性，通过政府出版物可以了解国家的有关科技、经济发展政策以及有关研究状况，有助于正确地确定科研方向，选择课题。

7. 产品资料

产品资料是指产品目录、产品说明书和产品手册一类的厂商产品宣传和使用资料。产品资料通常对定型产品的性能、构造、用途、用法和操作规程等作了具体说明，内容成熟，数据可靠，图文并茂，形象直观，有助于了解有关领域的生产动态和发展趋势，是进行技术革新、新产品开发设计、产品订货等方面不可缺少的信息源。

8. 技术档案

技术档案是指生产建设活动中形成的、有具体事物对象的技术文件、图纸、图表、照片和原始记录等的总称。具体包括任务书、协议书、技术指标、审批文件、研究计划、方案大纲、技术措施、调查材料、设计资料、试验和工艺记录等。技术档案是生产建设和科技工作的重要文献。技术档案一般由参与该技术活动的单位收藏，通常为内部使用，不公开出版发行，有些有密级限制，因此在参考文献和检索工具中极少引用，但仍然是一种重要的信息源。

从文献出版形式的角度，前面一共介绍了 12 种具体的文献类型。其中，图书、期刊、专利文献、标准文献、会议文献、科技报告、学位论文、政府出版物、产品资料、技术档案被称为"十大信息源"，是我们进行学术研究、科研活动时获取资料的最主要的信息来源。有研究人员将科研课题与其对应的信息源作了一个总结，归纳为：属于基础理论性探讨的课题，要侧重于查找期刊论文、会议文献、图书；属于尖端技术的课题，要侧重于查找科技报告；属于发明创造和技术革新的课题，要侧重于查找专利文献；属于企业产品定型设计的课题，要查找标准文献及产品样本。

2.3.2 按文献的加工深度划分

按照文献的加工深度划分，文献可分为零次文献、一次文献、二次文献、三次文献。

2.3.2.1 零次文献

零次文献是指未经出版发行的或未进入社会交流的最原始的文献，如传统的私人笔记、底稿、手稿、个人通信、新闻稿、工程图纸、考察记录、实验记录、调查稿、技术档案等，以及现代的 E-mail 通信、论坛文章、博客和讨论文章等。其特点是内容新颖，但不成熟，权威性不高，相当一部分不公开交流，获取相对比较困难。

2.3.2.2 一次文献

一次文献是依据作者本人的科研和工作成果而形成的，并公开发表或出版的文献，习惯上称作"原始文献"。这类文献的印刷版形式主要包括：图书、期刊论文、科技报告、学位论文、会议论文、专利说明书、技术标准、政府出版物、产品样本等；电子形式主要包括电子期刊、电子图书、视频等。一次文献在形式上具有多样性，在内容上具有原创性，在出处上具有分散性,是文献的主体,是最基本的信息源,也是文献检索利用的主要对象。

2.3.2.3 二次文献

二次文献是指根据实际需要,按照一定的科学方法,将特定范围内的分散的一次文献进行筛选、加工、整理使之有序化而形成的文献。如各种印刷版的目录、题录、简介、文摘和索引等,以及在这些印刷版的二次文献基础上形成的各种二次文献数据库。

二次文献是报道和检索查找一次文献的检索工具,它在内容上没有原创性,只是对一次文献的整理加工有序化,提供有关一次文献外部特征(如文献题名、作者、出处或出版情况等)和内容特征(如文摘、主题词等),对一次文献起报道和揭示作用,从而方便人们对一次文献的检索查考。因此,二次文献通常又被称为"检索性文献"、"线索性文献"。二次文献提供的文献线索集中、系统、有序,有助于人们全面快速地了解有关领域的情况,减少人们查找一次文献所花费的时间。

2.3.2.4 三次文献

三次文献是根据二次文献提供的线索,选用大量一次文献的内容,经过分析、综合和研究而再度出版的文献。

三次文献主要包括三种类型:一是综述研究类三次文献,如专题述评、总结报告、动态综述、进展通讯、信息预测、未来展望等;二是参考工具类三次文献,如年鉴、手册、百科全书、词典、大全等;三是文献指南类三次文献,如专题文献指南、工具书指南、书目之书目、工具书目录等。

总之,从零次文献、一次文献、二次文献到三次文献,是一个由分散到集中,由无序到有序,由博而精地对知识信息进行不同层次的加工过程。零次文献和一次文献是最基本的信息源,是文献信息检索和利用的主要对象;二次文献是一次文献的集中提炼和有序化,它是文献信息检索的工具;三次文献是把分散的零次文献、一次文献,按照专题或者知识的门类进行综合分析加工而成的成果,是高度浓缩的文献信息,它既是文献信息检索和利用的对象,也可作为检索文献信息的工具。

2.3.3 按文献的公开程度划分

2.3.3.1 黑色文献

黑色文献是指非公开出版发行、或者发行范围狭窄、内容保密的文献。如军事情报资料、技术机密资料、个人隐私材料等。

除个人隐私材料外,绝大部分黑色文献有密级规定,并对读者范围作明确的限定,其制作、保管和流通都严格受控,一般不允许复制。

2.3.3.2 白色文献

白色文献是指正式出版并在社会成员中公开流通的文献,包括图书、报纸、期刊等。这类文献多通过出版社、书店、邮局等正规渠道发行,向社会所有成员公开,其蕴涵的信息人人均可利用。这是当今社会利用率最高的文献。

2.3.3.3 灰色文献

灰色文献介于正式发行的白色文献与不公开出版并深具隐秘性的黑色文献之间,虽已出版,但难以一般方式获得。目前对灰色文献的定义多取 1997 年举行的"第三次国际灰色文献会议"中所提出"系指不经营利出版者控制,而由各级政府、学术单位、工商业界所产制的各类印刷与电子形式的资料。"

该类文献包括预印本、会议预印资料与报告、非商业出版的硕博论文集、非商业出版的会议论文集、非商业出版的官方文件(含政府报告与文件)等。该类文献生命周期短暂,虽然发行但未经一般渠道销售,发行数量有限,有特殊限定的使用者,出版消息难以取得,书目资料不完整,常为非卖品,获取有一定困难。

2.3.4 按文献的载体形式划分

2.3.4.1 印刷型文献

也称纸质文献,是一种以纸介质为载体,以手写或印刷方式为记录手段,将文字、图像、数字、符号等固化在纸张上所形成的文献类型。如纸质的图书、期刊、报纸等。印刷型文献的优点是可以直接阅读,携带方便;缺点是与现代信息载体相比,它存储信息密度小,占用收藏空间大,难以长期保存。

2.3.4.2 缩微型文献

以光学材料和技术生成的文献形式。常见的有两种胶片产品:缩微胶卷和缩微平片。缩微型文献的优点是便于保存、转移和传递,体积小;缺点是该类型文献必须借助专用的设备才能使用。

2.3.4.3 声像型文献

也称视听型文献,它使用电、磁、声、光等原理、技术将知识、信息表现为声音、图像、动画、视频等信号,给人以直观、形象的感受,如唱片、录音带、录像带、CD 光盘、VCD 光盘、DVD 光盘等。这种类型的文献也要借用专门设备阅读,但这类文献的专门设备普及程度比缩微型文献的专用设备高。

2.3.4.4 机读型文献

所谓的"机"指的是计算机、微机。通过计算机对数据的存储与处理,实现文献信息的数字化,形成机读型文献,也称电子型文献、电子出版物。电子出版物包括电子图书、电子期刊、电子新闻、电子会议录等。机读型文献的品种多样,有磁带版、磁盘版、光盘版、联机版、网络版。机读型文献的优点是信息容量大、出版周期短、方便检索,易复制、低成本、高效益、可共享等;缺点是同样要受到设备的限制和网络的限制。

除了按照以上的几种分类依据进行的文献分类外,文献还可以按照学科属性进行分类,可以分为社会科学类文献、自然科学类文献和工程技术类文献;还可以按文献的语种分类,分为中文文献、英文文献、法文文献、日文文献、俄文文献等。

通过对不同文献类型的介绍,对各种不同类型文献的特点的了解,再结合自身的文献需求,我们就可以根据需要,去检索查找特定的文献信息。

2.4 文献分布与文献评价的相关知识

2.4.1 布拉德福定律与核心期刊

2.4.1.1 布拉德福定律

布拉德福定律是描述期刊中文献分布的定律,它的创始人是英国著名文献学家和物理化学家 B.C.Bradford（B.C.布拉德福）。

20 世纪 30 年代初期，布拉德福发现当时世界上 300 种文献和索引类期刊存在着漏摘、漏编和重复摘编等问题，致使三分之二（约 50 万篇）的文献资源无法被读者利用，造成文献资源的巨大浪费。于是他猜想：文献在期刊上的分布可能是有规律的，某一主题的大量论文发表在少数的期刊上，其余论文则较为分散地发表在大量的"边缘期刊"（border-line periodicals）和"普通期刊"（general periodicals）上。

布拉德福在长期的观察和统计基础之上，提出了著名的"布拉德福分散定律"，简称为布拉德福定律或布氏定律："如果将科学期刊按其刊载某学科主题的论文数量以递减顺序排列起来，就可以在所有这些期刊中区分出载文率最高的'核心'部分 n_1 和包含着与核心部分同等数量论文的随后几个区 n_2、n_3，核心区和后继各区中所含的期刊数成 $1:a:a^2$ 的关系（$a>1$）。"即 $n_1: n_2: n_3=1:a:a^2$。这就是布拉德福定律的区域表述形式。对于布拉德福当时统计的应用地球物理学的数据，a 约等于 5。如表 2.1 所示，将所有的期刊划分为 3 个区，使每个区的论文数大致相等，则期刊数服从布拉德福定律，即 $9:59:258≈1:5:52$。

表 2.1 应用地球物理学论文的布氏分布

分区	期刊载文量（篇/年）	期刊数量	论文数量
1	>4	9	429
2	1~4	55	499
3	1	258	408

除了以上的布拉德福定律的区域描述，布拉德福定律还有图形描述和公式描述两种形式，这里就不作介绍了。

2.4.1.2 核心期刊

某学科（或某领域）的核心期刊，是指那些发表该学科（或该领域）论文较多、使用率（含被引率、摘转率和流通率）较高、学术影响较大的期刊。各个学科都有其核心期刊。目前，我国很多机构在进行中文核心期刊方面的研究和筛选。比较有名的是北大图书馆每四年出版一次的《中文核心期刊要目总览》。

核心期刊概念的最初起源是前面所介绍的布拉德福所揭示的文献集中与分散规律，发现一定时期内某学科 1/3 的论文刊登在 3.2%的期刊上，而其余 2/3 的论文则分散在大量期刊上；1967 年，联合国教科文组织的一篇文章指出"从物理学和化学领域的重要文摘杂志中发现了一条规律，它们所列出的或编成文摘的 75%的论文，仅来自它们所收摘的全部期刊的 10%"，证明了二次文献也遵循集中与分散规律；1971 年，美国情报学家、SCI 的创始人加菲尔德对参考文献在期刊上的分布进行了统计分析，发现 24%的引文出现在 1.25%的期刊上。由上述研究表明，期刊存在"核心"效应，由此"核心期刊"的概念便应运而生。

世界上核心期刊的评定体系有多种，国际上三大索引：SCI《科学引文索引》、EI《工程索引》、ISTP《科技会议录索引》收录的期刊被绝大多数机构称为一类核心期刊。目前我国有七大核心期刊（或来源期刊）评选体系：比如北京大学图书馆"中文核心期刊"、南京大学"中文社会科学引文索引（CSSCI）来源期刊"、中国科学技术信息研究所"中国科技论文统计源期刊"（又称"中国科技核心期刊"）、中国社会科学院文献信息中心"中国人文社会科学核心期刊"、中国科学院文献情报中心"中国科学引文数据库（CSCD）来源期刊"、中国人文社会科学学报学会"中国人文社科学报核心期刊"以及万方数据股份有限公司的"中国核心期刊遴选数据库"。

核心期刊的功能具体体现在以下几个方面。

1．为图书情报部门优选期刊、节省经费和馆藏评价提供参考依据

目前，期刊的数量众多。任何一个单位要把这些期刊订全是不可能的，不光是经费不允许，馆藏空间也不允许，因此必须精选质量较好的期刊进行订购。核心期刊的研究最初目的就是为图书情报部门优化馆藏服务的。利用有限的经费，选择、收藏最有价值、最大信息量的期刊，是图书情报单位要考虑的问题。许多图书馆直接利用各种核心期刊表，为订购期刊服务，不仅节省了宝贵的经费，而且提高了馆藏期刊质量，用较少经费获取较多高水平的学术期刊，以满足读者需求。同时，它对于收藏单位确定馆藏核心期刊或馆藏重要期刊起着较大的参考作用，并可指导图书情报部门对馆藏期刊进行合理剔除。

2．为读者选择文献提供参考，为图书馆指导读者阅读提供依据

目前世界上有科技期刊数十万种，任何一个科学家或工程技术人员，面对数量如此庞大的文献，想要将本学科范围内的文献全部浏览或阅读一遍几乎是不可能的。任何读者都只能有选择地重点阅读本专业的核心文献。核心期刊可指导期刊信息服务人员向用户推荐较有价值的期刊，为用户在较少时间内获取最大信息量提供帮助，并指导参考咨询人员选择重要期刊进行信息开发。

3．为文献数据库建设提供支持

目前，随着现代技术的发展，文献数据库建设方兴未艾。在科研活动中，绝大部分科研人员已经习惯于从文献数据库获取电子版的全文文献，而在建设各种类型的全文文献数据库时，必须对文献进行选择收集，否则要收录所有的文献，工程量巨大，同时也没有必要。核心期刊所具有的特点，使得核心期刊成为全文数据库来源文献的首选。

4．为期刊扩大影响、提高学术水平服务

期刊编辑者长期以来希望自己编辑的期刊以及从事的编辑工作能更多地为社会所承认，一旦贴上了核心期刊的标签，期刊的影响随之扩大，发行量增多，期刊的社会效益、经济效益上升。同时，期刊能吸引更多高水平来稿，进而不断提高期刊的学术水平，提高期刊的质量。

5．为科研机构扩大影响、提高科研人员水平服务

学术机构通过鼓励本单位科研人员在核心期刊上发表成果，以提高本单位的学术地位。科研和人事管理部门可通过掌握本单位科研人员在核心期刊上的发文情况，来了解本单位在各学科领域中的学术地位和在学术界的影响，并确定学术带头人，从而制定相应的激励政策和用人措施，加强和改善科研管理工作；同时，科研人员通过在核心期刊上发表论文，扩大交流和影响，通过对自身的了解不断提高自己的科学研究能力、水平和效率。近些年来，我国科研人员的职称、职务、津贴评定等，都与其在各种核心刊物的发文情况密切相关。

2.4.2 被引文量、被引率、自引率、他引率

① 被引文量是指在一定时域内，被引文献被他刊引用和己刊自引的次数。它是期刊文献被其他文献吸收的程度或被实际利用程度的量度，因此，通常把它作为评价期刊质量的测度指标之一。就作者而言，他的成果被引文量越大，越能说明他在某一学科或某些学科领域里的学术地位。

② 被引率指的是某一期刊一定时期内平均每篇相关学科文章被引的几率，也就是在一定时期内，某期刊发表的论文被"来源期刊"引用的次数（同一来源文献多次引用同一参考文献不重复计算）与该刊发表的论文总篇数之比。计算公式为：被引率=该刊被引论文总次数／该刊发表论文总篇数。

③ 自引率是指某期刊在一定时间内的全部被引次数中，被该刊本身引用次数所占的比例。计算公式为：自引率=被本刊引用的次数／期刊被引用的总次数。

④ 他引率是指某期刊在一定时间内的全部被引次数中，被其他刊引用的次数所占的比例。计算公式为：他引率=被其他刊引用的次数／期刊被引用的总次数。

美国著名文献学家，国际著名情报机构——美国科学情报所的创始人，尤金·加菲尔德（Eugene Garfield）利用 1961 年《SCI》的引文数据进行分析，发现诺贝尔奖获得者人均被引用次数和被引用论文数分别是所有被引作者人均的 30 倍和 17 倍。这从一个侧面反映，被引率越高，表明论文质量越高。因此，被引率作为衡量论文水平的一个重要标准是毋庸置疑的，某一期刊的论文被引率高，就说明这一期刊影响大，水平较高。但是，对于自引现象要客观地对待，自引一方面表明期刊或作者研究的连续性，另一方面也可能是期刊或作者信息交流范围的狭窄或自我彰显的结果。所以，要尽量体现论文被引的客观情况，最好应将自引和他引分别统计。

2.4.3 影响因子

期刊的影响因子是指该期刊前两年发表论文在统计当年被引用的总次数占该刊前两年发表论文总数的比例。

计算公式为：影响因子=该刊前两年发表论文在统计当年被引用的总次数／该刊前两年发表论文总数。

影响因子是用论文的平均被引率反映期刊近期在科学发展和文献交流中所起作用的指标，可测度当年期刊的学术影响力，是衡量一个学术刊物地位的主要因素。影响因子越大，表明该刊所载论文被引用次数越多，从而说明该刊所载论文的影响力较大和水平较高，因而该刊的质量也高。即年指数是与影响因子相近的概念，它指期刊当年被引次数与载文量之比。

2.4.4 文献半衰期

在物理学和化学文献中经常出现"半衰期"这一科学术语，指的是某种特定物质的浓度经过某种反应降低到剩下初始时一半所消耗的时间。这一词最早是由著名科学家和文献学家贝尔纳（J. D. Bernal）引入科学文献领域的。1958 年，在华盛顿举行的国际科技情报会议上，贝尔纳发表了一篇题为《科技情报的传递：用户分析》的论文。他在描述科学文献使用情况时，借用了"半衰期"一词，很生动地说明了文献老化问题，受到许多学者

的赞同。[1]

文献半衰期又叫文献半生期，是一种表示文献老化速度的概念，是指某学科文献从出版到有 50%内容因老化而失去参考价值时所经历的时间。文献半衰期不是针对个别文献或某一组文献，而是指某一学科或专业领域的文献总和而言的。

研究表明，各个学科的文献半衰期不相同，美国图书馆员巴尔顿研究了 9 个学科的文献半衰期，学科及半衰期对应数据见表 2.2。

表 2.2 学科及其对应半衰期

学科名称	半衰期/年	学科名称	半衰期/年
生物医学	3.0	生理学	7.2
冶金工程	3.9	化 学	8.1
物理学	4.6	植物学	10.0
化 工	4.8	数 学	10.5
社 会 学	5.0	地质学	11.8
机械制造	5.2	地理学	16.0

从上表可以看出，基础理论类的学科的半衰期较长，比如地理学、地质学、数学等，而倾向于应用技术方面的学科半衰期较短，比如机械制造、化工、冶金、生物医学等。

研究文献半衰期对于文献的使用者来讲意义重大，文献的半衰期越短，证明文献的时效性越强，知识更新换代的速度越快，在遇到半衰期较短的学科时，比如前面提到的应用技术方面的学科，我们就需要尽可能地查找最近几年的文献，找新观点、新技术、新方法，而早些年的文献的参考价值就较低，甚至没有了；文献半衰期较长的学科，比如前面提到的基础理论学科，我们不但可以找新近几年的文献，还可以去追溯更久远的文献。对于文献工作者来说，研究文献半衰期可以帮助我们更好地管理文献，比如根据文献的半衰期来确定文献的价值，指导文献剔旧工作，优化馆藏结构，提高文献服务效率等。

在了解不同类型文献的特点后，我们又介绍了与文献分布密切相关的核心期刊等概念。这对我们如何去发现自身所需的文献信息资源，很有益处。

思 考 题

1. 自然科学文献与社会科学文献特点有何同异？
2. 请至少按照 4 种不同的分类依据，列举文献类型。
3. 请列举科研活动中最为主要的十种类型的文献信息源。在你的日常学习过程中，接触过其中哪些类型？
4. 标准文献有哪些特点？专利文献有哪些特点？试比较两种文献的异同。
5. 阐述核心期刊的作用，并根据北大图书馆出版的《中文核心期刊要目总览》找出自己所学专业的中文核心期刊。
6. 如何计算某种期刊的被引率？研究期刊被引率与期刊利用的关系是什么？
7. 什么叫文献半衰期？研究文献半衰期与文献利用的关系是什么？

---

[1] 邱均平. 文献计量学[M]. 北京：科学技术文献出版社，1988.12

第 3 章 文献检索原理

3.1 文献检索概述

文献检索指将文献按照一定的方式方法组织和存储起来,并根据用户的需要,按照一定的方法揭示、查找、传递相关文献的过程和技术。从用户查找文献信息的角度出发,文献检索是指从文献信息集合中查找所需文献或文献中包含的信息内容的过程,如图 3.1 所示。

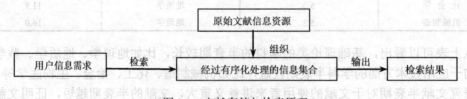

图 3.1 文献存储与检索原理

信息的存储包括对信息的著录、标引以及正文和所附索引等。

著录:按照一定的规则对文献信息的外表特征和内容特征加以简单明确的表述过程。

标引:对信息内容按一定的分类表或主题词表给出分类号或主题词的过程。

3.2 检索语言

3.2.1 检索语言的概念与作用

检索语言(information retrieval language)是信息存储与检索过程中用于描述信息特征和表达用户信息提问的一种专门语言。它把文献的存储与检索联系起来,使文献的标引者和检索者取得共同理解,从而实现检索。所谓检索的运算匹配就是通过检索语言的匹配来实现的。检索语言是人与检索系统对话的基础。

当存储信息时,检索系统对文献内容进行分析,概括分析出若干能代表文献内容的语词,并赋予一定的标识,如题名、作者、主题词等,作为存储与检索的依据,然后纳入到数据库中。当检索信息时,检索人员首先要对检索课题进行分析,同样形成若干能代表信息需求的语词,然后通过检索系统的数据库中匹配具有同样语词和标识的文献,找到自己所需的信息。上述即为检索语言的工作过程。不同的检索语言构成不同的标识和索引系统,提供用户不同的检索点和检索途径。因此,将信息需求者的自然语言转化成系统规范化的检索语言对检索的成功与否关系极大。

检索语言有多种类分方式:如按检索语言是否受控可分为人工语言和自然语言;按检索时的组配实施状况可分为先组式和后组式检索语言;按描述信息特征的不同,又可分为描述信息外部特征的检索语言和描述文献内容特征的检索语言，如表 3.1 所示。

表 3.1 检索语言的种类

检索语言	描述文献外表特征的语言	题名（书名，刊名,篇名）
		著者
		文献序号（ISBN号，专利号，报告号等）
		引文
	描述文献内容特征的语言	分类语言
		主题语言

信息的外表特征指的是从构成文献信息源的载体、符号系统和记录方式三要素中提取出来的特征构成，包括信息的题名、著者、来源、卷期、页次、年月、号码、文种等。它们分别构成相应的检索途径：著者途径（著者）、题名途径（书名/刊名）、代码途径（专利号/ISBN号/ISSN号）、引文途径（引用文献）。

信息的内容特征指的是由分析构成文献信息源的信息内容要素的特征与学科属性形成的，主要形成分类和主题两种途径，包括分类号、主题词。主题途径中应用较广的有主题词和关键词两种。除此之外，内容特征还包括文摘。

文献信息源的外表特征与文献是一一对应的关系，而文献源的内容特征与文献却是多对一的关系。利用外表特征检出的文献源确定，利用内容特征检出的是与主题相关的一批文献。

文献检索的过程就是按照同样的主题词表及组配原则分析课题，形成标识，根据存储所提供的检索途径，从信息集合中查获与标识相符合的信息特征标识的过程。

3.2.2 描述文献外表特征的语言

3.2.2.1 图书

图书著录的外部特征除书名、著者外，还有出版社、出版地、总页数，有时还有国际标准书号（ISBN）。其中，出版社名称①，出版地或出版国②，出版时间③，总页数或页码范围④，国际标准书号（ISBN）⑤是辨别图书的主要外部特征。例如：

Churchill R V. Operational Mathematics. 3rd. McGraw-Hill①, New York②, YN, ISBN: 978-0070108707⑤. 1972③. P481④.

其中，ISBN 号是国际标准书号的简称（International Standard Book Number），它是国际标准化组织公布的一项国际通用的出版物统一编号方法。2001 年前是 10 位数字，2001年以后是 13 位数字。例如：

```
ISBN： 978  -  7  -  307  -  03150  -  7
        ①       ②         ③        ④       ⑤
```
欧洲商品编号中图书　　中国　　国防工业出版社　　书名　　检验码

① 3 位 EAN（欧洲商品编号）代表图书；
② 地区号，代表出版国家，地理区域，语种；
③ 出版者号，代表具体的出版者（出版社或出版公司）；
④ 书序号，代表一本具体的书名；

⑤ 校验码，用来检验 ISBN 号转录过程有无差错。

3.2.2.2 期刊

期刊著录的外部特征是：论文题名，著者，刊名（刊名一般采用缩写的形式）①，卷号（Vol.或者 volume 或者 V.）②，期号（No.或者 number 或者 N.）③，出版年月④，起止页码⑤，国际标准刊号（ISSN）⑥。例如：

Transient characteristics of He II forced flow heated at the center of a pipe line. Rao, Y F; Inaba, Y；Noda, T；Fukuda, K. Cryogenics①. 1996④,36② (3)③. P219-224⑤. ISSN 0011-2275⑥

其中，国际标准刊号（ISSN）由 8 位数字分两段组成，如 0011-2275，前 7 位是期刊代号，末位是校验号。

3.2.2.3 会议文献

会议文献著录的主要外部特征是：论文题名①，著者②，编者③，会议名称或会议论文集名称④，会议地点或主办国⑤，会议召开的年月日⑥，论文在会议论文集中的起止页码，会议论文号⑦是辨识会议文献的主要外部特征；上述会议和会议文献常用的主要名称也是辨识的直接关键词⑧。这些关键词包括 meeting; conference; symposium; seminar; proceeding; transaction; Congress; Workshop; annual 等以及这些词的缩写（conf.; proc.; conf.; annu.等）。例如：

Title：Size Degradation of Shale Drill Cuttings in Deepwater Discharge Conditions from Synthetic-Based Drilling Fluids.①

Authors：Paul Scott, ConocoPhillips and John Candler, M-I SWACO②

Source：SPE International Conference⑧ on Health, Safety and Environment in Oil and Gas Exploration and Production④, 12-14 April 2010⑥, Rio de Janeiro, Brazil⑤.

Language：English.

Paper Number：126253-MS.⑦

3.2.2.4 学位论文

学位论文的外部特征是：文章名称⑤，作者姓名⑥，学位名称①，导师姓名③，学位授予机构②，学位授予时间④，总页数⑦等。学位论文辨识的直接关键词一般有表示学位论文的名称①，如 thesis, dissertation, Ph.D．、MS、MBA、Eng.D、D.S.等以及授予学位的单位②。例如：

记录一

Improved drilling efficiency technique using integrated PDM and PDC bit parameters⑤. Motahhari, Hamed Reza⑥. M.Sc①. University of Calgary (Canada)②. 2008④. 151⑦.

记录二

Martinez L G T⑥. Ph.D①. Dissertation①, Massachusetts Institute of Technology②, Cambridge,MA. 1990④.

3.2.2.5 科技报告

科技报告文献著录格式的外部特征有：报告名称①，报告号②，研究机构及研究人员③，完成时间等④。一般有报告编写单位代码，如 AD、PB、NASA、DOE 及报告号②，还有一些表示报告的特征词如 report, notes⑥. 例如：

记录一

Hachet. JO, Horne E L③. Technical Report⑥ NO. ASD-TDR⑤-62-524②, Wright-patterson AFB,OH,1962④.

记录二

Completion Report for the Well ER-6-2 Site Corrective Action Unit 97: Yucca Flat - Climax Mine①. National Security Technologies, LLC.③, Las Veagas, NV. 2008④. p1-103. DOE/NV-1270; DOE/NV/25946-433②.

3.2.2.6 专利文献

专利文献著录的主要外部特征有：申请号，公开号，申请人，发明人，申请日，公开日等。专利文献识别的直接关键词是专利国别代号，后面为专利号①。有时还有 patent 一词②。例如，US 代表美国，GB 代表英国，CN 代表中国，DE 代表德国，FR 代表法国，JP 代表日本，RU 代表俄国，EP 代表欧洲专利，World 代表世界专利等。例如：

记录一

Roger A F. United Kingdom Patent②. GB 2 179 200A①, 1987.

记录二

DRILLING TOOL. FRANK PETER (DE). US 20070366①. 2007.

3.2.2.7 标准文献

标准文献著录的外部特征是：标准级别，标准名称，标准号，审批机构，颁布时间，实施时间等。标准文献识别的直接关键词是标准号①，有时会有表示标准的特征词（标准，standard，recommendation）②。

例如：

记录一

ASTM A 370-77① Mechanical Testing of steel Products.

记录二

评定水在烃和脂肪酯润滑剂中溶解度的标准②实验方法，ASTM D 4056-2001①.

标准文献都有标准号，通常由国别（组织）代码+顺序号+年代组成，例如 ISO 3297—1986。我国的国家标准分为强制性标准（GB）推荐性标准（GB/T），例如，GB 18187—2000，GB/T 7714—2005；行业标准代码以主管部门名称的汉语拼音的声母表示，例如，JT 表示交通行业标准，SY 表示石油行业标准，SH 表示石化行业标准。表 3.2 是一些国际常用的标准文献的代码。

表 3.2　国际常用标准文献代码

代码	国家或组织	代码	国家或组织
ISO	国际标准化组织	DIN	德国国家标准
IEC	国际电工委员会	TOCT	俄罗斯国家标准
ANSI	美国国家标准	GB	中国国家标准
BS	英国国家标准	ASME	美国机械工程师协会标准
CEN	欧洲标准化委员会	ASTM	美国材料和实验标准
CENELEC	欧洲电子技术标准委员会	API	美国石油协会标准
JIS	日本工业标准	IEEE	美国电与电子标准
NF	法国国家标准	ITU	国际电信联盟标准

3.2.3 描述文献内容特征的语言

3.2.3.1 分类语言

分类语言是用分类号来表达学科体系的各种概念，将各种概念按学科性质进行分类和系统排列，也称分类法或分类表，是产生最早、使用最多的图书加工和组织方法。分类法是按照文献信息的内容、形式、体裁和读者的用途，在一定的哲学思想指导下，根据学科之间的逻辑关系，采用层次型或树状型结构，列举人类所有的知识类别，并对每一知识分别以相对固定的类码，从而形成的分类表。分类表是从总到分，从一般到具体，层层划分，逐级展开的并有某种符号代码体系的知识体系表。具体地说，它是以学科分类为基础，按照概念划分的原理，将知识概念从具体到一般，从简单到复杂，从低级到高级一级划分，每划分一次就形成一批并列的概念——下位概念，它们同属于一个被划分的概念——上位概念，如表3.3所示。

表3.3 上下位概念关系表

	1 综合运输
	2 铁路运输
U 交通运输	4 公路运输
	6 水路运输
	8 航空运输

我们可以看到几个下位类是平行关系，下位类与上位类是隶属关系，每个类目都用分类号作了标识，每个分类号代表了特定的知识概念。如 U 代表交通运输，U2 代表铁路运输。体现这种分类体系的就是图书分类法（表）。分类法的种类很多，比较有影响的有《中国图书馆分类法》（简称《中图法》）、《中国科学院图书馆图书分类法》（简称《科图法》）、《国际十进分类法》、《杜威分类法》等。其中《中图法》作为我国文献分类标引的国家标准，被国内图书情报机构广泛应用。表 3.4 显示《中图法》的大类分布，表 3.5 显示的是《中图法》工业技术及石油天然气工业的分类。

表3.4 中图法大类分布表

A	马克思列宁主义，毛泽东思想，邓小平理论	N	自然科学总论
B	哲学、宗教	O	数理科学和化学
C	社会科学总论	P	天文学、地球科学
D	政治、法律	Q	生物科学
E	军事	R	医药、卫生
F	经济	S	农业科学
G	文化、科学、教育、体育	T	工业技术
H	语言、文字	U	交通运输
I	文学	V	航空、航天
J	艺术	X	环境科学、安全科学
K	历史、地理	Y	综合性图书

3.2.3.2 主题语言

主题语言是直接以代表信息内容特征和科学概念的概念词作为检索标识，并按字顺组织起来的一种检索语言。主题语言分为规范主题语言与非规范主题语言。

表 3.5 工业技术及石油天然气工业分类列表

T 工业技术		TE 石油、天然气工业	
T-0	工业技术理论	TE0	能源与节能
T-1	工业技术现状与发展		
T-2	机构、团体、会议	TE1	石油、天然气地质与勘探
T-6	参考工具书		
TB	一般工业技术	TE2	钻井工程
TD	矿业工程		
TE	石油、天然气工业	TE3	油气田开发与开采
TF	冶金工业		
TG	金属学与金属工艺	TE4	油气田建设工程
TH	机械、仪表工业		
TJ	武器工业	TE5	海上油气田勘探与开发
TK	能源与动力工程		
TL	原子能技术	TE6	石油、天然气加工工业
TM	电工技术		
TN	无线电电子学、电信技术	TE8	石油、天然气储存与运输
TP	自动化技术、计算机技术		
TQ	化学工业	TE9	石油机械设备与自动化
TS	轻工业、手工业		
TU	建筑科学		
TV	水利工程		

1. 规范主题语言

规范主题语言是以自然语言为基础，经过标准化、规范化处理的词语，具有概念性、规范性、组配性、语义性和动态性。规范主题语言包括单元词语言、标题词语言和叙词语言。

（1）单元词语言 单元词语言是一种最基本的、不能再分的单位词语，亦称元词，它从文献内容中抽出，再经规范，能表达一个独立的概念。比如"天气雷达"不是单元词，只有"天气"和"雷达"才是单元词，在英语中，单元词经常是一个单词。单元词具有灵活的组配功能，在检索时可将某些单元词组配起来使用，它属于后组式语言。元词集合构成元词表，如《WPI——规范化主题词表》。

（2）标题词语言 标题词语言是一种先组式规范词语言，标题词大多分为主标题词和副标题词，如果采用多级标题，其副标题词还可细分为第三级、第四级标题。标题词语言有较好的通用性、直接性和专指性，但由于检索时，只能按既定组配执行，因此灵活性较差。美国工程信息公司出版的《工程标题词表》(简称 SHE)是典型的标题词语言，但该公司 1993 年以后改用《工程索引叙词表》（EI Thesaurns）。

（3）叙词语言 叙词是以概念为基础经规范化且具有组配功能并可以显示词间关系的动态性词或词组。它可以用复合词表达主题概念，在检索时可由多个叙词形成任意合乎逻辑的组配，形成多种检索方式，是计算机检索系统中使用最为广泛的规范化语言。常用的叙词表有《汉语主题词表》、《INSPEC 叙词表》、《工程索引叙词表》等。

叙词表通常由字顺表及词族索引(或等级索引)组成。字顺表是叙词表的主体，揭示叙词的等同关系、属分关系和相关关系。词族索引（或等级索引）按族首词字顺排列，每个族首词之下按由上至下的等级列出其所有的下位词。

2．非规范主题语言

它是相对于规范主题语言而言的，以自然语言的语词作为检索标识，其所用词汇未经过规范化处理。非规范主题语言包括关键词语言和纯自然语言。

（1）关键词语言　关键词语言是直接从文献的篇名、文摘或全文中摘取出来的词汇构成的。关键词语言没有经过处理，也不需要编制关键词表，凡是有意义的信息单元都可以用作关键词。但是为了提高计算机检索效率，通常建立了非关键词表或禁用词表，这些词都是无实际检索意义的词，如冠词、介词、副词、连词、感叹词、代词、助动词及部分形容词。

（2）纯自然语言　指完全使用自然语言，即对一条完整的信息中任何词汇都可以进行检索。它采用全文匹配法检索，主要运用于计算机全文数据库和网络信息检索中。使用纯自然语言中检索中最大的问题是误检率极高。

3.3 检索工具

3.3.1 检索工具定义

检索工具是存储、报道和检索信息的工具。它是经过对信息进行搜集整理、特征分析和组织加工后的产物，同时又是信息检索的主要手段和条件。由于科技文献的数目庞大，交叉重复，高度分散，其增长速度越来越快，这给文献的利用带来了很大的困难，而利用检索工具可以用较少的时间从不同的角度获取大量的文献。

一般而言，检索工具应具备以下功能。

1．详细著录文献的外部特征和内容特征

检索工具将不同类型、不同语种的信息按学科或主题加以集中组织起来，并详细著录信息的外部特征（如书名、著者、网址等）和内容特征（如标题、主题、摘要等），以便信息用户按照这些报道线索查找所需的原始信息。

2．提供具体的检索标识

检索工具将所选择收录和分析整理后的信息按照一定的科学体系组织成一个有机的整体，同时给出多种检索标识，如主题词、分类号、著者姓名、期刊名称、文献序号等。检索标识是标引人员和信息用户共同遵守和进行沟通的符号，也是提高检索工具的存储质量和使用效率的重要依据。

3．根据标识顺序，系统、科学地排列文献，使其成为一个有机的整体

检索工具里的标识的排列顺序不是随机的，而是按照一定规律排列文献。

4．提供多种检索途径

检索工具必须具有多种辅助索引，以便用户从不同途径使用多种方法查找信息，例如，从关键词、主题、著者、机构等途径检索所需信息。辅助索引是否完善不仅是衡量检索工具质量的重要标准，也是信息用户能否充分利用信息的关键因素。

3.3.2 检索工具类型

由于检索工具的著录特征、报道范围、载体形式和检索手段等特征的不同,检索工具有多种划分方法。例如,按收录的学科范围可分为综合性检索工具与专业性检索工具,按检索手段可分为手工检索工具与计算机检索工具,按收录信息来源的类型可分为单一检索工具与多类检索工具。通常按著录信息的特征划分如下。

3.3.2.1 目录

以整本图书、期刊等作为著录单元,揭示其出版事项或收藏信息的检索工具。目录仅著录出版物的外部特征,主要用于查找出版物的出版或收藏单位,按类编排。按组织形式可划分为国家目录、馆藏目录、联合目录、书商目录等。如表 3.6 所示。

表 3.6 期刊目录表

2002 年度本校图书馆科技阅览室期刊目录			
分类号	期刊名称	刊期	份数
06/4	化学通报	月	1
TP3/2	电脑时空	月	1
TN8/1	无线电	月	1
TN91/3	中国数据通信	月	1
TU/3	建筑	月	1
T-031/1	北京工业大学学报	季	1
N031/14	北京大学学报(自科版)	双月	1

3.3.2.2 题录

题录又称索引,以出版物中的"篇"作为著录单元的检索工具,如期刊中的一篇论文、图书中的一个章节等,同时揭示信息的外部特征和内容特征。索引的特点是"快"和"全",一般不做过多的加工,仅著录篇名、著者、出处。

3.3.2.3 文摘

文摘是将论文或专著的内容加以浓缩,以最精练、最概括的文字报道文献主题、方法和结论,又称摘要。著录信息的外部特征加上文摘,并按一定顺序排列出来,即形成文摘型检索刊物,常简称为文摘,其实质就是索引加上内容提要。

根据文摘揭示信息内容的详简程度可分为指示性文摘和报道性文摘。

指示性文摘就是用简洁的语言简单说明信息的主题范围、研究方法、绪论、用途等,不涉及具体的技术内容,又称为简介,字数一般在 100 字左右。

报道性文摘是对原文的高度浓缩,一般包括信息的主要内容、论点、方法、设备、结论、具体数据等。字数一般在 200~300 字(西文 250 个实词)。这种文摘信息含量大,参考价值高。

文摘类检索工具主要由文摘和索引两大部分组成。文摘起报道作用,索引起检索作用。

3.3.2.4 参考工具书

参考工具书是分析和著录大量具体而常用的科学数据与事实,以备查用的各种常用工具书的总称,包括字词典、百科全书、年鉴、手册、指南、名录等。

3.3.2.5 全文数据库

是以原始文献为著录单元,文献中每个有意义的实词均可用作检索词,信息用户可得到文献的全文或其中的某些部分。并且通过数据库能看到文献的全文。

3.3.2.6 搜索引擎

搜索引擎是以网页为著录单元，它将网上的信息编成索引存入搜索引擎的索引服务器。用户通过索引服务器检索与其匹配的网页，再通过链接访问实际网页的内容。常用的搜索引擎有百度、google 等。

3.3.3 检索工具结构

手工检索工具一般由使用说明、目次表、正文、辅助索引、附录组成。计算机检索工具一般由检索软件与数据库组成。

3.3.3.1 手工检索工具结构

1．使用说明

一般包括编制目的、收录范围、著录格式、代号说明、使用举例及注意事项等。是用户使用前必须阅读的内容。

2．目次表

检索工具的正文一般按分类组织编排，前面大多有详简不同的目次表，作为从分类途径查找文献的依据。

3．正文

它是检索工具的主体部分。储存在检索工具中的不是原始文献，而是描述文献外表特征与内容特征的著录。如篇名、著者、出处、文摘等。

著录后的每篇文献都有一个唯一固定的号码，这个序号叫做文摘号或顺序号。

4．辅助索引

检索工具正文只提供单一线性检索方式，为了准确、快速、全面地查找所需信息，检索工具一般都编有索引，提供从主题、著者、序号等多种途径检索所需信息。掌握检索工具的实质就是熟悉编制体例及各种辅助索引的使用方法。

5．附录

附录部分主要是使用该检索工具时必须参考的一些内容，如引用期刊一览表、文献来源名称缩写与全称的对照表、缩略语的解释以及收藏单位代码等。

信息用户在使用新的检索工具时，应首先阅读其使用说明，然后根据所查信息的隶属学科或专业，利用目次表从分类途径查找所需信息，或利用辅助索引从主题词、著者姓名、机构名称或其他代码（如报告号、专利号等）查找所需信息。

3.3.3.2 计算机检索工具结构

计算机检索工具通常由检索软件与数据库构成。检索软件确定了该检索工具的检索的方式，规定了检索系统的检索算符，不同的计算机检索工具采用不同的检索软件，但同一个数据开发商往往采用统一的检索软件。

数据库主要由字段、记录、文档、帮助文件等组成。

1．字段

数据库最基本的著录单元称为字段，如题名字段、著者字段、刊名字段、文摘字段、主题词字段、关键词字段等。每一字段均有其标识符，其内容称作字段值或属性值。

2. 记录

多个字段组成记录。不同数据库揭示信息的程度不同，其记录的字段数多少不等，有的记录由数十个字段组成，有的则只有几个字段。记录是按一定的标准格式化的，以便于计算机识别和存储。

3. 文档

经过有序化处理并附有检索标识的信息集合称为文档，包括顺排文档和倒排文档。

顺排文档又称为线性文档，由每件信息的全记录按一定顺序组成，是数据库中的主文档，相对于手工检索工具而言，是其正文部分。

倒排文档又称为索引文档，是将记录中可检索字段及其属性值提取出来，按一定的顺序组织起来，成为可用作索引的文档。不同属性的字段组成不同的倒排文档。如刊名字段，即将其所有记录的期刊名称提取出来，按序组成刊名倒排文档，以指引与特定刊名有关的若干记录在主文档中的地址，以便用户从刊名途径进行查找。有的数据库将所有字段都编成倒排文档，使信息用户可从信息的各种角度进行检索。还有的数据库有主题词表和分类表。

4. 帮助文件

每个数据库都有帮助文件，使用户了解数据库的使用方法及常见问题的解决方法。

3.4 计算机检索技术

3.4.1 布尔逻辑检索

布尔逻辑算符是用来表达各检索词之间的逻辑关系的符号。在检索过程中，大多数的检索课题都是多主题、多概念的，而同一个概念又往往涉及多个同义词或相关词。为了正确地表达检索提问，系统采用布尔逻辑运算符将不同的检索词组配起来，使简单概念的检索词通过组配成为一个具有复杂概念的检索式而进行检索的方法。常用的布尔逻辑算符主要是与、或、非。

3.4.1.1 逻辑与

逻辑与也称为逻辑乘，用符号"and"或"*"表示，其逻辑表达式为 A*B 或 A and B，其含义表示检索同时包含检索词 A 和检索词 B 的文献。例如，要求四川盆地构造演化的文献，可向计算机检索系统输入逻辑检索式："四川盆地*构造演化"或者"四川盆地 and 构造演化"，检索结果是同时含有"四川盆地"和"构造演化"的文献均被检索出来。

使用逻辑与算符缩小检索范围，减少输出结果，提高查准率。

3.4.1.2 逻辑或

逻辑或也称为逻辑加，用"or"或"+"表示，其逻辑表达式为 A or B 或 A+B，其含义表示检索含有检索词 A 或检索词 B，或同时含有检索词 A 和 B 文献。例如，要求煤气中毒方面的文献，可向计算机检索系统输入逻辑检索式："煤气中毒+一氧化碳中毒"或"煤气中毒 or 一氧化碳中毒"，检索结果是含有"煤气中毒"或者含有"一氧化碳中毒"的文献，或者同时含有"煤气中毒"和"一氧化碳中毒"的文献均被检索出来。

使用逻辑或算符可以扩大命中范围，得到更多的检索结果，起到扩检的作用，查全率高。

3.4.1.3 逻辑非

逻辑"非"用符号"not"或"–",其逻辑表达式为 A not B 或 A–B,其含义表示检索含有检索词 A,但不能含有检索词 B 的文献。例如,要查找微观经济方面的文献,可向计算机检索系统输入逻辑检索式:"微观经济 not 宏观经济"或"微观经济–宏观经济",检索结果是含有微观经济的文献被检索出来了,而宏观经济方面的文献就不会检索出来。

使用"非"算符可以缩小命中范围,得到更切题的检索效果,提高查准率,但是使用时要慎重,以免把一些相关信息漏掉。

用布尔逻辑算符表达检索要求,不同的运算次序会产生不同的检索结果。这些逻辑算符在有括号的情况下,括号内的逻辑运算优先执行,有多层括号时最内层括号中的运算先被执行;在运算中的优先次序一般为 not、and、or。但是,不同的系统有不同的规定,要视具体的检索系统而定。

3.4.2 截词检索

截词检索(truncation searching)又称"通配符"。所谓截词,是指将检索词在合适的地方截断,保留相同的部分,用相应的截词符代替可变化部分。由于西文的构词特性,在检索中经常会遇到名词的单复数形式不一致;同一个意思的词,英、美拼法不一致;词干加上不同性质的前缀和后缀就可以派生出许多意义相近的词等。截词检索就是为了解决这种在检索中既耗费大量的时间,还可能造成漏检问题而设计的,它既可保证不漏检,又可节约输入检索式或多次检索的时间。

常用的截词符有"?"、"*"、"#"、"$"等多种表示形式,不同的检索系统其截词符的表示形式和截词检索的方式是不同的。

截词方式有多种。

3.4.2.1 根据截断的位置,可以分为后截词、前截词和中间截词三种类型

1. 后截词

后截词也称为前方一致。后截词最常用,即将截词符放在一个字符串之后,用以表示后面有限或无限个字符,不影响其前面检索字符串的检索结果。它是将截词放在一串字符的后面,表示以相同字符串开头,而结尾不同的所有词。如 physic*,可检出的词汇有:"physic"、"physical"、"physician"、"physicist"、"physics"等。

2. 中间截词

中间截词指将截词符置于字符串的中间,表示这个位置上的任意字符不影响该字符串的检索。它对于解决英美不同拼写、不规则的单复数变化等很有用。例如,"woman"和"women"可用"wom?n"代替;"analyzer 和 analyser"可用"analy?er"代替。

3. 前截词

与后截词相对,前截词是将截词符放置在一个字符串前方,以表示字符串的前面有限或无限个字符不影响该字符串的检索结果。如"*computer"可检索出"macrocomputer"、"minicomputer"、"microcomputer"或"computer"等词。

有时可以混用两种截词方式,以取得所要的检索结果。例如,"*count*"可检索出

"count"、"account"、"counter"、"accounting"等词。

3.4.2.2 从截断字符的数量看，截词可分为无限截词和有限截词

1. 无限截词

一个无限截词符可代表多个字符，表示在检索词的词干后可加任意个字符或不加字符。如 comput*，可以检出"compute"、"computer"、"computers"、"computing"、"computability"、"computable"、"computation"、"computational"等词。

2. 有限截词

一个有限截词符只代表一个字符。常用符号"?"表示，代表这个单词中的某个字母可以任意变化，在检索词词干后可加一个或一个以上的有限截词符，一般有限截词符的数量有限制，其数目表示在词干后最多允许变化的字符个数。如"solut???"可检索到包含"solution"、"solute"和"soluting"等词。

截词符具有"OR"运算符的功能，能够扩大检索范围，而且减少了输入检索词的时间，但应注意的是，使用截词检索，有可能检出无关词汇。尤其注意使用无限后截词时，所选词干不能太短，否则将造成大量误检。

3.4.3 字段限定检索

字段限定检索是指限定在数据库记录中的一个或几个字段范围内查找检索词的一种检索方法。

在检索系统中，数据库设置、提供的可供检索的字段通常分为表示文献内容特征的主题字段和表示文献外部特征的非主题字段两大类。其中，主题字段如题名（Title）、叙词（Descriptor）、关键词（Key words）、文摘（Abstract）等，非主题字段如作者（Author）、文献类型（Document Type）、语种（Language）、出版年份（Publication Year）等。每个字段用两个字母组作为代码来表示。使用字段限制检索时，基本检索字段用后缀表示，即由"/"与基本检索字段代码组成，放在检索词或检索式的后面，例如，天然气/TI，表示将检索词"天然气"限定在题名字段（TI）中。不同的数据库使用的字段代码略有不同，即使同一字段，采用的字段代码也可能不同。因此，在进行字段检索时，应事先参阅系统及有关数据库的说明。

3.4.4 位置检索

位置算符用于表示词与词之间的相互关系和前后的次序，通过对检索词之间位置关系的限定，进一步增强检索的灵活性，提高检索的查全率与查准率。布尔逻辑算符只是规定几个检索词是否需要出现在同一记录中，不能确定几个词在同一记录中的相对位置，当需要确定检索词的相隔距离时，可以使用位置算符。

常见的位置算符有以下几种。

3.4.4.1 W算符（with）

通常写作 A（nW）B，表示词 A 与词 B 之间可以插入小于或等于"n"个其他的词，同时 A、B 保持前后顺序不变。其中（W），也可写作()，表示 A、B 必须相邻，中间不可有其他词或字母，但有些系统允许有空格、标点符号。如 Gas(W)condensate，可检出"gas condensate""gas-condensate"。而用 control(1W)system，则可检出含有 control system、control of system、control in system 等结果。

3.4.4.2　N 算符（Near）

通常写作 A（nN）B，表示 A 与 B 之间可以插入小于或等于"n"个其他的词，同时 A、B 不必保持前后顺序。如 control(1N)system，除可得到 control system、control of system 等外，还可得到 system of control 等结果。

3.4.4.3　F 算符（Field）

通常写作 A（F）B，表示 A、B 必须同时出现在记录的同一字段中，次序可随意变化，且 A、B 两个检索词间可间隔任意个词。如石油（F）天然气 / TI，表示两词同时出现在题名字段中的为命中文献。

3.4.4.4　S 算符（Subfield）

通常写作 A（S）B，表示 A 与 B 必须同时在一个句子中，次序可随意变化，且 A、B 两个检索词间可间隔任意个词。

不同的检索系统对其所采用的位置算符有其自己的规定，应注意参看检索系统的使用说明。

常用的计算机信息检索技术还有禁用词、加权检索、匹配方式等。

3.5　检索途径

检索途径又称检索入口，指信息用户在检索时，把所需信息的某种特征标识转换为检索标识，以此为入口进行检索。根据信息外部特征和内容特征的不同标识，各种检索途径如表 3.7 所示。

表 3.7　检索途径的类型

检索语言			
	描述信息外表特征的语言	题名（书名，刊名，篇名等）	题名途径
		作者（个人，团体等）	著者途径
		号码（专利号，报告号，标准号等）	号码途径
	描述信息内容特征的语言	分类号	分类途径
		主题词（关键词，标题词，叙词等）	主题途径
		其他（分子式等）	其他途径

3.5.1　根据信息外部特征的检索途径

3.5.1.1　题名途径

直接利用信息的题名查找所需信息的方法。题名包括信息标题名(篇名)、图书名、刊名、标准名、文档名、数据库名等。检索时可使用"题名索引"或"题名目录"，在计算机检索系统中应用较多。篇名通常较长，检索者难以记忆，且内容分散。

3.5.1.2　著者途径

从个人著者名或团体著者名出发来检索，检出他们所发表的或主持的文献。同一著者下集中了学科内容相近或有内在联系的文献，但某个人或某团体发表的文献有较大的局限性。

3.5.1.3 号码途径

利用信息的代码获取相关信息的方法，包括专利号、报告号、合同号、电子元件型号、标准书号、标准刊号、馆藏号、文档号、IP 地址代码等。利用序号途径，需对序号的编码规则和排检方法有一定的了解；往往可以从序号判断文献的种类、出版的年份等，如果已知文献特定的序号，查找该文献变得简单。

3.5.2 根据信息内容特征的检索途径

3.5.2.1 分类途径

以学科性质和内容的相应类目、类号为特征标识的检索方法。检索时根据所需课题内容的学科属性，利用相应检索工具的"分类目录"或"分类索引"检索到相关信息内容。分类途径有利于从学科或专业角度广泛地获得较系统的文献，达到较高的查全率。查准率的高低与类目的粗细多少有关，即类目越细，专指度越高，查准率也越高，但分类表的篇幅是有限的，类目不可能设计得很细。因此，分类途径是一种族性检索。当用户所需信息范围较宽或比较复杂时，主要应采用分类检索途径。利用分类途径检索时，首先要明确检索课题的学科属性、分类等级，获得相应的分类号，然后逐类查找。要求检索者对所用的分类体系有一定的了解。

3.5.2.2 主题途径

根据学科内容的主题性质而进行的检索，检索入口为能反映所需课题的主题词。主题途径的最大优点是：主题概念易于被用户理解、熟悉和掌握，而且它把同类主题性质的事物集中起来，突破了分类途径的严格框架限制，检索时更易于选用合适的主题词。此外，由于它的灵活组配功能，适应了用户复杂(比如多学科或多主题项的交叉融合现象)的检索需要，因而主题检索途径深受用户欢迎。常用的主题途径有标题词途径、关键词途径、叙词途径等。

3.5.2.3 其他途径

根据某些信息的特殊标识进行检索的方法。这些特殊标识很多，如化学分子式、地域名称、生物属种、图案色彩、声音强度等。在不同的检索系统中编制有专门的特殊标识索引，专门技术人员对此利用较多，一般信息用户却很少利用。

3.5.3 常用检索途径的检索思路及常见问题

3.5.3.1 分类途径

分类途径检索思路：

① 分析待查课题的主题内容；
② 根据主题内容在类目索引中找到相应的类目，在分类表中提取分类号；
③ 在相应的检索工具中用分类号检索所需的文献；
④ 再根据所需要文摘提供出处查找原文。

从上可知，获取分类号是检索的关键。
例如矩阵论的分类号查找，如表 3.8。

表 3.8 矩阵论的分类号

O 数理科学和化学	O1 数学	O11 古典数学		......	
		O12 初等数学		......	
		O13 高等数学		......	
		O15 代数，数论，组合理论	O151 代数方程式论，线性代数	O151.1 代数方程式论	
				O151.2 线性代数	.21 矩阵论
					.26 线性代数的应用
				O151.3......	......
			O152 群论		
		......			
	O3 力学	O31 理论力学	O311 运动学	O311.1 质点运动	......
	......				

由上表可见，矩阵论的分类号是 O151.21。

1. 单概念课题的一般分类方法

单概念课题指课题涉及的主题概念只有一个。例如，函数，光导纤维。使用分类表给单概念课题确定类号是从分类角度查找文献的关键。

① 了解分类表的体系结构，重点掌握大类分布。
② 在相关的大类中，由大到小，逐步查找最接近于课题要求的类号。
③ 注意表中用于帮助确定类号的类目注释和类目指引。

2. 多概念课题分类的一般方法

涉及两个或两个以上概念的课题即为多概念课题。例如，计算机在机械工程方面的应用（在这个课题中含有"计算机"，"机械工程"两个概念）。线性常微分方程（含有"线性方程"，"常微分方程"两个概念）。

多概念课题确定分类号的方法也同样遵循单概念课题分类方法，此外还要注意以下几点。

① 对涉及同一研究对象的几个方面或者涉及几个并列研究对象的课题，凡是有主次者，应取其重点或主要研究对象归类。而涉及同一研究对象的几个方面都需要检索时，应同时考虑几个类别，如下所示。

a. 非线性光谱学。可以提出两个主题：非线性光学、激光光谱学，很明显，该课题的重点是激光光谱学。分类号以激光光谱学的分类号为主，O433.54。

b. 精密合金。该课题涉及软磁合金、永磁合金、弹性合金、磁致伸缩合金和驻点材料等概念，那么，在确定分类号时必须考虑这几个方面，也就是说，应确定的分类号为：TG132.2 特种电磁性质合金,TG135 特种机械性质合金,TM241 金属导电材料等。

② 研究一种理论、方法、工艺、材料、设备，产品等在某方面应用或对某方面影响的课题，应在所应用或受影响的类目中查找，如下所示。

磁光盘
用于计算机信息存储————光存储器 TP333.4;
用于视频信号处理————录像系统 TN946;
用于声频信号处理————声电技术与设备 TN912.2;

用于信息载体————信息载体 G356.4。

3．上位类标引方法

当欲查课题无现成类目或无符合要求的专指类目时，可以归入它从中分化出来的上位类。这种分类方法的关键是确定上位类号，如下所示。

① 灰色系统理论　灰色系统理论是从控制论、系统论中发展出来的一个理论，我们可以在控制论和系统论的类别中去找————N94 系统论。

② 分子筛催化剂　分子筛催化剂属于非金属催化剂————TQ426.7 非金属催化剂。

3.5.3.2 主题途径

它是以代表文献内容的实质性的词汇作为检索标识进行文献检索的一种检索途径。主题途径适合于查找具体的、专深的、新兴的边缘学科课题。主题途径查找文献的关键：确定主题语言常用的主题语言：关键词，叙词。

1．关键词途径

关键词是指表示文献主题意义的那些由作者使用的名词或词组（包括各种符号）。关键词法的特点：它主要以作者在文献中使用的词作为检索款目词，基本上不对词语加以控制（没有预先编制的词表），能较快地反映科技的最新发展。由于无须人工干预，十分适用于计算机编制索引。加快索引出版速度，增加可使用的检索入口词，不足之处是数目庞大，加之难以考虑周全所有的可能使用的词汇，容易漏检，而且关键词过分依赖计算机机械抽取词汇和排列文献，不切题文献比例较大。

课题关键词确定方法如下。

（1）分析课题，提取概念　对课题进行分析，特别是要分析课题涉及的事物名称，包括化合物、材料、器材、设备等，也包括研究的手段、方法、用途等。最主要的事物应该作为首要考虑的检索概念。

（2）整理概念，扩充同义词汇　将分析得到的概念整理归纳，分成若干个组面，如下所示。

光学纤维传感器——分为3组：光学　纤维　传感器。

光学：optical optic。

纤维：fiber fibers fibre fibres。

传感器：sensor sensors transducer transducers。

（3）运用分析所得的词汇试查

用分析所得的词汇试查，让检索结果检验词汇的实际检索效果，进而确定课题合用的关键词。

2．叙词途径

叙词语言是指以规范化科学名词为基础的一种主题法检索语言。叙词是从自然语言中优选出来的经过规范化出来的名词术语。

叙词语言的特点：有如下3个方面。

① 叙词是规范化的主题词。对基本事物的正式的规范的表达形式，是叙词语言的特点，规范化意味着它是在正式场合下使用的书面语言，事实上叙词语言的要求比书面语言的要求严格得多。

② 可以自由组配。主题词表中的正式主题词可以根据需要将他们组配起来，用以表达复杂的概念。

③ 具有体系分类法学科体系严密的长处，专门编有叙词分类索引和等级索引。这两个索引可以从学科的角度确定主题词。叙词语言的体现形式是叙词表。

课题的叙词标引方法和主题检索思路如下。

（1）课题分析　在进行课题分析时，千万不要依据课题名称确定主题词。应根据课题涉及的主要对象、研究手段、使用方法、材料、条件、设备、研究目的、用途作深入分析。从中提取课题研究的主要事物概念。

（2）查表选词　就是分析课题后在所得概念的基础上对课题试标引。一般有三种标引方法。

① 直接标引。当主题词表中有和课题概念相同的主题词时，应直接使用该主题词。常用于单概念课题。注意是课题概念相同，而不是课题相同。如果主题词表中还有下位词，而这个下位词更符合主题概念，应选取该下位词。

例如：

"software tools"是目标，课题概念定为 software engineering，查叙词表发现在 software engineering 下有下位词 software tools，那么，主题词定位为 software tools。

② 组配标引。组配标引适用于多概念主题与复合主题课题的标引。多概念主题指主题要素由不相同的逻辑关系构成的课题，不相容关系包括矛盾关系、反对关系、并列关系，对于这一类课题，要分别选用主题词。

例如：

矛盾关系：有机物，无机物。

反对关系：导电体，绝缘体。

并列关系：红外线，紫外线（amethyst）。

复合主题课题指主题要素之间的关系是相容关系的课题。复合主题分析出来的主题要素之间的关系一定是相容的逻辑关系：同一关系，属种关系，整体与部分关系，全面与某一方面关系，交叉关系。对于复合主题课题，一定要使用适合课题的专指性的正式的主题词。

例如：

同一关系：集成电路，IC——应使用主题词表中的正式主题词。

属种关系：初等数学，初等代数——下位词或相关词。

整体与部分关系：计算机，显示器——下位词或相关词。

全面与某一方面关系：导体，电阻率——下位词或相关词。

交叉关系：塑料，机箱——取其一或两者都查。

③ 上位词标引。当主题词表中没有课题对应的主题词时，又不能采用组配法标引，可以采用上位词标引。

（3）试查定词　使用主题词表选择的主题词，必须通过主题索引试查，由实际检索结果确定哪些词可用哪些不可用。

注意事项如下。

① 要查的课题中包含几个事物概念,应选择几个主题词。

② 不要选择那些缺乏主题意义的泛指性词作为检索词。

例如:研究,发展,分析,高性能,快速等

③ 表示文献类型的名词,如手册、报告、传记、评论等只有它们被当做探讨对象时才作为主题词。表示事件发生的时间、地点,表示事物非常具体的性质、成分、组成的词应放在副主题词中查找。

④ 特别注意选择能代表课题实质意义的词作为主题词,不能从字面上选词。

3.5.3.3 著者途径

著者途径是根据已知文献著者姓名来查找文献的途径。一般检索工具都有著者索引,由于同一著者在一定时期内所发表的文献,在内容上常局限于某一学科或专业范围,能在一定程度上集中同类文献。但著者途径不能满足全面检索的需要。

1. 著者索引的排序方式

① 著者索引是按著者的姓名的字顺排列。

② 同姓名著者,先按名字的首字母顺序排列,不全者排在全者之前,单名排在双名之前,简名排在全名之前。

③ 复姓作者,将复姓看作整体,如 Martin-Smith, Margaret。

④ 团体著者同个人著者一样,按团体单位名称的字顺排列。

2. 著者索引的常见问题

(1) 同一著者姓名的不同表示方法

Oppenheim, A. V.

Oppenhein, Alan, V.

表示的是同一个人。

(2) 中国著者的姓名音译问题

Li Ming

Lee Ming

(3) 单位的不同表达形式

下面是西南石油大学的可能表达形式:

South West Petroleum University   Swpu or swpi
South West Petroleum Institute   South-West Petroleum University
South West Petroleum Univ.   South And West Petroleum University
South-West Petroleum Institute   South And West Petroleum University
Southwest Petroleum University   Southwest Petroleum Institute
Southwest Petroleum U   Southwest University Of Petroleum

(4) 中国作者的不同表达形式

Zhangxiaohong   Zhang xiaohong   Zhang, xiaohong   Zhang-xiaohong
Zhang-xiaohong   Zhang xiao-hong   Zhang, xiao-hong   Xiaohong, zhang

3.6 文献检索的步骤

文献检索是从确立检索需求到信息需求得以满足的全过程。在很多教材中又称为信息检索，其实质是相同的。其检索的全过程大致可分为：分析研究课题与确定检索要求，选择检索方法与确定检索工具，确定检索途径与方法，优化检索提问与策略，检索结果的整理，查找文献线索与索取原文。

3.6.1 分析研究课题与确定检索要求

分析课题是检索的准备阶段。首先要分析研究课题的主要内容，所属学科性质，明确研究课题所需要的文献信息内容，从而能准确提出反映课题核心内容的外表的和内容的特征线索。

例如：

分类号，主题词，关键词，人名，机构名，地名，代码及专业术语等。

其次要通过分析确定文献的类型。

例如：

属于基础理论性探讨，要侧重于查找期刊论文，会议论文。

属于尖端技术，要侧重于科技报告。

属于发明创造，技术革新，要侧重于专利文献。

属于产品定型设计，要利用标准文献及产品样本。

3.6.2 选择检索方法与确定检索工具

常用的检索方法包括追溯法，工具法，循环法。

3.6.2.1 追溯法

它是从已有文献后面所附的参考文献入手，逐一追查原文，再从这些原文后面所列的参考文献逐一追查，不断扩大检索的线索，从而获得一批相关文献信息的查找方法。但是参考文献数目有限，查找的文献不够全面，而且追溯的年代越远，文献内容越陈旧，与课题关系也越小。

3.6.2.2 工具法

利用目录、题录、文摘或数据库等各种检索工具来查找文献的方法。

工具法是最重要的检索方法，也是最常用的方法，可分为顺查法、倒查法和抽查法。

顺查法是指按课题的起始年代由远及近逐年查找的检索方法。如已知研究成果最初产生年代，逐年往近期查，可反映学科专业或者某课题的发展全貌。

倒查法是指按课题的起始年代由近及远逐年查找的检索方法。

抽查法是集中查找课题所涉及的学科内容发展的高峰时期的方法。

一般根据不同的条件选择不同的方法。例如，想要文献查得很全，而时间充裕，可以采用顺查法；时间有限的话，可以采用倒查法；如果时间紧，而且不需要系统占有文献资料的话，可以采用抽查法。

3.6.2.3 循环法
它是追溯法和常用法的结合。

检索工具种类繁多，仅书本式文摘杂志全世界就有 2000 多种，除此以外还有各种数据库，所以必须根据课题的专业属性有针对性加以选择。在后面的章节将会介绍一些专业的检索工具。

例如：中国石油文摘,石油与天然气文摘,中国学术期刊文摘，engineering index, Onepetro, Petroleum abstracts, Chemical abstracts，IEEE，Springer 等。

3.6.3 确定检索途径
科技人员拿到一项课题后，具体选用哪一条途径，需要从课题对文献本身的特定要求和已掌握的线索而定。如系统查找某一课题的文献，一般应从内容特征的途径查找；如需了解某一科学家、工程师近几年的工作动态，则需从外表特征中的著者途径查找。

3.6.4 优化检索策略
检索时，用户的需求是通过检索提问式来表达的。科学的表达检索要求的词语构造成检索提问式就显得非常重要，它是检索技能的综合体现。编制检索提问式要综合、灵活地运用计算机检索系统提供的组配、限定、加权、扩展、截词等多种检索功能构造表达式，获得第一次检索结果，若满意度高，则可不调整检索策略；若不满意或满意度不高，就需要作调整。

3.6.5 整理检索结果
检索出来的原始信息通常是繁杂无序、良莠不齐的，因此，首先需要进行加工整理。信息的整理过程实际上就是信息的组织过程，目的是使信息从无序变为有序，成为便于利用的形式。在信息收集的基础上，应对所收集到的信息先进行整理，然后再加以应用。信息整理的方法主要包括信息的认真阅读、理解、信息可靠性的鉴别、信息的摘录和组织编排等。

3.6.5.1 文献信息检索结果的整理
对收集的信息进行一系列的科学整理。整理方法主要包括形式整理和内容整理。

1. 文献信息检索结果的形式整理

首先，将收集的信息按题名、编著者、信息来源出处、内容提要顺序进行著录；其次，按各条信息涉及的学科或主题进行分类，并著录分类号和主题词；第三，将著录和归类后的信息，按分类或主题进行编号、排列顺序，使之系统化、有序化。

2. 文献信息检索结果的内容整理

通读经形式整理后的信息，从信息来源、发表时间、理论技术水平及实用价值等方面进行评价鉴别，剔除重复或实际意义不高和参考价值不大的部分。对经通读选择出的各条信息中涉及与研究课题有关的观点(论点、论据、结论等)和图表数据提取出来，对相同的观点进行合并，相近的观点进行归纳，各种图表数据进行汇总，编好顺序供下一步分析、筛选、利用。

3.6.5.2 文献信息检索结果的筛选鉴别

对于从各种渠道检索收集来的各种信息,在其后的整理过程中,最重要的工作是进行文献资料的筛选。信息资料的收集要"全",不要遗漏信息。现在讲"筛选",主要考虑在被检索出来的大量文献资料中,肯定有鱼龙混杂的。这就要我们筛选重要信息和有代表性的文献资料。筛选文献资料主要从三个方面进行,即判断情报信息的可靠性、先进性和适用性。

1. 信息可靠性的判断

信息的可靠性主要指信息的真实性和准确性。一般从资料的内容和外部形式进行考察。

2. 信息的先进性判断

信息的先进性很难用简单明了的话加以概括,这是因为情报信息的先进性有多方面的含义。在科技文献上,先进性是指在科学技术上是否有某种创新或突破,其先进性可以从内容和形式、时间和空间等指标进行考察。

3. 信息适用性的判断

所谓适用性是指信息资源对用户适合的程度与范围。情报信息的可靠性是客观的,先进性是相对的,适用性在很大程度上是随机的。它受到情报信息接收方的地理环境、气候、自然资源、科技水平、经济能力、人员的信息素养等多方面的影响与制约。

3.6.5.3 信息资源检索结果的分析研究

信息分析研究是一项综合性很强的科学工作。它的内容既有自然科学,又有社会科学,并和决策学、预测学、科学学、管理学、系统工程等边缘科学互相联系与交叉;信息分析研究的这些特点决定了它所用的方法多数是从自然科学和社会科学以及某些边缘学科的研究方法中直接援引或借鉴过来的。所以,信息研究的方法具有通用性和多样性。用于信息分析的方法主要有三大类:逻辑学法、数学方法和超逻辑想象法。

逻辑学法是最常用的方法。逻辑学法就是根据已知情况,借助于比较、分析、综合、归纳、演绎等一系列逻辑手段来评价优劣,推知未来,并做出判断和结论。具有定性分析、推理严密、直接性强的特点,属于这一类的常用方法有综合法、分析法。

数理方法就是运用数理统计、应用数学和其他一切借助于数学计算和处理方法来进行信息分析研究的方法。随着计算机网络的发展和信息计量的需要,一些比较复杂的数学模型方法也开始引进信息分析研究,甚至发展成一些分支学科,如信息计量学等,这对信息分析研究工作的创新和发展有着巨大的推动作用。

超逻辑想象法就是借助于人的思维过程中的想象力,逻辑判断的思维方法。这种方法对于活跃思维、开阔视野具有独特的作用。

以上三类方法各有所长,逻辑思维法长于推理,用于定量描述;数理方法长于定量描述;超逻辑现象法长于创新。交叉应用或配合使用可以相互完善,相互补充。

3.6.6 获取原始文献

在检索工具中,能够查到的实际上只是文献的线索或一些相关文献的出处。获取原始文献是检索文献的最后一个步骤,也是至关重要的一步。获取原始文献的步骤有三。

① 判断文献的出版类型，识别原文的特征信息。识别原文特征信息的方法见第 3 章第 3.2 节内容。

② 整理文献出处。文献出处中有缩写语，有音译刊名的还原成全称或原刊名。

刊名还原的方法：一是利用各种检索工具所附的引用期刊一览表；二是期刊名称的一般缩写规则。

缩写部分为截去单词的词尾，至少在两个以上的字母。单音节和少于五个字母的单词不缩写。刊名为一个单词的不缩写。冠词、连词、介词一般都省略，但是如果省略会发生误会的话就不省略。

③ 根据出版类型在图书馆或其他文献信息服务机构查找馆藏目录或联合目录确定馆藏。

途径有四种：一是利用本单位图书情报机构获取原文；二是利用联合目录通过馆际互借获取原文；三是利用全文数据库直接下载全文；四是利用检索结果中提供的著者或出版单位的 E-mail 地址等联系方式与之联系获取原文。

3.7　检索结果评价

信息检索需要经过对检索提问进行概念分析，将概念转换为系统语言与相应的检索策略、系统进行相关性匹配、输出检索结果等一系列的步骤，而每一步骤都关系着检索的结果，不同程度影响着检索的效率。

检索效率就是人们对检索结果相关性的评价指标，目前普遍采用的是查全率和查准率两个量化指标。这两个指标是用以衡量检索结果满足用户对文献的需求程度。

3.7.1　查全率与查准率

查全率（Recall Ratio）是在检出结果中，与用户需求相关的文献数量和系统中与用户需求相关的所有文献数量的比率。查准率（Precision Ratio）则是在检出结果中，检出的与用户需求相关的文献数量与所有被检出的文献数量的比率。查全率、查准率的公式可表示为：

$$查全率 = \frac{检出的相关文献量}{数据库中的相关文献总量} \times 100 = \frac{a}{a+c} \times 100$$

$$查准率 = \frac{检出的相关文献量}{检出的文献总量} \times 100 = \frac{a}{a+b} \times 100$$

式中，a 为检出的相关文献；b 为检出的不相关文献；c 为系统中未检出的相关文献。

3.7.2　查全率与查准率的相关关系

经过国内外的广泛研究，一般来说，在同一系统中检索结果的查全率与查准率之间存在互逆相关性。也就是说，若在检索中通过检索策略与检索词的调整，提高了文献的查全率，那么随着文献检出的文献总量增加，与用户需求不相关的文献数量也会随之增加，结果就得文献的查准率下降；反之亦然。查全率和查准率的关系如图 3.2 所示。

注：在检索效果 A 处，查全率高达 90%，而查准率不到 20%；在检索效果 B 处，查准率高达 90%，而查全率不到 40%。

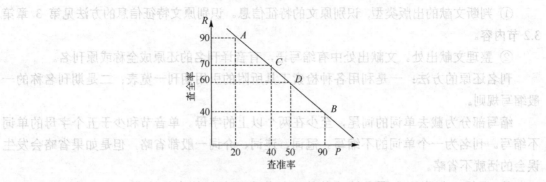

图 3.2 查全率和查准率的关系示意图

在 A 处，提高了查全率，虽查出了大量的相关文献，但误检的多，势必以牺牲查准率为前提条件；如果检索语言的专指性较强，查准率提高，查准的文献多（比如 B 处），则漏检率也增高，查全率降低，将会失去了大量的相关文献。因此，若要获得较好的检索效果，必须两者兼顾，不能单纯追求其中的一个。众多的研究认为，合理的查全率与查准率比例关系为，查全率大致为 60%～70%，而查准率大致在 40%～50%，即在 C 和 D 之间，为最佳检索效果。

思 考 题

1. 请阐释文献的内容特征及外表特征和检索入口的关系。
2. 利用分类、主题、著者途径检索文献时应注意哪些方面的问题？
3. 什么是回溯法？试着用该方法查自己感兴趣的专题资料。
4. 利用图书馆网站上提供的《中国图书分类法》，查找自己所在学科专业的分类表。
5. 简述查全率和查准率的关系。

第 4 章 纸本文献检索

即使在网络文献信息资源日益丰富的今天,人们依然喜欢用"白纸黑字"来形容一个确凿的事实。印刷型的工具书在人们的工作学习生活中仍然充当着重要的角色。体例完备、编辑严谨、资料来源确切、责任明晰的工具书,仍然在人们的学习、研究、生活中占有一席之地。本章简要介绍一些重要的纸本工具书。

4.1 常用纸本文献检索工具类型

纸本文献检索工具是指印刷型检索工具,主要有以下类型:目录(或称索引)、文摘、百科全书、年鉴、手册与名录、词典(字典)、表谱与图录、类书、政书等。

1. 目录

它是著录一批相关图书或其他类型的出版物,并按一定次序编排而成的一种检索工具。索引是记录一批或一种图书、报刊等所载的文章篇名、著者、主题、人名、地名、名词术语等,并标明出处,按一定排检方法组织起来的一种检索工具。索引不同于目录,它是对出版物(书、报、刊等)内的文献单元、知识单元、内容事项等的揭示,并注明出处,方便进行细致深入的检索。

2. 文摘

文摘是以提供文献内容梗概为目的,不加评论和补充解释,简明、确切地记述文献重要内容的短文。汇集大量文献的文摘,并配上相应的文献题录,按一定的方法编排而成的检索工具,称为文摘型检索工具,简称为文摘。

3. 百科全书

百科全书又称参考工具书之王。它是概述人类一切门类或某一门类知识的完备工具书,是知识的总汇。它是对人类已有知识进行汇集、浓缩并使其条理化的产物。百科全书一般按条目(词条)字顺编排,另附有相应的索引,可供迅速查检。

4. 年鉴

按年度系统汇集一定范围内的重大事件、新进展、新知识和新资料,供读者查阅的工具书。它按年度连续出版,所收内容一般以当年为限。它可用来查阅特定领域在当年发生的事件、进展、成果、活动、会议、人物、机构、统计资料、重要文件或文献等方面的包信息。

5. 手册与名录

手册是汇集经常需要查考的文献、资料、信息及有关专业知识的工具书。名录是提供有关专名(人名、地名、机构名等)的简明信息的工具书。

6. 词典(字典)

词典是最常用的一类工具书,分为语言性词典(字典)和知识性词典。

7. 表谱、图录

采用图表、谱系形式编写的工具书，大多按时间顺序编排。主要用于查检时间、历史事件、人物信息等。图录包括地图和图谱两类。

8. 类书、政书

类书是辑录古书中的史实典故、名物制度、诗赋文章、丽辞骈语、自然知识等，按类即分门别类或按韵编排的、具有汇编性质的资料性工具书。

政书是记载历代典章制度的工具书。它主要是收集我国历代或某一朝代的政治、经济、军事、文化等制度方面的史料，分门别类，按时代先后次序汇编成书，叙述历代或某一朝代的典章制度的沿革与发展，因此它具有制度史、文化史和学术史的性质。

4.2 典型工具书简介

4.2.1 报刊、书目类

1. 《全国报刊索引》

《全国报刊索引》是上海图书馆上海科学技术情报研究所主办出版的报道国内报纸、期刊的大型综合性题录检索刊物。分哲学社会科学版与自然科学技术版，创刊于 1955 年（月刊），报道上海图书馆当月入藏的报刊，年报道量 40 万条以上（期刊 5000 多种，报纸 200 余种）。

《全国报刊索引》哲学社会科学版）收录了国内出版的主要报刊上发表的文章，覆盖中国政治、经济、军事、科学、文化、文学艺术、历史地理、科技等专业。正文目前采用《中国图书馆图书分类法》进行分类，著录项目包括题名、著译者姓名、报刊名、版本、卷期标识、起止页码、附注等。同时，"哲社版"采用电脑编排，增加了"著者索引"和"题中人名分析索引"，可用以查找所收文献的作者和篇名中涉及的人名。刊载在这种检索刊物每年的一月号和七月号上的"引用报刊一览表"按收录报刊名的字顺编排，著录项目为报刊名和出版地。

《全国报刊索引》2000 年后发行光盘版，2002 年后发行网络版。

2. 《全国新书目》和《全国总书目》

二者都是在出版物国家登记的基础上编制的书目刊物。前者为月刊，后者为年刊。

《全国新书目》，原名《每周新书目》，1955 年改现名。其中 1966 年 7 月至 1972 年 5 月期间编制工作中断。第一部《全国总书目》1955 年 12 月出版，由新华书店总店编辑的 1949~1954 年本。从 1956 年本起（除 1966 年至 1969 年外），由国家版本图书馆按年度编辑出版，每年一本。它系统地记录和全面地反映了每年我国图书的出版情况。

《全国新书目》和《全国总书目》提供以《中国图书馆分类法》编排的分类目录。《全国新书目》尽可能普遍地刊登所载图书的内容提要，《全国总书目》则在分类目录之外，先后增加了"少数民族文学图书"、"古籍"、"工具书"、"翻译出版外国著作"等专题目录。这些都加强了登记书目的使用价值，方便了读者。它们是研究者考查国内出版的图书内容、查核新书版本的最基本和最全面的综合性刊物。

两种书目都不收集内部出版发行或其他非正式出版物，同时，它们没有索引，只能按单一的分类角度检索图书。

3. 《八十年来史学书目》(1900—1980 年)

中国社会科学院历史研究所编, 中国社会科学出版社 1984 年版, 上、下编。该书收录 1900—1980 年间的史学著作 12,400 种（不包括现代史）, 著录书名、卷册、著译者、出版地、出版年。上编内容包括史学理论和历史研究法、中国史、世界史和考古学等。下编包括经济史、军事史、农民战争史、民族史、宗教史、社会生活与社会问题、学术思想史、文化史、艺术史、教育史、文学史、语言文字史、科学技术史、地方史。

4.2.2 综合性百科全书

1. 《中国大百科全书》

中国大百科全书编辑委员会, 中国大百科全书出版社编辑部编, 中国大百科全书出版社出版, 1980—1993 年, 74 卷。这是我国第一部具有权威性的大型综合性百科全书。社会科学方面的学科卷主要有: 哲学, 经济学（包括中国经济、世界经济、政治经济学各分卷）, 军事学, 教育学, 文化, 图书情报学, 档案学, 语言文字, 文学（包括中国文学、外国文学分卷）, 历史学（包括中国历史、世界历史、历史地理分卷）, 政治学, 社会学, 新闻编辑等。

《中国大百科全书》的各个学科卷的正文是按照条目名称的汉语拼音字母顺序排列所有条目的, 一般读者只要熟悉汉语拼音, 就能迅速查找某一特定条目。此外各学科卷均设有条目外文索引（主要为英文）, 即将国外有关的条目标题译为外文, 再按其字母顺序排列。

《中国大百科全书》的第 74 卷是总索引卷。它将各卷中所有条目集中, 重新按汉语拼音字母顺序排列, 标题相同者分别注明出处。《总索引》的编制方便了读者查找《中国百科书》的任一条目, 还可将标题相同而内容不尽相同的条目集中, 便于读者从不同角度了解同一事物。

以上检索途径均只能检索到条目, 而对于条目中的具体内容则无法检索, 为充分揭示隐含于某一条目中的特定内容, 《中国大百科全书》仿照国外百科全书的编辑方法, 将条目标题及从条目中抽出的隐含主题（平均一个条目抽取五个隐含主题, 一般是未设专条的本学科较重要的名词术语或是涉及其他学科的主题）统一按汉语拼音字母顺序排列, 编成内容分析索引, 读者利用该索引既可查找某一条目, 又可查找隐含于某一条目中的较重要的内容。

《中国大百科全书》的辅助检索途径有时序检索（大事年表）, 图表检索（彩图插页目录）, 书目检索（条目末列出的参考书目）和人名检索（外国人名译名对照表）。

2. 《美国百科全书》(Encyclopedia American)

由 51 名顾问及 6 000 多名撰稿者通力合作而成, 30 卷。最后一卷为全书的内容索引。正文共有五万余条条目, 按字顺编排。其内容可靠, 可读性强, 是世界著名 ABC 三大百科全书之 A。收录约 6 万个条目。书中 19 世纪以来的美国人物资料比其他百科全书齐全。

3. 《不列颠百科全书》(Encyclopedia Britannica)

又称《大英百科全书》, 30 卷。该书素以学术性强、权威性高而著称, 是一部享有很高声誉的大型综合性百科全书,是世界著名的 ABC 三大百科全书之 B,有 200 多年的历史。主要适应大学以上文化水平的研究人员和读者的学习和检索需要,收录有相当多的专业性材料。

4.《科里尔百科全书》(Collier'S Encyclopedia)

共 24 卷,该书是 20 世纪新编的大型综合性百科全书,为世界著名的 ABC 三大百科全书之 C。其特点为适用对象广泛,雅俗共赏,材料更新及时,内容新颖可靠,重事实,轻论点。参考书目的编选为各家百科全书之冠,具有帮助自学的教育作用,其中的"学习指南"是该百科全书的另一特点,它把条目内容与学校课程联系起来,对于学习参考很有益处,因此,特别适合于学生使用。

4.2.3 印刷型字词典

1.《汉语大字典》

汉语大字典编辑委员会编,徐中舒主编,湖北辞书出版社、四川辞书出版社出版,1986—1990 年,8 卷。该字典是一部以解释汉字的形、音、义为主要任务的大型语文工具书。全书收录单字约 56000 个,是当今世界上收录汉字最多的一部字典。该字典以部首编排。正文 7 卷,每卷前有"总部首目录"、"部首排检法说明"、"新旧字形对照举例"、"部首目录"和"检字表"。第 8 卷是各种附录、分卷部首表、全书笔画检字表和补遗。使用《汉语大字典》时要注意,由于全书采用繁体字编排,必须按繁体字进行查找。

2.《辞海》

陆费逵、舒新城等编,中华书局 1936—1937 年出版,分上、下两册。经过修订,上海辞书出版社分别出版了《辞海》1979 年版、1989 年版和 1999 年版。1999 年版分为四卷,另加附录索引一卷,同时出版普及本(三卷)。共收单字 19485 个,其中 17674 个列为字头,字头及下列词目共 122835 条。包括成语、典故、人物、著作、历史事件、古今地名、团体组织以及各学科的名词术语等。附插图 1.6 万余幅,所收单字按 250 个部首分部编排,同部首者以笔画数和起笔笔形为序,书后附汉语拼音索引,并有中国历史纪年表等附录。

3.《汉语大词典》

罗竹风主编。1986—1994 年由上海辞书出版社、汉语大词典出版社陆续出版。全书正文 12 卷,附录索引 1 卷,共收录古今一般汉语词汇 37 万条,是目前世界上收录汉语词汇数量最多的大型语文词典。它从历史原则出发,广泛收集先秦至当代汉语发展过程中的词汇材料,包括古今词语、俗语、成语、典故及古籍著作中进入一般语词范围和比较常见的百科词语等。《汉语大词典》以字带词,共收单字字头 22000 个左右。所收汉字字头仅限于有音有义并有书证可引的单字。对于虽有音有义,但只见于字书、韵书而无书证可引的单字,或虽有书证,但音义未详的汉字,均不予收录。这样,《汉语大词典》与《汉语大字典》有了明显的分工和区别。在释义方面,《汉语大词典》义项齐备,古今兼收,对词义概括与辨析清楚,同时义项的编排合理,在一定程度上反映了词义发展的历史进程。

4.《韦氏第 3 版新国际英语大词典》(Webster'S Third New International Dictionary)

由戈夫(P.B.Gore)主编,G.Merriam 公司 1961 年出版的英语词典是最负盛名的单卷本英语大词典。每年印行时,加有补遗。这本词典共收录 45 万条英语单词,解释详尽。

利用它可以找到其他词典中找不到的解释。

4.2.4 类书与政书

在我国林林总总的类书和政书中，《古今图书集成》和《十通》是比较典型的代表。

1. 《古今图书集成》

《古今图书集成》由清朝陈梦雷等原编，蒋廷锡奉敕校补。该书是我国现存规模最大、内容最丰富、体例较完善、使用价值较高的一部类书。全书共设1万卷，目录40卷，合计1.6亿字。中华书局1986年出版的影印本，分装80册，附考证1册，索引1册，全书分为历象、方舆、明伦、博物、理学、经济等汇编。汇编下分32典，典下又分6109部。它集古代图书之大成，收录古代社会各方面的资料，其中明代文史资料特别多，西学传入也多有反映。此书不仅收录丰富，而且分类细致、体例完善、条理清晰、检索甚为方便。但它的类目名称与现在通常的说法有距离，如"岁功"、"庶征"、"皇极"、"铨衡"等，一般就不易知道所收录的内容。为方便检索，1911年英国翟理斯编撰了《古今图书集成索引》，为查考该书提供了方便。

2. 《十通》

《十通》是记载历代典章制度的十部政书，可分为三大系统。《通典》和它的两种续书（《续通典》和《清朝通典》）成一系统，称为"三通典"；《通志》和它的两种续书（《续通志》和《清朝通志》）为一系统，又称"三通志"；《文献通考》和它的三种续书（《续文献通考》、《清朝文献通考》和《清朝续文献通考》）成一系统，又称为"四通考"。

3. 《十通索引》

其主要作用是查找"十通"中的典章制度资料。该索引正文分为两部分：第一部分是"十通四角号码索引"，也即"十通"篇目主题索引，它将"十通"中的所有关键词按四角号码编排，利用此索引，可以查到"十通"中的有关主题资料的具体出处。第二部分是"十通分类索引"，其中又分通典部、通志部、通考部三篇。第二部分前有"十通分类索引总目"，利用此索引，可以查到"十通"的详细类目。

4.2.5 综合性名录

查询国家政府机构概况名录有《中国政府机构名录》、《中华人民共和国政府机构总览》、《各国国家机构手册》等；查经济机构概况的名录有《中国工商企业名录》、《中国公司名录》、《中国县级企业名录》、《世界工商企业大全》、《主要国际公司名录》等；查文化、教育科研机构概况的名录有《最新出版者名录》、《全国千家出版发行单位名录》、《世界新闻出版大典》、《世界社科机构指南》等。

1. 《学术世界》（World of Learning）

它是使用频率较高的世界机构名录，全书分国际学术组织和各国学术组织两大部分，共26500条款目，还列举了15万名人员名单，每一条目列有地址、创建日期、负责人、历史和现状的简要介绍。

2. 《世界科学协会和学术团体指南》（World Guide to Scientific Associations and Learned Societies）

该指南收录了150多个国家23,000个科技、社会和人文科学的学会和协会。按地区和国家名称的字顺排列。从第四版起增收 12,000 种学会、协会出版的期刊和年报名称。

3.《国际名人录》(International Who's Who)

该名录从 1935 年起，由公司每年出版一次，是一本常用的国际名人录。收录当代国际政治、经济、法律、外交、军事、教育、宗教、文艺、科技界等著名人士约 2 万名。内容列举其生平、简历、通讯地址等。

4.《当今名人传》(Current Biography, Who's News and Why)

该书是一部收录当今名人传记的连续出版物，广泛收录世界各国最新知名人士的传记，其中美国政界有影响的人物占一半，除少数很有影响的人物外，一般只收录一次，全年报道 350 位左右。

5.《主要国际公司名录》

该书的副标题为"世界市场指南"。全书收录 5 万家国际公司。按所在国家名称的字母顺序编排，提供每个公司的基本情况，如主要负责人、商业活动范围和标准工业分类号等。

4.3 各专业工具书简介

4.3.1 人文社科类

4.3.1.1 经济学

1.《世界经济百科全书》

由中国大百科全书出版社出版，1987 年版。该书收录世界经济学科中最基本、最常见的名词术语和国际组织，书前有分类目录，书末附有世界经济大事年表、条目汉字笔画索引、条目外文索引和内容索引等，查检方便。

2.《中国经济百科全书》（上、下册）

陈岱孙主编，中国经济出版社，1991 年版。该书是大型经济学工具书，内容以务实为主，兼容理论，包括经济领域的各个部门，词条内容解释详尽，具有权威性。

3.《国际经济贸易知识全书》

国际贸易研究所编，中国经济出版社，1993 年版。该书内容包括：世界经济和世界经济发展预测、国际经济合作、国际贸易、国际经济法、国际金融和国际结算、国际经济贸易组织、跨国公司、关税和贸易总协定、中国各行业企业"复关"后的对策建议、世界各国和地区商贸投资指南、国际商检、运输和海关以及中国对外经贸体制改革和法规等。

4.《经济活动国际惯例大辞典》

李新实主编，红旗出版社，1993 年版。该书内容包括：国际货物买卖、投资、金融、保险、运输、票据、劳务、经济技术合作、环境保护、矿产资源开发以及国际经贸纠纷处理的国际惯例和国际公约。并对应用需要注意的问题作了具体说明。

5.《中国近代经济史统计资料选辑》(1840—1948)

严中平等编，工人出版社，1955 年版。此外还有：韩启桐编，《中国国际贸易统计》，中国社会科学院出版社，1952 年版；徐义生编，《中国近代外债史统计资料》，中华书局，1962 年版；陈翰笙等编，《解放前的中国农村》，中国展望出版社；《六十五年（1864—1928

中国国际贸易统计》等。

4.3.1.2 语言学

1. 《中国文学研究年鉴》

中国社会科学院文学研究所编委会编，中国社会科学出版社出版。该年鉴 1982 年创刊。年鉴反映语言学研究的基本情况和重要成果，并汇集了有关文学研究和评论的重要文献和资料。

2. 《中国古代名句辞典》

陈光磊等编著，上海辞书出版社，1986 年版。该书收名句 1 万余条。所涉及的书籍，自先秦至清末，重点在于先秦诸子、儒家经典以及历代著名作家的诗文集。

3. 《中国大百科全书·语言文字》

中国大百科全书(语言文字)编委会编，中国大百科全书出版社，1998 年版。该书前有吕叔湘的语言和语言研究专论。正文内容包括语言学、世界诸语言、中国诸民族语言文字、汉语音韵学、汉语训诂学、汉语文字学、文字改革汉语语法修辞、汉语方言、应用语言学等部分。该书条目释文力求使用规范化的现代汉语，一个条目的内容涉及其他条目并需由其他条目的释文补充的，采用"参见"的方式。书后附条目汉字笔画索引、繁体字和简体字对照表、条目外文索引、内容索引和外国人名译名对照表。

4. 《语言学和语音学基础词典》

(英)戴维·克里斯特尔编著，方立、王得杏、沈绪伦译，北京语言学院出版社，1992 年版。书中收录 20 世纪以来应用广泛、在语言学文献中出现频率较高的语言学和语音学术语 1000 余条，还包含带有词条词头的短语 1000 余条。所收词条附有定义和解释，并对大多数术语使用的历史环境、与有关领域的术语关系等加以说明。词条后附有该词条的参考书目及章节，以便读者进一步了解该术语的含义及演变过程。

5. 《剑桥语言百科全书》

D·克里斯特尔编著，朱永生、郑立信主译，湖南教育出版社，1992 年版。该书从语言学的角度详细介绍了有关语言的概念、种类、结构、行为等各方面的知识以及目前的研究成果。书中配有 300 余幅照片及图表。书后附有专用词汇表、世界语言分布表、参考文献和索引等。

6. 《中国二十世纪文学研究论著提要》

乔默主编，北京大学出版社，1993 年版。该书收录 20 世纪以来中国学者对中国文学、文艺理论、民间文学研究的论著 1200 种，并附有提要和研究书目。

7. 《中国现代作家著译书目》及《续编》

北京图书馆书目编辑组编，书目文献出版社分别于 1982、1986 年出版。该书目正、续两编共收录 178 位中国现代作家的著、译、编、校图书 6400 余种，收书范围自五四运动至 1981 年底。

4.3.1.3 信息学和档案学

1. 《中国图书情报工作实用大全》

武汉大学图书情报学院主编，科学技术文献出版社，1990 年版。该书是一部系统介绍图书馆学、情报学、知识的大型工具书。内容涉及图书、情报、资料和档案工作经常需要查考的文献，包括基本的公式、数据、法规、条例，扼要地概述了图物、机关团体等。共计 1200 多条目，200 多个图表。

2.《档案学词典》

吴宝康、冯子直主编，上海辞书出版社，1994 年版。该书共收词目 4000 余条，包括总论、档案事业管理、文书与文书处理、档案管理、科技档案管理、档案文献编纂、档案保护技术、缩微与复制技术、计算机辅助档案管理、文书、档案史以及机构、人物、书刊等 13 个门类。资料截止到 1990 年。书前有目录、分类词目表，书后有附录中外档案工作大事纪略、全国档案工作基本情况统计资料等 7 种以及词笔画索引。

4.3.1.4 社会学

1.《社会学词典》

张光博主编，人民出版社，1989 年版。该书是一部社会学专业中型工具书，书中共收集有关社会学的名词术语和社会学家、学派等词目 1400 余条。

2.《社会学词汇》

虞祖尧、华青编，江西人民出版社，1983 年版。该书根据美国乔治·西奥道森和艾奇丽思·西奥道森合编的《现代社会学辞典》最新版本所包含的主要词条编译而成。词条按英文字母次序编排。书后附欧美各国社会学家人名对照表。

3.《国际社会科学百科全书》（International Encyclopedia of the Social Sciences）

（英）迈克尔·曼编，袁亚愚等译，18 卷，四川人民出版社，1989 年版。该书重点内容为社会科学的基本理论、方法论、心理学和社会学等。该书侧重介绍西欧和北美社会学词目。条目撰写则是侧重于分析比较研究。编撰者来自世界 30 多个国家，共 1500 余名，是社科检索工具书中的皇皇巨著，它的出版被西方认作当代社会科学"重要的历史与文化事件"。

4.3.1.5 法学

1.《新编法学词典》

乔伟主编，山东人民出版社，1985 年版。本词典的内容包括法学领域里各个学科的基本知识，共收词目 4422 条。

2.《现代实用刑事法律词典》

王舜华主编，北京出版社，1990 年版。本书共收条目 1251 条，以我国立法和司法实践中普遍使用的刑事法律制度、术语为主，也选取了我国古代和国外的有关条目。词目按汉字笔画顺序排列。

3.《英汉法律词典》

本书编写组编，法律出版社，1985 年版。该词典为我国第一部收集我国法律和英美法系和大陆法系的法律用语最多的中型专业词典，正文共有 40000 余词条，另有常见法律方面的缩略语近 3000 条，汉英对照词条 10000 余条，以及西方主要国家的法院组织系统表。该书兼有英汉、汉英两种词典特点。

4.《国际法词典》

日本国际法学会编，世界知识出版社，1985 年版。该书收录词目 1322 条。内容以国际公法和国际私法为主，还包括国际经济法、国际刑法、国际行政法和有关的国际关系法条目,并收有大量案例和法学家传记,有不少国内较难检索到的资料。

5．《法律和司法资料指南》(Law and legal information directory)

P.Wasserman 编著。提供 8200 个情报源,如美国全国性法律组织及国际性法律组织、律师协会、联邦法院系统、联邦制定法规的机构、法律学校、法律继续教育、情报系统及服务和研究中心、法律期刊和图书出版商等。分为 17 大类,侧重美国和加拿大,重点介绍国际组织、情报系统和服务。

6．《国外知识产权法律纵览》

惠永正主编,科学技术文献出版社,1995 年版。该书是一部较全面、系统地介绍国外知识产权法律的工具书。共分四部分:国外产权法律法规、国外知识产权法法规简介、国际公约和附录。

4.3.1.6 管理学

1．《中国行政管理大辞典》

黄达强、王明光主编,中国物资出版社,1995 年版。该书共分 17 部分:当代中国政治制度、行政与行政管理制度、政府组织与管理、中国政府机构、当代西方主要国家行政体制、公共决策与政策、行政领导、人事行政、行政监察、政府公共关系、管理心理、机关管理与办公自动化、中国行政、中国公共财政与金融、经济行政、社会行政、中国传统行政。

2．《行政管理学词典》

(美)J·C·帕拉洛等编著,该书翻译组译,湖北省编制委员会办公室等编印,1985 年版。全书分为 7 部分:行政管理学基础、公共政策、公共管理、官僚制度与行政组织、人事行政、财务行政、行政法规。该书一个较明显的特色就是作者阐释词目之后,以"意义"的形式引申论述了词目的理论意义。有助于专业读者学习。此外,所有词目都附注了英文,译者还编有词条索引置于书末。

3．《行政管理知识手册》

陈祖耀等主编,劳动人事出版社,1987 年版。这是我国第一部系统介绍国内外行政管理理论和知识的工具书。全书收录 2000 余个词条,编为 4 篇 36 节,内容包括行政原理、中外行政、机关管理、地区和部门行政管理、中外行政管理的不同流派和著名人物等。

4．《企业管理百科全书》

哈佛企业管理丛书编纂委员会编,台湾哈佛企业管理顾问公司,1979 年版。该书收集了有关企业管理理论、管理功能和管理技巧等方面的最新资料。全书分为企业管理理论和企业管理功能与技巧两篇。我国对外翻译公司于1985 年分两册出版了该书的影印本。

4.3.2 自然科学、技术科学类

4.3.2.1 《化学文摘》(CA)

1．CA 概况

美国《化学文摘》(Chemical Abstracts,CA)由美国化学文摘社(Chemical Abstracts Service,CAS)于 1907 年创刊,是当今世界上公认的最完整、最权威的化学化工专业性检索工具,报道了世界 98%的化学化工文献。CA 收录了世界上 150 多个国家、近 60 种

文字出版的 16,000 多种科技期刊、科技报告、会议论文、学位论文、新书、视听资料以及 30 多个国家和 2 个国际专利组织的专利文献。内容以报道化学化工方面的文献为主，同时还报道与化学有关的生物、医学、药学、卫生学、环境科学、材料科学等方面的文献。

2. CA 编排结构

印刷版 CA 整体上由文摘和索引两大部分组成。

(1) CA 文摘本　文摘本创刊之时为半月刊，每年出版一卷；1962 年（56 卷）起改为双周刊，每半年 13 期为一卷，每年出版两卷；1967 年（66 卷）起改为周刊，每半年 26 期为一卷，每年出版两卷。文摘以报道性为主，对原文的目的和研究范围进行摘录。

1) CA 的分类编排　CA 的文摘按类目编排，其类目共分为五大部分、80 个类，具体如下。

第一部分：生物化学（Biochemisty Section，1～20 类）。

第二部分：有机化学（Organic Chemistry Section，21～34 类）。

第三部分：高分子化学（Macromolecular Chemistry Section，35～46 类）。

第四部分：应用化学与化学工程（Applied Chemistry & Chemical Engineering Section，47～64 类）。

第五部分：物理化学、无机化学与分析化学（Physical, Inoganic, & Analytical Chemistry Sections，65～80 类）。

CA 文摘正文按 80 个类目顺序编排，每一类目之下按照报道的文献类型不同又分为 4 个部分，内容分别是：①综述文献、期刊论文、科技报告、会议论文、档案资料、学位论文等；②新书及视听资料（此部分只有题录，无摘要）；③专利文献；④参见部分，以上各部分内容之间均用四条短横线（----）相分隔。

凡文摘内容涉及两个或两个以上类目时，文摘将被列在主要内容所属的类目中，而相关类目中则以"参见（see also)"。

2) CA 的著录格式　CA 报道的不同文献类型的文摘因其特征不同其著录格式稍有不同，现以期刊论文为例说明其著录格式：

①93:90290s ②Photo-cross-linking studies of nucleic acid structre.③Cantor, Charles R.(Dep. Chem., Columbia Univ., New York, NY10027 USA),④Ann. N. Y. Acad. Sci. 1980,346(Appl. Photochem. Probing Biol. Targets), 379-85 ⑤(Eng) . ⑥A discussion of the possible application and of the limitations…

说明：①文摘所在卷号和文摘号，同一卷连续编号；②文献标题(黑体字)，其他非英文文献的标题一律意译成英文著录；③著者姓名及所在单位、地址；④原文出处，包括刊名缩写、年、卷（期）、起止页码；⑤原始文献所使用的语种；⑥摘要。

(2) CA 索引本　CA 索引本有期索引、卷索引、累积索引和指导性索引 4 类。期索引附于每期文摘之后，是检索该期文摘的索引；卷索引是检索当卷各期文摘的工具，在 1962 年以前每年出版一卷，从 1962 年第 56 卷起改为每半年出版一卷；累积索引在 1956 年前每 10 年出版一次，1957 年起改为每 5 年出版一次；指导性索引不定期出版。

1) 期索引　期索引是用来检索本期文摘内容的索引，期索引包括三种索引：关键词索引、专利索引、著者索引。

①关键词索引（Keyword Index）。关键词索引于 1963 开始编辑，该索引从当期文献的篇名、原文或文摘中选取能反映文献实质内容的词作为关键词，按字顺进行排列。

② 著者索引（Author Index）。著者索引是按个人著者、团体著者、专利权所有者、专利权受让者的姓名、名称字顺排列而成的索引。

③ 专利索引（Patent Index）。以专利国（或专利组织）的代号为索引标题，通过专利顺序号等，引出专利文献的文摘号或同族专利（包括相关专利和等同专利）情况。

2) 卷索引和累积索引　CA 的卷索引和累积索引包括普通主题索引、化学物质索引、分子式索引、环系索引、专利索引和著者索引。

① 化学物质索引（Chemical Substance Index）。化学物质索引中包含的化学物质是经国际理论与应用化学联合会命名，具有组成的原子和原子数已知、价键清楚、立体化学结构明确的特征。化学物质索引按化学物质名称字顺排列，每一索引条目后都注明化学物质登记号，并用副标题和说明语进行限定，引出同卷中的文摘号。

② 普通主题索引（General Subject Index）。普通主题索引收录所有未收入化学物质索引的主题，包括以下方面：化学物质的大类、化学成分未完全确定的物质、物化概念和现象、化学性质和化学反应、化工过程和设备、生物化学主题、动植物名称、矿物岩石。该索引的著录格式和排列方式与化学物质索引相同。

③ 分子式索引（Formula Index）。分子式索引提供了从化学物质的分子式入手检索文献的途径。该索引中化学物质的分子式按 Hill 系统排列，即先排 C（碳），再排 H（氢），其他元素按字顺排列。以整理后的 Hill 分子式作为索引标题，通过化学物质名、说明语、引出文摘号，或者引出化学物质名称，然后转查化学物质索引。

④ 环系索引（Index of Ring Systems）。环系索引中不提供文摘号，应和化学物资索引配合使用。根据环数查到母体化合物的名称后，再转查化学物质索引。该索引按环的数目多少编排，同环之下再按环体上的原子数和主要元素的成分排列。索引中只给出化合物的环状部分，不列氢原子和取代基。

⑤ 专利索引（Patent Index）和著者索引（Author Index）。著录格式与检索方法与期索引基本相同，不再赘述。

3) 指导性索引　CA 的指导性索引包括：索引指南、登记号索引、来源索引。

① 索引指南（Index Guide）。索引指南是指导使用普通主题索引和化学物质索引的重要工具。索引指南于 1968 年第 69 卷首次出版，包括正文及附录两部分。正文将普通主题索引和化学物质索引中的参见（Cross Referebces）、同义词（Synonyms）、索引注解（Indexing Notes）、同形异义词（Homograph Definitions）和结构图解（Structure Diagram）集中后按字顺排列。

② 登记号索引（Registry Number Index）。从 1965 年开始，每一个新的化合物进入 CA 时，都要给它一个编号，这个编号就称为登记号。后改称为《美国化学文摘社登记号手册》（CAS Registry Handbook Nubber Section）。登记号手册通过 CAS 登记号查到化学物质名称和 Hill 分子式，据此再去查化学物质索引和分子式索引，是使用化学物质索引和分子式索引的辅助工具。

③ 来源索引（Chemical Abstracts Service Source Index）。为了节省篇幅，CA 将收录的出版物名称以缩写形式表示。来源索引是将 CA 收录的刊物名称以及有关刊物的其他信息（如出版单位、刊物历史变更、收藏单位等）收集起来，按刊名缩写的字顺排列而成。利用该索引可方便获取原始文献。

3. CA 检索途径

CA 提供了主题词、著者、化学物质名称、分子式、环系等多种检索途径。

4.3.2.2 《工程索引》（EI）

1. EI 概况

美国《工程索引》(The Engineering Index, 简称 EI)创刊于 1884 年，由美国工程信息公司(The Engineering Information Inc.)编辑出版。EI 是检索工程技术领域文献的最主要的工具之一，在世界学术界、工程界、信息界中享有盛誉。

EI 收录了世界上 50 多个国家近 30 种语言的科技文献，包括期刊论文、会议文献、科技报告、学位论文、政府出版物、图书等，全面地报道工程技术各个领域以及科学管理方面的文献。从起 1962 年，EI 创办了《工程索引月刊》(The Engineering Index Monthly)，每月一期，每年一卷，同时每年年终又集中月刊内容出一套年刊。

2. EI 编排结构

印刷版 EI 由文摘、索引及附表组成。EI 年刊和月刊的内容及编排格式完全相同，只是月刊报道及时，年刊是全年度的文献累积本。同一条文摘在年刊与月刊中的文摘号并不相同。

（1）文摘正文　EI 文摘正文按 EI 使用的规范主题词字顺排列，在每个主题词下直接给出相关文献的内容摘要和出处等项目。

下面以期刊论文为例说明 EI 文献的著录格式：

①Processing

②086133③ALMOST COMPLETE DEHULLING OF HIGH OIL SUNFLOWER SEED．④An almost complete dehulling（hull residue lower than 3%）of sunflower seeds，before oil extraction…energy involved．⑤18Refs．⑥Tranchino, l.(Assoreni, ENI Group Research Assoc,Rome ,Italy); Melle,F.;Sodini,G．⑦JAOCS, J Am Oil Chem Soc v61 n 7 Jul 1984 p 1261-1265．

说明：①主题词；②文摘号；③论文题名；④文摘正文；⑤参考文献数；⑥作者姓名和所属机构；⑦文摘来源：包括刊名缩写、年、卷(期)、起止页码。

（2）索引

① 主题索引（Subject Index）。该索引采用规范词和自由词作为主题词，将规范化的主题词和未规范化的自由词按字顺编排。规范词用黑体字印刷，自由词用正常体印刷加以区别。

② 著者索引（Author Index）。月刊和年刊本中都有著者索引，凡是文摘部分出现过的著者都编入著者索引。著录时姓在前，名在后，按著者姓名的英文字母顺序排列。

③ 著者单位索引（Author Affiliation Index）。按照著者单位的名称字顺排列，后面附有文摘号。利用著者单位索引可了解国外某一机构的研究动态和水平。

④ 出版物一览表（Publications List）。收录了 EI 在本年度所引用的全部出版物名称，其中包括期刊、会议录、研究报告、图书等。

⑤ 会议录一览表（Conference List）。收录了本年度 EI 摘录的会议录、论文、学术报告和其他会议出版物，按出版物的名称字顺进行排列。

⑥ 文摘号对照索引　该索引是 EI 月刊和年刊的文摘号对照索引。

（3）附表

① 词表。EI 编制出版过两种词表，《工程标题词表》和《工程信息叙词表》。《工程标题词表》是检索 1993 年以前的文献时，选择主题词的依据。《工程信息叙词表》是检索 1993 年以后的文献时，选择主题词的依据。

② 机构名称字首编写表。该表是 EI 收录的出版物机构名称简称与全称对照表。

③ 缩写词、单位符号和略语表。为节省篇幅，EI 中应用了大量的缩写。为了帮助读者阅读，该表按字顺列出了缩写与全称的对照表。

3. EI 检索途径

EI 提供了著者、著者单位和主题三种检索途径。在已知相关著者或著者单位时，检索者可以通过著者索引或著者单位索引获得文摘号，再利用文摘号查阅文摘；主题途径检索（利用词表核对主题词后）有两种方式：一是直接按主题词的字顺查阅，二是利用主题索引获得相关文摘号，再查阅文摘。

4.3.2.3 《科学引文索引》（SCI）

1. SCI 概况

美国《科学引文索引》（Science Citation Index，简称 SCI）是美国科学信息研究所（Institute for Scientific Information，简称 ISI）于 1961 年创刊的一部综合性大型科技文献检索工具。原为年刊，1966 年改为季刊，1979 年起改为双月刊，每年还另出年刊，本并定期出版 5 年累积本和 10 年累积本，便于读者回溯性检索。SCI 作为权威的引文索引检索工具，涵盖了当今世界上自然科学各学科的重要文献，选收了全世界各学科最具权威的核心期刊。

引文索引就是利用文献引证关系检索相关文献的索引。通过引文索引，可以揭示文献之间的内在联系，找到一系列内容相关的文献以及某一研究领域、某一学术观点的发展脉络、研究动向，分析出学科走向或某领域研究发展趋势。引文索引为人们提供了一种全新的文献分析和检索途径。

2. SCI 编排结构

SCI 由引文索引、来源索引、轮排主题索引 3 部分组成。

（1）引文索引（Citation Index）　引文索引可以用来检索该作者的文献被何人何刊引用的情况。引文索引以引文著者作为检索标目，按第一著者姓名字顺排列。如果被引文献著者不详，则编入匿名引文索引，按刊载被引文献的刊物名称缩写的年代的字顺排列。

引文索引中还包括专利引文索引(Patent Citation Index)，如果被引文献为专利，编入该索引，按专利号顺序编排。在专利号下，依次列出专利申请年、专利发明人、专利发明书类型以及国别、引用者姓名及其著作的出处。

（2）来源索引（Source Index） 来源索引提供编入本期 SCI 的全部来源文献的篇名及其出处，包括了来源索引、来源出版物目录和团体索引。

① 来源索引（Source Index）。按来源文献第一著者的姓名字顺编排。

② 来源出版物目录（List of Source Publication）。在来源索引分册的前面，按刊名缩写的字顺排列，其后列出刊名全称。

③ 团体索引（Corporate Index）。团体索引又分为机构部分（Organization Section）和地区部分（Geographic section）。机构部分按机构名称字顺排列，其下列出机构所在的国家和城市。地理部分按来源著者单位所在地地名的字母顺序编排，其下列出机构名称及其发表文章的人员姓名（第一著者）和文章出处。

（3）轮排主题索引（Permuterm Subject Index） 轮排主题索引（Permuterm Subject Index，简称 PSI），它是一种篇名关键词索引，即将篇名关键词轮流组配，每个篇名内的关键词轮流作主要词，与其余的篇名关键词组成两级标题。其中一个关键词为主标题时，其他词作副标题。先按主标题的字顺排，其下按副标题的字顺排。副标题下列出来源文献的作者。

3．SCI 检索方法

SCI 可以从引文途径、主题途径、著者途径以及机构名称进行检索。

4.3.2.4 其他检索工具

1. 《科学文摘》简介

英国《科学文摘》（Science Abstracts，简称 SA），创刊于 1898 年，由英国电气工程师学会下属"国际物理与工程信息服务部"（International Information Services for the Physics and Engineering Communities，INSPEC）编辑出版。SA 是关于物理学、电气与电子学、计算机与控制、信息技术领域的综合性的检索工具，收录了 80 多个国家和地区的 8000 多种相关学科领域的期刊、会议录、科技报告、学位论文、图书等。

目前《科学文摘》印刷版分为 4 个分辑。

A 分辑：《物理学文摘》（Physics Abstracts，简称 PA），半月刊。主要报道范围包括理论物理、基本粒子物理与场物理、核物理、原子与分子物理、流体、等离子体和放电、地球物理、凝聚物理、天文学和天体物理学等。

B 分辑：《电气与电子学文摘》（Electrical and Electronics Abstracts，简称 EEA），月刊。主要报道范围包括工程数学、材料科学、电路理论和电路、磁性材料、光学材料、超导材料、电磁场、电光学和光电子学、通信、仪器与特殊应用以及电力系统与应用。

C 分辑：《计算机与控制文摘》（Computer and Control Abstracts，简称 CCA），月刊。主要报道范围包括系统与控制理论、控制技术、数值分析与理论计算机、计算机硬件、软件及应用、多媒体、数字技术及其应用等。

D 分辑：《信息技术文摘》（Information Technology，简称 IT），主要报道商业或企业用信息技术。

2.《石油文摘》简介

美国《石油文摘》（Petroleum Abstracts，PA）创刊于 1961 年，由美国塔尔萨大学信息服务部（The University of Tulsa，Department of Information Services）编辑出版。PA 收录

了近 30 个国家、20 多个语种的有关石油、天然气科技的期刊、会议录、学位论文、政府报告、图书和专利出版物。各国油气科技工作者通过石油文摘可以了解世界各国石油行业的专业水平和动态。

3.《机械工程文摘》简介

美国《机械工程文摘》(ISMEC Bulletin) 由英国机械工程师学会和英国电气工程师学会于 1973 年联合编辑出版。该刊版权于 1981 年由美国坎布里奇科学文摘社购买，所以它目前由 CSA 编辑出版。该刊收集全世界机械类主要期刊，主要以英文机械工程文献、期刊论文为报道重点（其中核心期刊全部报道）。

4.《金属文摘》简介

《金属文摘》(Metals Abstracts，简称 MA) 由英国材料学会 (the institute of materials, 简称 IOM) 和美国金属学会 (The American Society For Metals, 简称 ASM) 于 1968 年联合编辑出版。它收录世界上著名的科技期刊 1300 余种，还收录研究报告、会议文献、图书等各种重要文献，以报道金属冶炼、金属物理、热处理、铸造、锻压、轧制、焊接、金属保护等方面的文献为主，是世界金属界的重要刊物。

5.《生物学文摘》简介

美国《生物学文摘》(Biological Abstracts, 简称 BA) 创刊于 1926 年，由美国生物科学情报服务社 (Bioscience Information Service, 简称 BIOSIS) 编辑出版，是世界上生命科学方面最大的检索工具。BA 收录了世界上 110 多个国家和地区出版的 9000 多种关于生物学、医学和农业科学等方面的期刊以及其他类型出版物。

6.《电子学与通讯文摘》简介

英国《电子学与通讯文摘》(Electronics and Communications Abstracts, 简称 ECA) 创刊于 1961 年，由多学科出版公司 (Multi-Science Publishing Co.) 编辑出版。主要收录世界各国有关电子学与通讯领域方面的文献，文献来源为期刊论文、会议录、科技报告及书评等。

4.4 文献服务机构

我国蕴藏的各类文献信息资源相当丰富：庞大的高校图书馆系统、县以上公共图书馆系统、地市以上科技情报机构、各级档案馆系统，拥有巨量的文献信息资源。与大型国际联机检索系统联网，可随时检索世界 600 多个数据库的数亿条信息，仅中国国家专利局文献馆的专利文献就占世界专利总数的 43%，可向用户提供 24 个国家、2 个国际组织专利公报及各种数据文献 1300 万件，此外还可以在我国 30 个省市的信息所查阅发达国家和近 20 个国际组织的专利文献。全国每天有 1700 多种报刊向公众传播各类信息。如此丰富的文献信息资源应该得到充分的利用和开发。大学生的文献信息检索和利用技能应首先表现在会利用这些文献服务机构。

4.4.1 图书馆服务

图书馆是人类知识的宝库，人类关于自然界、社会以及人类自身的认识大多沉淀于各类文献中。图书馆是专门收集各类文献资料并使之有序化,对文献用户提供服务的机构。

4.4.1.1 世界最大的大学图书馆——哈佛大学图书馆

哈佛是美国最古老的大学,也是世界最负盛名的大学之一,其历史比美国还早 138 年,可说先有哈佛,后有美国。哈佛大学图书馆始建于 1638 年,是美国最古老的图书馆,也是最大的大学图书馆。它有一百多个分馆,甚至在意大利也有哈佛的书库。它收藏超过 1500 万册图书,馆藏书架相连约长达 60 英里。并有 650 万份手稿,其中不乏狄更斯(C. Dikens)、爱默生(Emerson)及罗斯福等人的举世罕见的手稿。另外还拥有 550 万卷微缩胶卷,以及 500 万份照片、地图和录音带资料。哈佛的电子书籍收藏系统也非常强大,学生几乎可以查看到每一期学术刊物的电子版本。

4.4.1.2 世界最大的国家图书馆——美国国会图书馆

位于美国首都华盛顿东南一街的美国国会图书馆,成立于 1800 年 4 月 24 日,整个图书馆的三幢大楼,分别以 3 位美国总统的名字来命名:主楼称为托马斯·杰佛逊大楼,第二幢称为约翰·亚当大楼,第三幢称为詹姆斯·麦迪逊大楼。国会图书馆原来只供国会议员立法委员会质询参考所用,后改为对外开放。现在,凡是年满 17 岁,并有合法身份证明者,均可向国会图书馆申请办理免费阅读证。

它的藏书量接近 1.3 亿册。收藏的图书、期刊、报纸等印刷性资料达 2900 万种,录音纪录品 270 万种,手稿 5800 万件,地图和地理文献 480 万份,显微型的纪录和照片 1250 万卷,影片和印刷品 1360 万件,中古时期等乐器 7000 多万种。馆藏书架相连约长达 530 英里。馆内的 4000 多位工作人员,辛勤地为 200 多万读者与游客提供热情的服务。

进入 21 世纪的美国国会图书馆,已开始进入了信息数字化时代的网上服务,在 www.10e.gov 或 www.americalibrary.gov 的网址上,人们就可以看到 4 万多件文物典籍用多媒体技术制成的电子藏品,如美国历史、传奇人物及各州介绍等。

4.4.1.3 亚洲最大的国家图书馆——中国国家图书馆

中国国家图书馆坐落于北京市紫竹院公园旁。总馆占地 7.24 公顷,建筑面积 14 万平方米,地上书库 19 层,地下书库 3 层,总共可容纳 2000 万册藏书。包括北海之滨的文津街分馆,馆舍面积共 17 万平方米,设有三十余个阅览室,日均可接待读者六七千人次。

中国国家图书馆的前身是建于清代的京师图书馆。1950 年更名为国立北京图书馆。1951 年更名为北京图书馆。1975 年共和国第一任总理周恩来提议并批准兴建北京图书馆新馆,馆址在北京西郊白石桥,1987 年落成,邓小平同志为北京图书馆题写馆名。1998 年 12 月 12 日经国务院批准,北京图书馆更名为国家图书馆,对外称中国国家图书馆。1999 年江泽民主席为国家图书馆题写馆名。

中国国家图书馆馆藏丰富,品类齐全,古今中外,集精撷萃。截至 1998 年底,馆藏文献已达 2160 万册(件),居世界国家图书馆第五位(亚洲第一位),并以每年 60~70 万册(件)的速度增长。国家图书馆的藏书可上溯到 700 多年前的南宋皇家缉熙殿藏书,最早的典藏可以远溯到 3000 多年前的殷墟甲骨。国家图书馆是世界上入藏中文文献最多的图书馆。

4.4.1.4 亚洲最大的大学图书馆——北京大学图书馆

北京大学图书馆的前身是始建于 1902 年的京师大学堂藏书楼,是我国最早的近代新型图书馆之一，辛亥革命之后正式改名为北京大学图书馆。"五四"运动前后，北京大学图书馆成为当时的革命活动中心之一，李大钊、毛泽东等革命领袖曾在这里工作。许多著名学者，如章士钊、袁同礼、向达等曾主持过图书馆工作。

北京大学图书馆总面积超过 51,000 平方米，阅览座位 4000 多个，藏书容量可达 650 万册，规模上成为亚洲高校第一大馆。馆藏图书现已达 530 余万册，居国内高校图书馆之首，现收藏中文现刊 4045 种，外文现刊 3167 种，中外文全文电子期刊达 14,000 余种，光盘及网络数据库 260 个。古籍 150 万册，其中善本书 17 万册，珍稀品种和版本数千种，在全国图书馆中位居第三。

北京大学图书馆现藏金石拓片约 24,000 种、56,000 份。绝大部分是石刻文字拓片，其数量居全国前列，全国高校之首。

4.4.2 其他服务机构

4.4.2.1 世界最大的网络文献信息服务和研究机构——OCLC

OCLC 全名为 Online Computer Library Center（联机计算机图书馆中心），是世界上最大的提供网络文献信息服务和研究的机构，它创建于 1967 年，总部在美国俄亥俄州都柏林。OCLC 是一个面向图书馆、非盈利性质的组织，以推动更多的人检索世界范围内的信息、实现资源共享并减少信息的费用为主要目的。OCLC 主要提供以计算机为基础的联合编目、参考咨询、资源共享和保存服务。1996 年，OCLC 在清华大学设立了服务中心，开始正式进入中国图书馆系统。截止到现在，中国境内的 OCLC 用户已有 1300 多个，而且还正在不断增加。据最新统计，OCLC 的成员和服务者已达 96 个国家和地区的 53548 个图书馆和教育科研机构。

OCLC 的书目数据库——World Cat 已收录超过 4400 万条经全球各地图书馆创建的原始编目记录，平均每 15 秒就新增一条，内容覆盖所有主题范畴和出版类型。所收录文献出版时间跨越 4000 多年有知识记载的历史，涉及近 400 多种语言。

近年来，伴随席卷全球的网络化浪潮和在线图书数据库的发展，OCLC 通过馆际互借来促进全球文献资源共享。2000 年，世界各地的图书馆利用 OCLC 提供的支持彼此互借了 1000 余万件资料。借助于 OCLC 强大的在线手段，任何人在任何地方都可以极为方便地获得全球每一个地方的资料，从根本上改变了人们对传统图书馆的认识。

4.4.2.2 中国最大的网络文献服务和研究机构——CALIS

中国高等教育文献保障系统（China Academic Library & Information System,CALIS），是经国务院批准的我国高等教育"211 工程""九五""十五"总体规划中三个公共服务体系之一。CALIS 的宗旨是，在教育部的领导下，把国家的投资、现代图书馆理念、先进的技术手段、高校丰富的文献资源和人力资源整合起来，建设以中国高等教育数字图书馆为核心的教育文献联合保障体系，实现信息资源共建、共知、共享，以发挥最大的社会效益和经济效益，为中国的高等教育服务。

1998 年开始建设以来，CALIS 引进和共建了一系列国内外文献数据库，主持开发了联机合作编目系统、文献传递与馆际互借系统、统一检索平台、资源注册与调度系统，形成了较为完整的 CALIS 文献信息服务网络。迄今参加 CALIS 项目建设和获取 CALIS 服务的图书馆已超过 500 家。

"十五"期间，国家继续支持"中国高等教育文献保障系统"公共服务体系二期建设。总体目标明确为：在完善"九五"期间中国高等教育文献保障系统（CALIS）建设的基础上，到 2005 年底，初步建成具有国际先进水平的开放式中国高等教育数字图书馆。它将以系统化、数字化的学术信息资源为基础，以先进的数字图书馆技术为手段，建立包括文献获取环境、参考咨询环境、教学辅助环境、科研环境、培训环境和个性化服务环境在内的六大数字服务环境，为高等院校教学、科研和重点学科建设提供高效率、全方位的文献信息保障与服务。

思 考 题

1. 简述综合性百科全书特点。
2. 到图书馆查一种中文或英文综合性百科全书，了解其编排体例和索引系统，查找自己专业所在学科卷。
3. 通过有关纸本工具书查自己名字的篆书写法。
4. 到图书馆查一种文摘刊物，了解其索引编排体例，并根据某一文献线索查原文。
5. 列举你所学专业的工具书，并作简要介绍。

第 5 章 数据库电子文献检索

电子文献，即机读型文献。目前，电子文献得到空前的发展。由于它利用起来不受时间空间的限制，检索方式高效，信息数据来源可靠，使得人们更愿意通过数据库获取文献信息资源。电子文献大量产生，有以下几方面的原因：① 电子信息技术的发展给网络传输和存储技术带来了革命性的变化；② 日益增长的纸张出版物对图书情报机构的收藏空间压力成为变革的动力之一；③ 检索的便利性促进了电子文献的发展；④ 网民的增加促进了电子文献的利用和发展。

5.1 国内常用数据库

5.1.1 中国知网 CNKI

5.1.1.1 CNKI 概况

中国知网(China National Knowledge Infrastructure，CNKI)，即中国知识基础设施工程。该工程是以实现全社会知识资源传播共享与增值利用为目标的信息化建设项目，由清华大学、清华同方发起，始建于 1999 年 6 月。目前 CNKI 已成为世界上中文全文信息量规模最大的网络出版与知识服务平台。CNKI 目前的学术文献总库文献类型包括：学术期刊、硕/博士学位论文、工具书、重要会议论文、年鉴、专著、报纸、专利、标准等。

登录 CNKI，网址为 http://www.cnki.net。使用 CNKI 的搜索服务是免费的，但获取 CNKI 中的文献全文需要支付费用，国内大多数科研院校的图书情报单位均根据本单位实际需要购置了按 IP 地址认证的 CNKI 使用权限。如用户的计算机在本校/本单位局域网内，均可直接点击"IP 登录"即可完成登录，并使用 CNKI 提供的各项服务。同时 CNKI 亦支持个人用户缴费后使用系统，用户可以通过充值卡、银行卡、手机支付等方式使用 CNKI 全文服务。

《中国学术文献网络出版总库》是 CNKI 的核心资源。包括了《中国学术期刊网络出版总库》、《中国博士学位论文全文数据库》、《中国优秀硕士学位论文全文数据库》、《中国重要会议论文全文数据库》、《中国重要报纸全文数据库》、《中国年鉴网络出版总库》、《中国工具书网络出版总库》、《中国专利数据库》、《国家科技成果数据库》等子数据库。《中国学术期刊网络出版总库》是 CNKI 学术文献检索平台的主要组成部分，以学术、技术、政策指导、高等科普及教育类期刊为主，内容覆盖自然科学、工程技术、农业、哲学、医学、人文社会科学等各个领域。截至 2012 年 10 月，收录国内学术期刊 7900 多种，其中创刊至 1993 年 3500 余种，1994 年至今 7700 余种，全文文献总量 3500 多万篇。产品分为十大专辑：基础科学、工程科技Ⅰ、工程科技Ⅱ、农业科技、医药卫生科技、哲学与人文科学、社会科学Ⅰ、社会科学Ⅱ、信息科技、经济与管理科学。十大专辑下分为 168 个专题，3600 个子栏目。

5.1.1.2 CNKI 检索功能

CNKI 具有强大的检索功能，除了提供面向单个数据库的检索平台外，还提供了面向多个数据库进行一站式检索的跨库检索平台。通过使用该检索平台，用户可以只通过一个检索窗口，就能对多个数据库同时检索。进入 CNKI 主界面后（图 5.1），选择一个或多个数据库即可实施检索。我们以《中国学术期刊网络出版总库》为例进行示范。

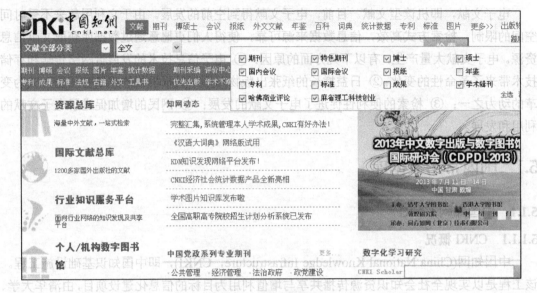

图 5.1 CNKI 检索首页

《中国学术期刊网络出版总库》提供了快速检索、标准检索、专业检索、作者发文检索、科研基金检索、句子检索、来源期刊检索 7 种面向不同需要的检索方式。普通用户一般使用的检索方式有"快速检索"、"高级检索"、"专业检索"。不同的检索方式需要构建不同的检索式。所有检索方式均支持二次检索。

1. 快速检索（图 5.2）

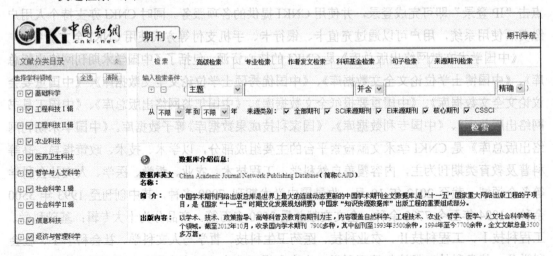

图 5.2 CNKI 快速检索页面

快速检索仅通过一个输入框构建检索条件，检索框中可输入检索词，多个检索词使用空格隔开，所输入的内容可以出现在论文标题、主题词、作者、期刊名称等。如"高分子化学 有机化工 张勇"表示搜索的条件为作者张勇发表在《有机化工》期刊上的有关"高分子化学"的论文。

2. 高级检索（图5.3）

高级检索通过制定一系列条件进行检索，使用户能够灵活、方便地构造检索式，达到提高查准率或查全率的目的，是最常用的检索方式。高级检索分为2个步骤构建检索条件，"检索控制条件"限定期刊的出版年限、期数、期刊名称、标准刊号（ISSN）、类别、基金、作者、作者单位等，"内容检索条件"可针对内容属性进行条件限定，可通过主题、篇名、摘要、全文、中图分类号等途径实施布尔逻辑组配检索。

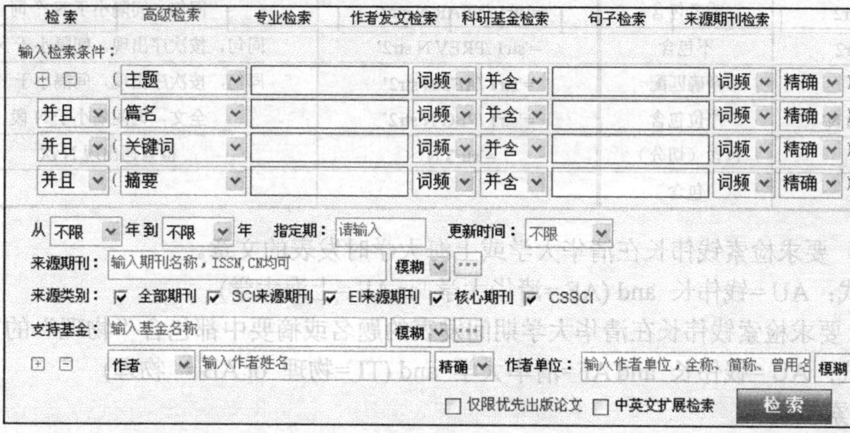

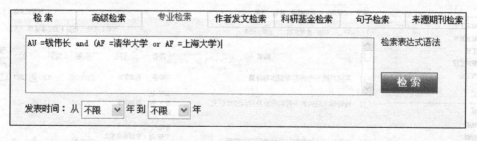

图5.3　CNKI高级检索页面

标准搜索支持"词频"、"模糊/精确"、"中英文扩展"检索，词频为检索词在论文全文中的出现次数，模糊检索为不仅精确匹配检索词，而且该检索词的同义、近义词亦出现在检索结果中，中英文扩展检索为输入的中文关键词，同时匹配相应的英文关键词；反之，亦然。

3. 专业检索（图5.4）

图5.4　CNKI专业检索页面

专业检索需要用户学习CNKI检索表达式语法后方可使用该检索方式，专业检索通过编制特定的检索表达式，可以达到其余检索条件所不能实现的高精度搜索。构建的检索式需要对检索项、检索词、运算符、逻辑关系符号（AND OR NOT）等进行组配以达到检索效果。CNKI检索项缩写/全称对照表见表5.1，CNKI运算符及其说明表见表5.2。

表 5.1 CNKI 检索项缩写/全称对照表

代码	检索项	代码	检索项	代码	检索项
SU	主题	AU	作者	YE	出版年
TI	题名	FI	第一责任者	FU	基金
KY	关键词	AF	机构	CLC	中图分类号
AB	摘要	JN	刊名	SN	ISSN
FT	全文	RF	引文	CN	统一刊号
IB	ISBN	CF	被引频次		

表 5.2 CNKI 运算符及其说明表

运算符	检索功能	运算符	检索功能
=str1*str2	并且包含	='str1 /SEN N str2'	同段，按次序出现，间隔小于 N 句
=str1+str2	或者包含	='str1 /NEAR N str2'	同句，间隔小于 N 个词
=str1-str2	不包含	='str1 /PREV N str2'	同句，按次序出现，间隔小于 N 个词
=str	精确匹配	='str1 /AFT N str2'	同句，按次序出现，间隔小于 N 个词
='str/SUB N'	序位包含	='str1 /PEG N str2'	全文，词间隔小于 N 段
%str	包含（切分）	='str $ N'	检索词出现 N 次
=str	包含		

例 1：要求检索钱伟长在清华大学或上海大学时发表的文章。

检索式：AU =钱伟长 and (AF =清华大学 or AF =上海大学)

例 2：要求检索钱伟长在清华大学期间发表的题名或摘要中都包含"物理"的文章。

检索式：AU =钱伟长 and AF=清华大学 and (TI =物理 or AB = 物理)

4．检索结果

（1）检索结果分组和排序（图 5.5） CNKI 检索结果可按学科类别、发表年度、基金、研究层次、作者、机构、期刊来源分组筛选。检出文献可以根据用户需要按照主题、发表时间、被引频次、下载频次进行排序，默认以主题方式排序。结果中对检索词部分进行高亮标红，选中文献前的复选框，点击"导出/参考文献"可以将题录信息按文本方式进行保存。

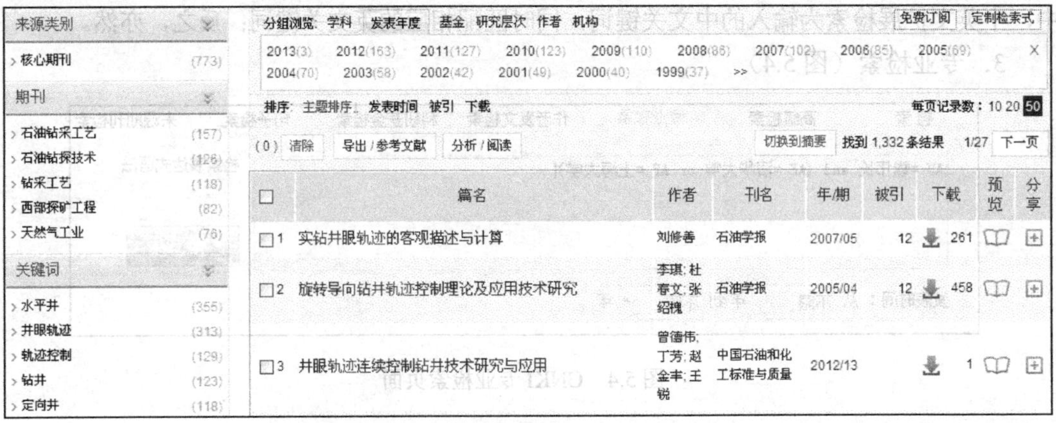

图 5.5 CNKI 检索结果页面

（2）全文下载 点击标题可以显示文章的详细信息，如图 5.6 所示，其中给出了文献来源、作者、作者机构、文摘等信息。点击作者、作者机构、来源等内容，即可查看该作者发表的其他文章、该机构的其他文章、该期刊的其他文章等内容。同时 CNKI 提供了相似文献、参考文献功能,页面下方可以同时查看与该文相似文献以及该文的文后参考文献。

图 5.6 CNKI 检索结果详细信息页面

CNKI 主要提供了 PDF、CAJ 两种全文下载格式。点击详细信息页面左上方的 "CAJ 格式" 或 "PDF 格式" 即可进行全文下载。阅读 PDF 格式文章,需安装 AdobeReader 阅读器;阅读 CAJ 格式文件需安装 CAJViewer7.2 阅读器。同时 CNKI 其他系统提供的学位论文、工具书等 NH、KDH 文件格式均需安装 CAJViewer7.2 阅读器。

(3) 知网节点文献显示 知网节点文献以一篇文献作为其节点文献,知识网络的内容包括节点文献的题录摘要和相关文献链接。题录摘要在显示节点文献题录信息的同时,也提供了相关内容的链接。

相关文献是与节点文献具有一定关系(如引证关系)的文献,知网节显示这些文献的篇名、出处,并提供到这些文献知网节的链接。知网节对于文献的整合主要分为外部特征整合、知识网络整合、动态挖掘整合。知网节点文献显示如图 5.7 所示。

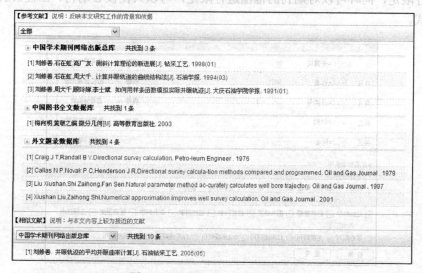

图 5.7 CNKI 节点文献显示页面

5.1.2 维普中文科技期刊数据库

重庆维普资讯有限公司前身为中国科技情报所重庆分所数据库研究中心，该公司自1993年成立以来，一直致力于电子信息资源的研究、开发和应用，其主导产品《中文科技期刊数据库》收录中文期刊12000余种，全文3000余万篇，引文3000余万条，涵盖社会科学、自然科学、工程技术、农业科学、医药卫生、经济管理、教育科学、图书情报8个专辑。

登录维普主页，网址为http://www.cqvip.com。维普科技期刊数据库面向公众开放检索，但下载全文需要付费，国内大多数科研院校的图书情报机构均根据本单位情况向维普公司购买了按IP认证访问的权限，当用户所用计算机在本单位局域网内，该网站在首页便给出欢迎标识，表明该网站已从IP地址确定用户身份，不再需要用户使用用户名、密码登录。

5.1.2.1 快速检索

维普中文科技期刊数据库在首页（图5.8）即给出快速检索输入框，该搜索输入框可以接受任何出现在题名或关键词中的词语。点击文章搜索按钮后即可进行检索。

图5.8 维普检索主页

5.1.2.2 高级搜索（图5.9）

在高级检索中可以对各个检索项进行限定，检索项包括题名、关键词、文摘、作者、第一作者、机构、刊名、分类号、作者简介、基金资助、栏目信息等，布尔逻辑包括"并且"、"或者"、"不包含"3种逻辑运算符。外在条件可以限定时间范围，维普中文科技期刊数据库所收录的文献自1989年始，可选择某一年度或一段时间内所发表的文献，可以按照8个专辑对内容进行限定，同时可以对期刊的范围进行限定，可以只在核心期刊、工程索引来源刊中检索等方式。

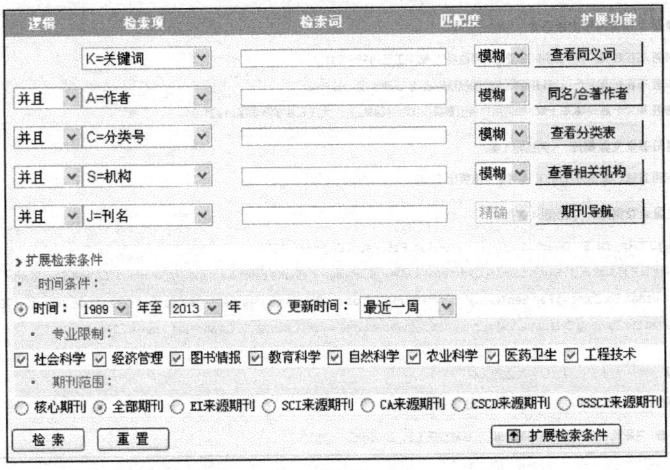

图5.9 维普高级检索页面

5.1.2.3 传统检索（图 5.10）

维普提供输入检索式进行检索的功能，用户在使用此项功能前应先对检索式语法进行了解，检索式检索可以达到较高的精度和匹配度，其余扩展检索条件与高级搜索相同。

逻辑运算符：*，表示并且、与、AND；+，表示或者、OR；–，表示不包含、非、NOT。

例 1：检索作者为张勇，关键词为禽流感的文献。

检索式为：A=张勇*K=禽流感

例 2：检索关键词包含 CAD 或 CAM，或标题中包含雷达，且摘要中包含机械，但关键词中不包含模具的文献。

检索式为：(K=(CAD+CAM)+T=雷达)*R=机械–K=模具

在图 5.10 检索式检索界面中的输入检索式时，检索项必须简写，检索项简写/全称对照表见表 5.3。

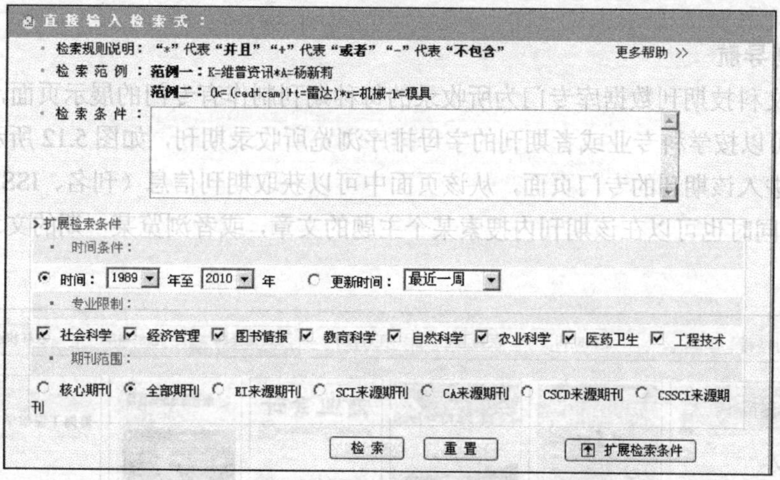

图 5.10 维普检索式检索页面

5.1.2.4 检索结果

检索结果如图 5.11 所示，可以对检索结果按时间或期刊进行筛选，并且可以对检索结果进行二次检索以缩小检索范围。每条检索结果以题录的方式显示。点击文章标题后获得文章的详细信息，包括题名、作者、机构、来源期刊、摘要等信息，点击相应内容可以直接获得相应内容，如点击期刊名将获得该期刊上发表的所有文章信息。同时详细信息页面给出了文章的学科分类，该学科分类号来源于《中国图书馆图书分类法》，可以通过点击相应学科查看相关文章。维普中文科技期刊数据库提供的全文格式为 PDF 格式，下载后需要使用 Adobe Reader 软件打开阅读。点击"下载"，可以直接下载该文献的全文。

表 5.3 检索项简写/全称对照表

代码	字段	代码	字段
U	任意字段	S	机构
M	题名或关键词	J	刊名
K	关键词	F	第一作者
A	作者	T	题名
C	分类号	R	文摘

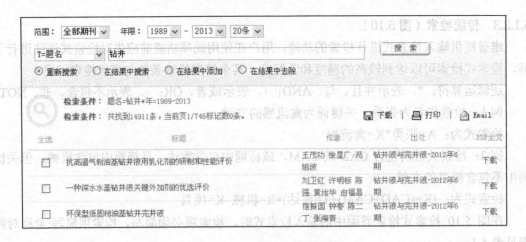

图 5.11 维普检索结果页面

5.1.2.5 期刊导航

维普中文科技期刊数据库专门为所收录的每种期刊制作有专门的展示页面，点击"期刊导航"后，可以按学科专业或者期刊的字母排序浏览所收录期刊，如图 5.12 所示。点击某一期刊后，将进入该期刊的专门页面，从该页面中可以获取期刊信息（刊名、ISSN、编辑部联系方式等），同时也可以在该期刊内搜索某个主题的文章，或者浏览某一期的文章，如图 5.13 所示。

图 5.12 维普期刊导航页面

图 5.13 维普期刊信息页面

维普中文科技期刊数据库中收录期刊论文的时间要稍晚于印刷发行版。一般在纸本发行后 1~2 月内予以收录。

5.1.3 万方数据知识服务平台

"万方数据知识服务平台"是以中国科技信息所（万方数据集团公司）全部信息服务资源为依托建立起来的，是一个以科技信息为主，集经济、金融、社会、人文信息为一体，以 Internet 为网络平台的大型科技信息服务系统。

万方数据知识服务平台收录自 1998 年以来国内出版的各类学术期刊 6000 余种，其中核心期刊 2500 余种，论文总数量达 1000 余万篇，每周进行 2 次更新。收录 1980 年以来我国自然科学领域各高等院校、研究生院以及研究院所的硕士、博士以及博士后论文总计 130 余万篇，每年增加约 20 万篇。收录由中国科技信息研究所提供的，1985 年至今世界主要学会和协会主办的会议论文，以一级以上学会和协会主办的高质量会议论文为主。每年涉及近 3000 个重要的学术会议，总计 90 余万篇，每年增加约 18 万篇。另外万方数据知识服务平台还收录有专利、标准、成果、法规等文献类型。

登录万方数据知识服务平台，网址为 http://www.wanfangdata.com.cn，该网站提供一站式搜索服务，可以在统一的界面上针对所收录的各类文献进行综合检索。国内大多科研院所针对自身情况购置万方数据的访问权，如用户的计算机在机构局域网内，均可以享受万方数据知识平台上的全文服务。

5.1.3.1 简单检索（图 5.14）

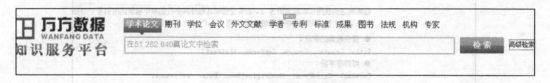

图 5.14 万方简单检索页面

简单检索提供一个输入框，可以以将检索词输入该框，并选择检索的文献类型（学术论文、期刊、学位论文、会议论文等），其中学术论文指的是有关论文的综合。输入的内容可以是关键词、作者姓名、期刊名称、摘要信息等。

5.1.3.2 高级检索（图 5.15）

该平台亦提供高级检索功能，通过高级检索功能，可以对检索条件进行更加精准和确切的限定，其中的检索项涉及标题、作者、来源、关键词、摘要、发表时间等，同时可以对文献类型、被引用次数等进行限定，每个输入框均可接受关键词，亦可不填。其中的 OA（Open Access）论文指的是在互联网上可供任何人自由访问使用（可下载全文）的电子期刊论文。

5.1.3.3 专业检索（图 5.16）

专业检索要求用户根据自身检索需要构建 CQL 检索式以完成检索，使用该方式检索可以任意扩展检索条件，以期达到更好的检索效果。在论文检索中，可以使用的字段有：Title（标题）、Creator（作者）、Source（来源）、Keywords（关键词）、Abstract（摘要）。可以在检索式中对检索结果进行排序，提供 4 种排序方式：CoreRank（权重）、CitedCount（被引次数）、

Date（发表日期），Relevance（相关度）。可以使用布尔逻辑字符连接各个检索条件，支持的布尔运算符有 AND（与）、OR（或）。

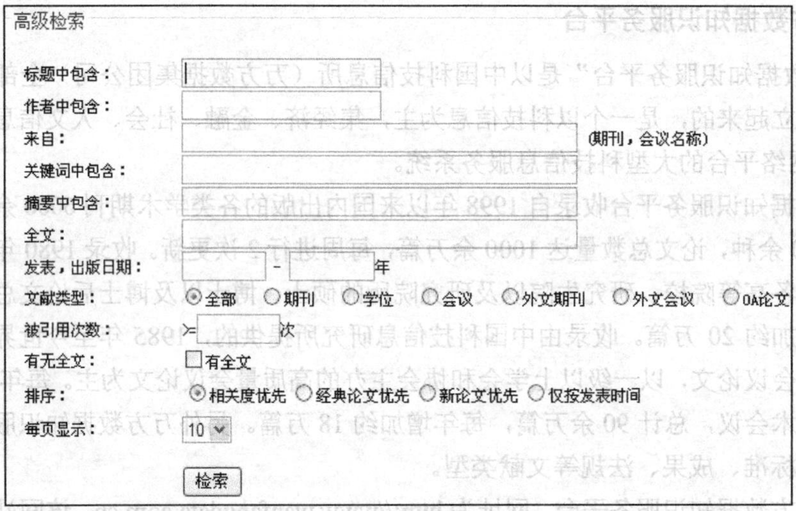

图 5.15　万方高级检索页面

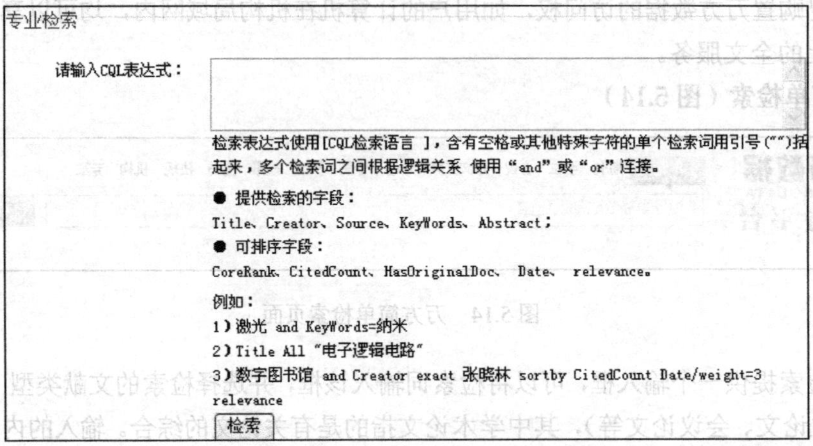

图 5.16　万方专业检索页面

例 1：检索标题中含有激光，且关键词中含有纳米的有关文章。
检索式：Title:激光 and Keywords:纳米。
例 2：检索数字图书馆方面的有关论文，且作者名字为张晓林，结果按被引频次、日期、相关性排序，且日期的权重为 3。
检索式：数字图书馆 and Creator exact 张晓林 sortby CitedCount Date/weight=3 Relevance。

5.1.3.4　检索结果（图 5.17）

在检索结果中，界面给出了检索结果总条数，在页面上方给出了各个学科占结果总数量，可以点击相应学科，查看仅为该学科相关结果。提供 3 种排序方式，相关度优先、新论文优先、经典论文优先。同时也可在该页面进行二次检索以缩小结果范围。

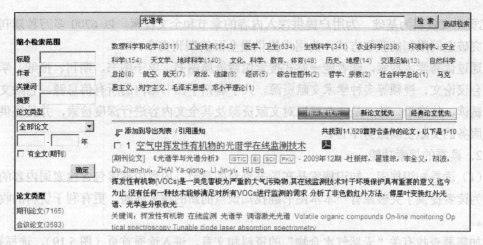

图 5.17　万方检索结果页面

选中文章前的复选框,并点击页面底部的"导出",即可获得文本格式的题录信息。

点击篇名即可查看文章的详细信息,如图 5.18 所示,详细信息中列出了文章的类型、来源、作者、文摘、基金、参考文献、引证文献等信息。详细信息页面中点击"查看全文",可以在线浏览全文,点击"下载全文",即可进行全文下载。万方数据知识服务平台的全文格式为 PDF 文件,需要使用 Adobe Reader 阅读器进行打开阅读。同时可以点击作者姓名获取该作者的其他论文,点击关键词,可以查看该关键词的其他文章等。在页面下方,平台提供了该论文的参考文献清单,可以方便地进行引文检索。

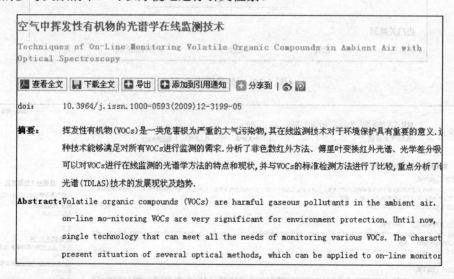

图 5.18　万方检索结果详细信息页面

5.1.4　读秀学术搜索和超星数字图书馆

5.1.4.1　读秀学术搜索

1. 读秀学术搜索简介

读秀学术搜索是由海量全文数据及元数据组成的超大型数据库,其以 330 万种中文图书、

10 亿页全文资料为基础,为用户提供深入内容的章节和全文检索,以 6700 多万种期刊元数据及突破空间限制的获取方式,为用户提供最全面的期刊文章。

通过读秀学术搜索,读者能一站式搜索馆藏纸质图书、电子图书、期刊、报纸、学位论文、会议论文、视频等多种学术文献资源,几乎囊括了图书馆内的所有信息源。它融文献搜索、试读、传递于一体,是一个可以对文献资源及其全文内容进行深度检索,并且提供文献传递服务的文献资料服务平台。

2. 读秀的搜索功能

(1)读秀知识搜索　知识搜索是在图书资料的章节、内容中搜索包含检索词内容的知识点,为读者提供了突破原有一本本图书翻找知识点的新的搜索体验,更有利于资料的收集和查找。

如需要查找有关"天然气水合物"的资料和文章,进入读秀首页(图 5.19),选择知识,输入"天然气水合物"点击搜索按钮,进入搜索结果页面。知识搜索为全文检索,为用户提供深入内容章节和全文检索的功能。在此建议输入多个检索词进行检索,以便快速准确地命中目标。检索结果页面如图 5.20 所示,点击标题链接进入阅读页面(图 5.21)。

图 5.19　读秀搜索主页

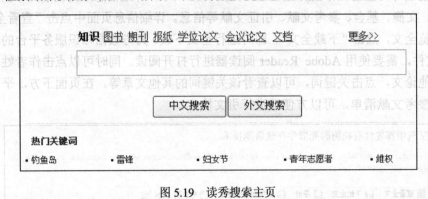

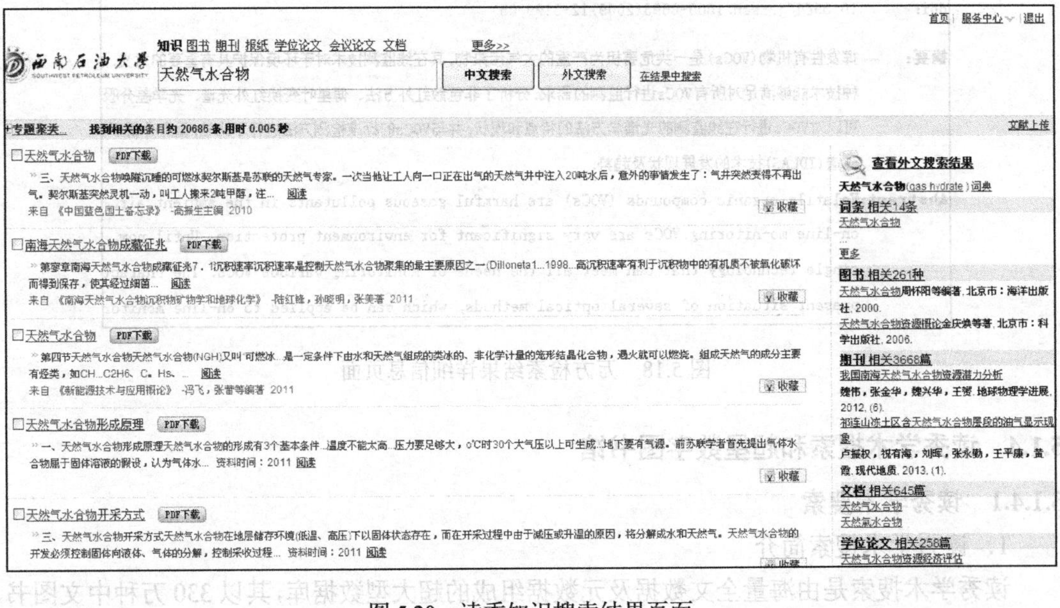

图 5.20　读秀知识搜索结果页面

图 5.21　读秀知识搜索阅读页面

在阅读页面可对全文内容进行翻页、放大、缩小、文字提取、查看本页来源等操作。可以点击阅读页面的保存按钮，或检索结果页面的"PDF 下载"按钮，进入下载页面，在下载链接上点击鼠标右键，选择"目标另存为"对该章节进行下载。

（2）读秀图书搜索　读秀图书搜索有快速检索、高级检索、专业检索、分类导航四种方式。

① 快速检索(图 5.22)。选择图书搜索，检索框下方提供有全部字段、书名、作者、主题词、丛书名、目次几个检索字段，可以根据需要选择检索字段，并在检索框内输入关键词。完成之后点击"中文搜索"搜索中文图书，或点击"外文搜索"搜索外文图书。

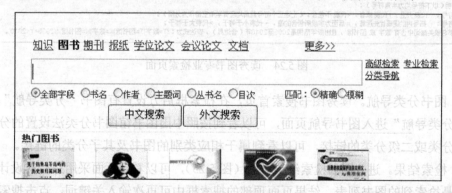

图 5.22　读秀图书快速检索页面

② 高级检索（图 5.23）。点击图书搜索首页检索框右侧的"高级搜索"链接，进入图书高级搜索页面。高级检索提供了书名、作者、主题词、出版社、ISBN 号、分类、年代多个检索字段，读者根据需要完成一个或多个检索字段的检索。

③ 专业检索（图 5.24）。点击图书搜索首页检索框右侧的"专业搜索"链接，进入图书

专业搜索页面。在检索框中输入检索式，点击"搜索"即可进行检索。

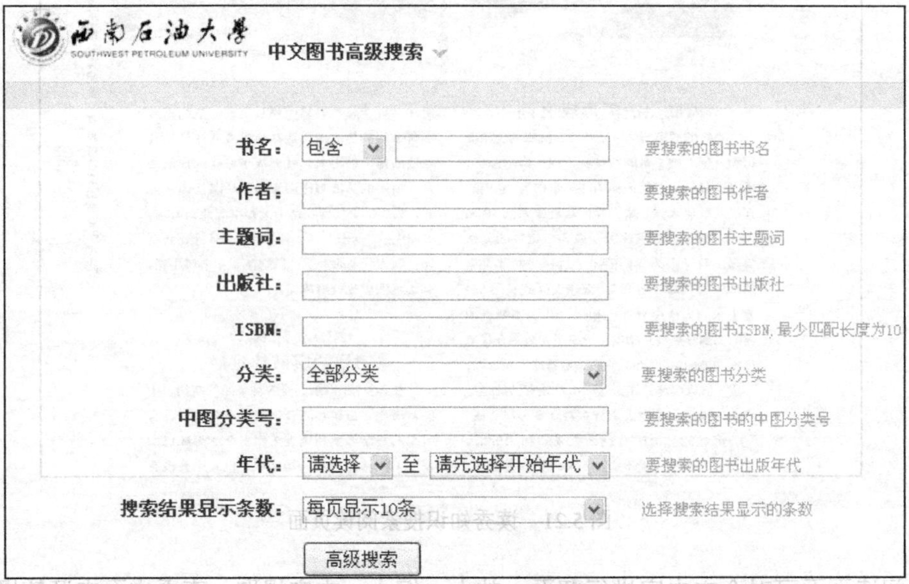

图 5.23　读秀图书高级检索页面

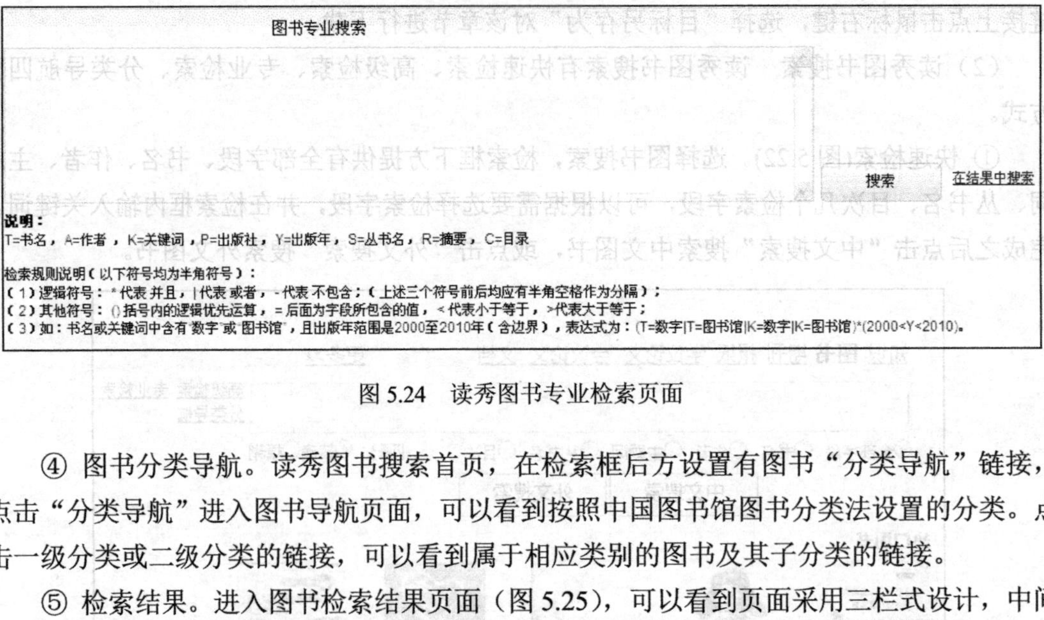

图 5.24　读秀图书专业检索页面

④ 图书分类导航。读秀图书搜索首页，在检索框后方设置有图书"分类导航"链接，点击"分类导航"进入图书导航页面，可以看到按照中国图书馆图书分类法设置的分类。点击一级分类或二级分类的链接，可以看到属于相应类别的图书及其子分类的链接。

⑤ 检索结果。进入图书检索结果页面（图 5.25），可以看到页面采用三栏式设计，中间一栏就是检索到的图书列表。结果页面顶部的搜索框中可再次输入关键词，点击搜索按钮后方的"在结果中搜索"进行二次检索。左侧按照图书类型、年代、学科、作者对图书进行分类，在检索到的众多图书中进一步筛选图书。右侧顶端可以选择将图书按照书名、作者、时间降序、时间升序、访问量、收藏量、引用量、点评量、电子馆藏排序。右侧下部是与检索词相关的其他文献类型的检索结果显示，点击链接可以获取与检索词相关的其他类型的文献。

第 5 章　数据库电子文献检索

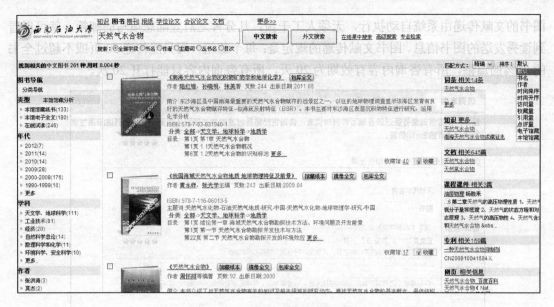

图 5.25　读秀图书检索结果页面

选择需要的图书，点击图书封面或书名链接，进入图书详细信息页面（图 5.26）。在图书详细信息页面，可以看到图书详细信息——作者、出版社、出版日期、ISBN 号、主题词、分类号等。读秀还提供了图书的书名页、版权页、前言页、目录页、正文部分页在线试读。

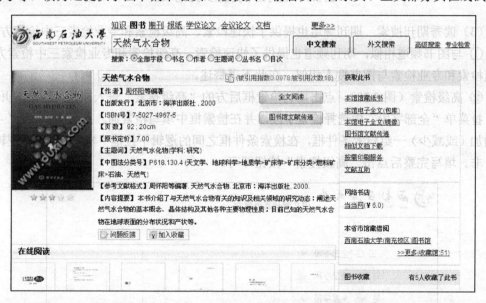

图 5.26　读秀图书详细信息页面

读秀提供了馆藏纸书借阅、阅读电子全文、图书馆文献传递、按需印刷、网上书店购买等多种渠道获取图书。点击"本馆馆藏纸书"链接，进入本馆馆藏书目查询系统，查看该本纸质图书的借阅情况。点击"本馆电子全文"，直接进入本馆超星数字图书馆阅读。在本馆无馆藏纸书和电子全文的情况下，可以采用文献传递的方式获取全文。单击"图书馆文献传递"，进入文献传递界面，填写咨询申请表后，单击"确认提交"按钮，完成文献传递(图 5.27)。

图书的文献传递由系统自动执行，无须人工干预，几分钟之后登陆您填写的邮箱，就可以看到读秀发送的图书信息。图书文献传递的规定是：每个邮箱一周只能传递 50 页或不超过全书的 20%的篇幅，所有咨询内容有效期为 20 天，所有咨询内容只能打开 20 次。

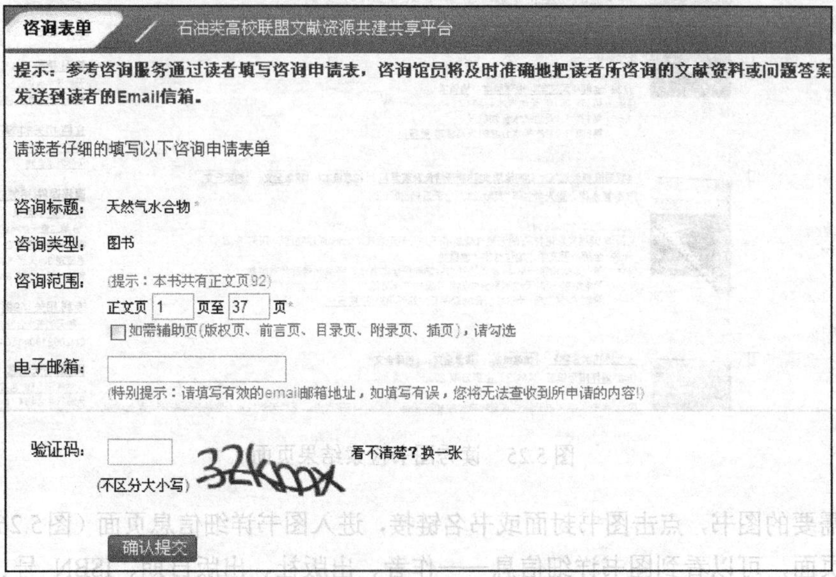

图 5.27　读秀图书文献咨询服务页面

（3）读秀期刊搜索　　期刊频道也提供了快速检索、高级检索和专业检索三中检索方式。

① 与图书频道相似，期刊频道也提供了快速检索、高级检索和专业检索三中检索方式。快速检索和专业检索与图书搜索相似，在此不再赘述。

② 高级检索（图 5.28）。点击期刊检索框后方的"高级搜索"进入期刊高级检索页面。在下拉菜单"全部字段"中选择检索字段，并在检索框中填写检索词。点击"+"或"-"可以增加（或减少）一组检索条件框，在检索条件框之间的逻辑下拉框"与"中，选择逻辑与、或、非。填写完整后点击"高级搜索"按钮即可。

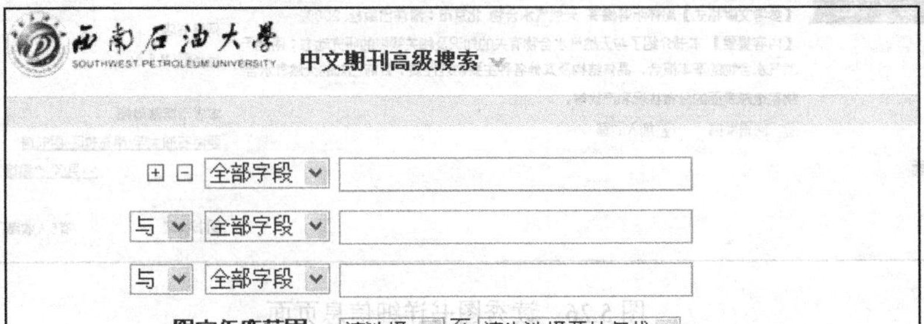

图 5.28　读秀期刊高级检索页面

③ 期刊导航。在期刊频道的首页，读秀提供了热门期刊的封面链接，并在期刊检索结果页面提供了符合检索词的期刊封面链接，点击任意期刊封面链接，即可进入该期刊的导航页面。

④ 检索结果（图 5.29）。期刊的检索结果页面和图书类似，采用三栏显示，中间一栏显示的是期刊标题列表，以及命中的期刊刊名及封面链接。左侧聚类和右侧排序进一步筛选期刊文章。左侧按照年代、学科、重要期刊、期刊刊种进行分类，在检索到的期刊中进一步筛选。右侧可以选择排序的方式，或者选择与检索词相关的其他类型文献。

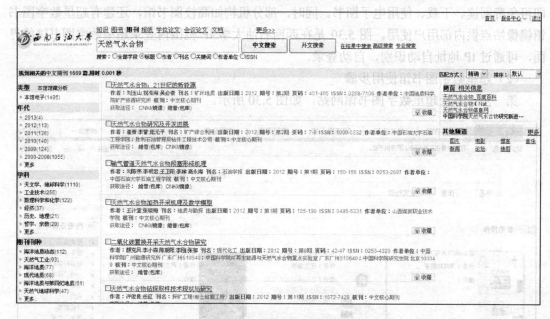

图 5.29 读秀期刊高级检索结果

期刊的获取一是通过和本馆电子期刊全文链接，点击与本馆数据库资源的链接直接获取；二是通过文献传递获取，单击"图书馆文献传递"，填写咨询申请表进行文献传递；三是通过文献互助，请求其他用户发送全文。

（4）读秀其他搜索 除上面介绍的图书、知识、期刊检索之外，读秀还可以进行报纸、论文、文档、视频、课程课件等文献资源检索。

几乎所有搜索的检索结果页面都采用三栏显示，右侧一栏显示的就是其他搜索的相关信息，点击相关搜索连接即可进入相应的检索结果页面，避免反复输入关键词查找的繁琐过程。实现了一站式检索，为读者提供全面的学术信息。

5.1.4.2 超星数字图书馆概况

超星数字图书馆成立于 2000 年，由北京超星数图信息技术有限公司推出，目前拥有数字图书 100 余万种，图书涉及石油工程、储运工程、地球科学与勘探技术、能源科学与技术、环境科学与工程、生物工程、化学化工、机械工程、材料科学与工程、计算机科学与软件工程、电子信息工程、建筑工程、物理学、数学、经济管理科学、人文社会科学、法学、外语教学与语言学、体育科学等各个学科门类，收录范围从 1977 年至今，已成为全球最大的中文在线图书馆。

1. 超星数字图书馆的使用

（1）超星数字图书馆目前有两种授权访问方式

① 个人用户，使用超星数字图书馆时需登录网址：http://www.ssreader.com/，该网站中有部分图书向用户免费提供全文阅读，其余电子图书，个人用户需要购买使用读书卡方可阅读。

② 机构用户，采用 IP 地址控制的方式授权用户使用，由机构向超星公司购买授权 IP 范围，在此范围内，用户可直接登录超星数字图书馆主站，网址为：http://www.sslibrary.com/，即可免费阅读、下载、使用电子图书。同时，部分机构如高校图书馆，还建有超星数字图书馆镜像站点供内部用户使用。图 5.30 是在西南石油大学 IP 范围内登录超星数字图书馆的界面，可通过 IP 地址自动识别，自动登录。

（2）超星数字图书馆使用步骤

第一步：登录超星数字图书馆网站，如图 5.30 所示。

图 5.30　超星数字图书馆首页

第二步：下载安装超星数字图书专用阅览器 SSReader。

第三步：浏览选择图书或快速检索图书，点击书名即可进行浏览。

2. 检索方式

超星数字图书馆主要有快速检索、高级检索、分类浏览三种检索方式。

（1）快速检索　快速检索又叫关键词检索，即用所需信息的主题词（关键词）进行查询的方法，关键词之间用一个空格间隔（提示：关键词越少，检出结果越多；关键词越多，检出结果越少）。超星数字图书馆的快速检索提供了书名、作者和全文检索三种检索途径，如图 5.31 所示。

检索实例如下。

① 书名途径。查找书名中含有"钻井"和"石油"两个关键词的图书。

方法：在检索途径的复选框中选定书名途径，在检索框中输入关键词"钻井"和"石油"，关键词之间用空格间隔，点击检索，如图 5.32 所示。

第 5 章 数据库电子文献检索

图 5.31 超星数字图书馆快速检索页面

图 5.32 书名检索页面

② 作者途径。查找王刚所著图书。

方法：在检索途径的复选框中选中作者途径，在检索框中输入关键词"王刚"，点击"检索"。检索结果如图 5.33 所示。

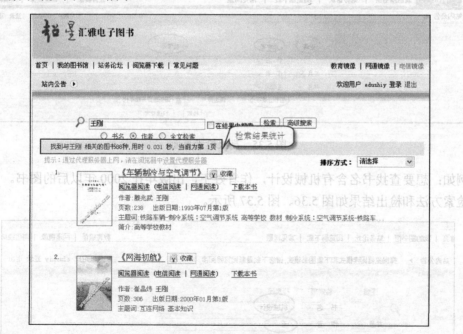

图 5.33 作者检索结果页面

③ 全文途径。选择全文途径时，系统将在全文中匹配关键词，检索范围较大，可以检索出更多的结果，而且会检索出许多无关信息。检索步骤是在检索框中输入关键词，检索途

径中勾选"全文检索"复选框，点击检索。检索结果如图5.34所示。

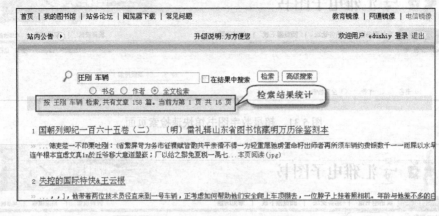

图 5.34　全文检索结果页面

（2）高级检索　高级检索界面中可以同时在多个检索项（如书名、作者、主题词）中同时输入关键词，并用逻辑关系（如并且、或者）进行组配，同时还可以将时间加以限制，从而得到更准确的检索结果。高级检索界面如图5.35所示。

图 5.35　高级检索页面

例如：想要查找书名含有机械设计，作者姓王，出版年在2000年以后的图书。检索方法和检出结果如图5.36、图5.37所示。

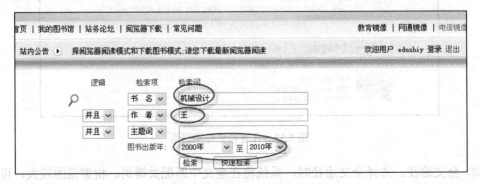

图 5.36　高级检索示例页面

第 5 章 数据库电子文献检索

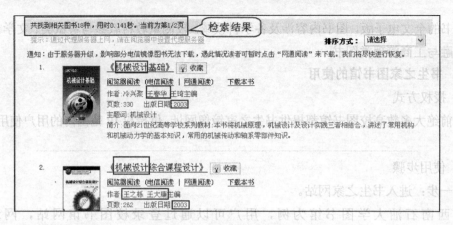

图 5.37 高级检索结果界面

（3）分类检索　超星数字图书馆将图书按照《中国图书馆分类法》分类，点击一级分类即进入二级分类，依次类推。末级分类的下一层是图书信息页面，点击书名即可阅读图书。

例如：使用分类检索的方法查找"海上油气田勘探与开发"学科方面的图书，应该先点击分类表中的"工业技术"类，再依次点击"石油天然气工业"、"海上油气田勘探与开发"，网页右栏显示的图书列表为符合要求的最终检索结果，如图 5.38 所示。

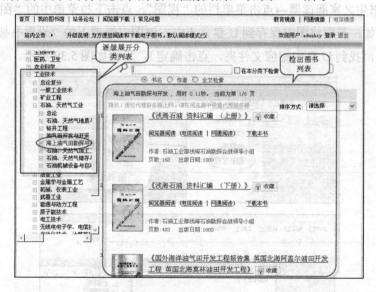

图 5.38 分类检索页面

5.1.5 书生之家数字图书馆

5.1.5.1 书生之家数字图书馆概况

书生之家数字图书馆是建立在中国信息资源平台基础之上的综合性数字图书馆，由北京书生数字技术有限公司于 2000 年创办。电子图书设有四级目录导航，并提供强大全文检索功能。目前书生之家可提供 10 多万种图书全文在线阅读，主要是 1999 年以来中国大陆地区出版的新书的全文电子版，图书内容涉及各学科领域，较侧重教材教参与考试类、文学艺术类、经济金融与工商管理类图书。

5.1.5.2 书生之家图书馆的使用

1. 授权方式

目前绝大多数高校图书馆都提供书生之家镜像网址，供授权 IP 范围内的用户使用其电子图书。

2. 使用步骤

第一步：进入书生之家网站。

以西南石油大学图书馆为例，用户可以通过登录校图书馆网站，网址为：http://lib.swpu.edu.cn ，然后选择"数据库查询"栏目，点击"中文-电子图书链接"，再选择"书生之家"链接，通过提供的内网网址进入书生之家的镜像网点。其他高校用户，通过相应高校图书馆提供的内部网址进入书生之家网站。

第二步：第一次使用，需要下载、安装书生之家专用阅读器最新版，目前版本名称为"书生之家阅读器 7.2"。

第三步：通过浏览或检索，找到相应图书后，使用阅读器在线阅读或下载图书。若用户要下载书生之家的图书，需要采取以下步骤。

① 打开书生之家阅读器→点击菜单栏的"视图"，点击下拉菜单中的"图书管理"→设置保存路径（如：若要将图书保存到 U 盘，点击右侧图书管理下的"设置书架路径"图标，根据弹出窗口，找到 U 盘中相应文件夹，点击确定），步骤如图 5.39 所示。

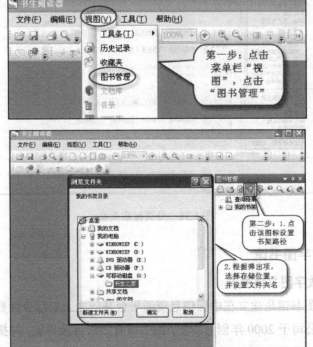

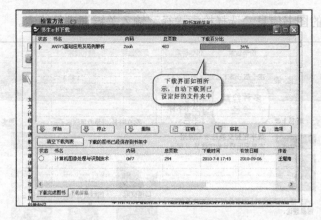

图 5.39　书生之家图书下载步骤

② 登录书生之家网站，找到自己所需图书，点击借阅（第一次使用，需要安装浏览器弹出的书生之家数字图书馆提供的下载插件），图书即可自动下载到 U 盘的相应文件夹中。打开下载的文件即可进行阅读。

5.1.5.3　检索方式

书生之家数字图书馆的电子图书提供了分类浏览和快速检索两种检索方式。

1. 分类检索

点击书生之家数字图书馆网站的图书分类表（可以采用网站的默认分类表，也可以点击切换按钮采用中图法分类表），逐级展开类目，右侧将显示相应类目下的图书列表，选择想要的图书名称，点击"阅读器阅读"进行图书在线阅读或者点击"借阅"进行图书下载。

例如，想要通过分类检索的方法查看计算机网络方面的图书，可以依次展开"计算机、通信与互联网"、"计算机网络"，网站右栏则显示"计算机网络"类目下的所有图书列表，如图 5.40 所示。

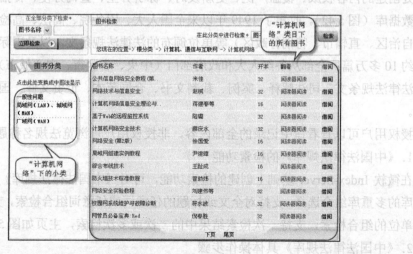

图 5.40　分类检索界面

2. 快速检索

快速检索（图 5.41）提供了图书名称、作者、丛书名称、主题、提要等多种检索途径，用户可以根据掌握的图书信息，选择检索途径，输入关键词进行检索。

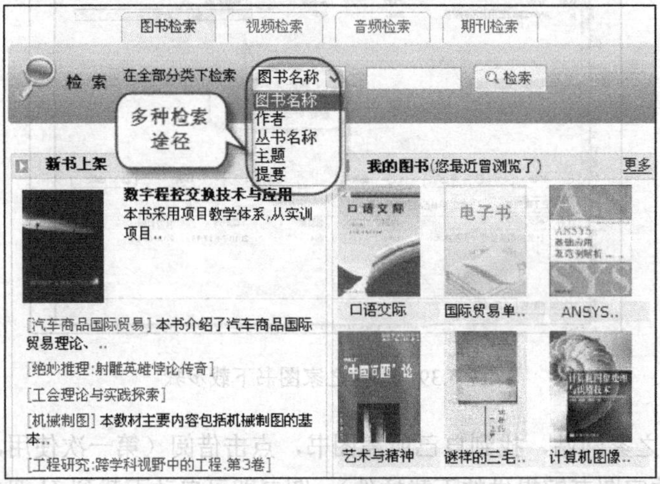

图 5.41 快速检索界面

5.1.6 法律数据库

法律数据库是法律电子出版物中的重要组成部分，在国内是建设较早、使用率较高的数据库。由于著作权法规定法律法规可无偿使用，所以，法律数据库建设速度极快，规模较大的数据库较多，且具有很强的检索功能，使用十分方便快捷。下面着重介绍在国内比较有影响、使用率较高的法律数据库。

5.1.6.1 中国法律法规库

中国法律法规数据库（网址：http://ceilaw.cei.gov.cn/）是由中国经济信息网和国家信息法规处创建的内容权威、覆盖广泛、更新及时、标引齐全、查询方便、传播高效的大型法律法规数据库（图 5.42）。收集了 1949 年以来全国人大、国务院、高法、高检、各部委办、各省（自治区、直辖市、特别行政区）等单位颁布的法律法规条文，以及国际条约法律及惯例等，约 10 多万篇；全部从各级人大和政府部门（中央、省区市、中心城市）直接收集数据，包括法律法规条文、司法解释、案例、裁判文书、合同范本、世贸文件、国际条约与市场惯例等。

授权用户可以查看命中记录的全部内容，非授权用户可浏览法规名称题录。

1. 《中国法律法规库》的检索功能

在微软 Index-Server 基础上创建的检索功能，可对《中国法律法规库》进行单库、多库和全库的多重库组合选择，支持对全文或标题的任意词或任意词组合检索，支持对颁布时间、颁布单位的组合检索，支持一次检索结果中的二次或多次检索，主页如图 5.42 所示。

2. 《中国法律法规库》具体操作步骤

（1）全文检索 例如：检索 2002 年 1 月至 2003 年 10 月之间关于"突发事件"所有的法律法规。

在图 5.43 所示页面起始时间里选择"2002 年 1 月"、结束时间里选择"2003 年 11 月"、任意词一栏填"突发事件"，然后单击"确定"。

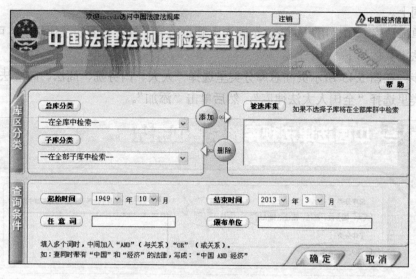

图 5.42　中国法律法规数据库主页

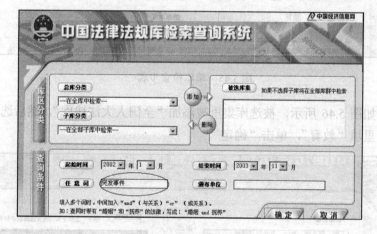

图 5.43　全文检索页面

查询结果如图 5.44 所示。

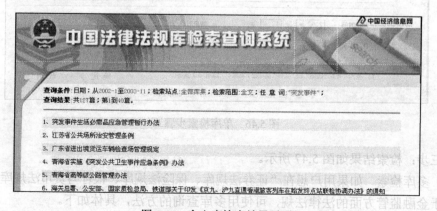

图 5.44　全文库检索结果页面

如果在全文库里按"颁布单位"查询，只需在以上页面填入相应的颁布单位即可。具体操作步骤同上。

（2）单库检索　如果用户想查询全国人大颁布的关于教育方面的法律法规，可使用单库查询的方法，具体如下。

第一步：在图 5.45 所示页面总库分类里选择"人大、国务院、高法、高检法律法规"、在子库分类里选择"全国人大法律库"，然后单击"添加"。

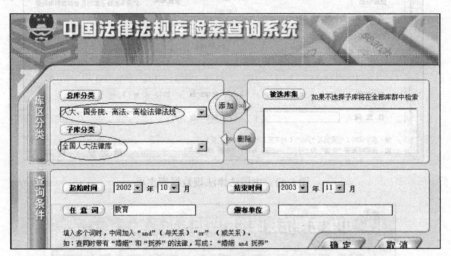

图 5.45　单库检索步骤一

第二步：如图 5.46 所示，被选库集里被添加"全国人大法律库"，然后选择起止时间、并在任意词栏里填"教育"，单击"确定"。

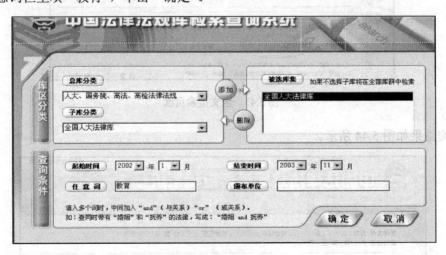

图 5.46　单库检索步骤二

第三步：检索结果如图 5.47 所示。

（3）多库检索　如果用户想在"证券法规库、保险法规库、银行与货币法规库"三库里查询关于金融监管方面的法律法规，可使用多库查询的方法，具体如下。

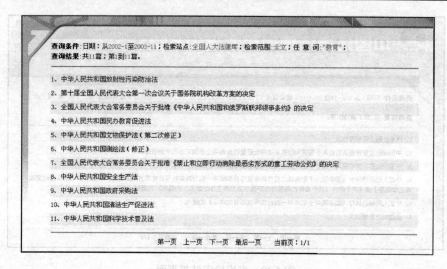

图 5.47　单库检索结果页面

第一步：在图 5.48 页面总库分类里选择部委规章，在子库分类里选择"证券法规库"点击添加、选择"保险法规库"点击添加、选择"银行与货币法规库"点击添加，三子库就被添加到被选库集。

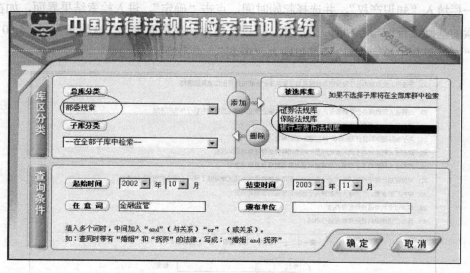

图 5.48　多库检索页面

第二步：选择起始时间，同时在任意词里填"金融监管"，点击确定。

第三步：查询结果如图 5.49 所示。

（4）标题检索　例如：用户想直接查询"汽车金融公司管理办法"可采用标题检索的方法。在任意词一栏填写"汽车金融公司管理办法"，点击"确定"。

（5）任意词组合检索　可以进行布尔逻辑的组配检索，如想查询 2003 年 1 月—11 月之间所有包含"商标和专利"的文件，在任意词一栏填上"商标 and 专利"，单击"确定"，如想查询 2003 年 1 月—11 月之间包含商标或者专利任意一词的文件，在任意词一栏填上"商标 or 专利"，单击"确定"。

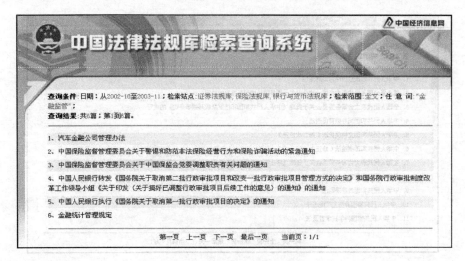

图 5.49 多库检索结果页面

(6) 二次检索 二次检索是指在第一次检索的基础上输入关键字进行二次检索，目的是进一步缩小检索范围。

例如：想检索关于 2002 年 1 月至 2003 年 12 月之间所有的有关知识产权的文件，在任意词一栏填入"知识产权"，并选择起始时间，点击"确定"，进入检索结果界面，如在第一次检索的基础上查询与专利有关的文件，可以在检索结果页面进行二次检索。如图 5.50 所示，选择"在结果集中检索"，检索框里输入"专利"，点击检索。

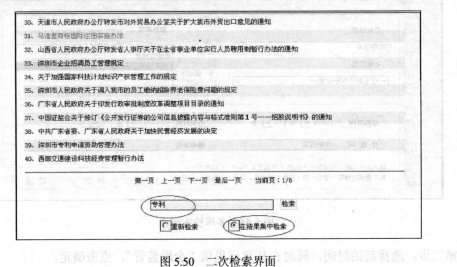

图 5.50 二次检索界面

5.1.6.2 中国法律检索系统

中国法律检索系统（网址：http://law.chinalawinfo.com/），又称"北大法宝"，是由北京大学法制信息中心与北大英华科技有限公司联合推出的智能型法律检索系统。该数据库独创高效的双向超文本链接功能，既管查询，又管应用，能帮助用户深入理解和灵活运用法律条文，使该数据库有独特的实用性；同时该数据库实现实时网络更新，保证法律法规的及时性。目前该库收录 1949 年至今 68 万多篇（数据每天更新中）法律、行政法规、部门规章、司法解释；全国31个省、自治区、直辖市的地方性法规、政府规章；最高法公报案例、各地裁判文书、仲裁裁决、中外条约、大量合同范本、法律文书、法学教程、法学论文、条文释义、参考文件等信息。

该系统的最大特点是独创了法规条文和相关案例、裁判文书、法学文献等信息之间的法条联想功能。系统采用 TRS 全文检索技术，查询速度快。系统提供分类导航、标题和正文关键词、发布部门、发布日期、发文字号等查询方式，并提供复合查询、高级检索和在结果中检索等功能。系统收录 18 个相对独立但又互通互联的法律信息数据库：《中国法律法规规章司法解释全库》、《中国地方法规规章库》、《中华人民共和国条约库》、《外国与国际法律库》、《法律文书样式库》、《最高人民法院公报案例库》、《中国法院裁判文书数据库》、《合同范本数据库》、《仲裁裁决与判例库》、《法学文献库》、《立法背景资料库》、《实务指南数据库》、《条文释义库》、《经典案例评析库》、《法学教程库》《香港法律法规库》《台湾法律法规库》《澳门法律法规库》。

系统注明了法律、行政法规、地方法规的效力级别；废止、失效、停止执行的法规均有注释；法规全文可以直接在 Word 下导出、编辑和打印。

1. 系统登录

（1）链接 Internet 在地址栏输入 http://law.chinalawinfo.com/或 http://vip.chinalawinfo.com 进入"北大法宝"中文在线，输入用户名和密码，点击"登录"，即可进入"北大法宝"，如图 5.51 所示。

图 5.51 北大法宝主页

（2）会员设置 账户管理功能：登录后，点击账户管理，您可以根据需要对您的账户进行管理和设置。您可以在这里更改您的注册信息、密码，查看您的访问权限、访问记录等信息。同时系统会提示您账号到期的时间。收藏夹功能：收藏夹功能是方便您收录常用法规，以便下次查询。点击收藏夹可以浏览您已收藏的法规。

2. 检索方法

可以直接在主页面检索区进行法规的快速检索，或者可以点击进入各子数据库，进行子数据的精确检索。

（1）快速检索　您可以直接在主页面进行快速检索。检索方法如下：

① 在文本框输入您要检索的关键字；

② 选择您要检索的数据库，在该数据库前的"□"中打勾。您可以同时选择多个数据库进行跨库检索，例如，如图5.52所示，同时选择三个数据库。

③ 在"⊙ 标题　○ 全文"中进行选择，选中"标题"，表示检索出所有标题中含有所查询关键字的内容。选中"全文"，表示检索出全文中含有所查询关键字的内容。

④ 点击下拉菜单，可选择检索结果排列顺序。

⑤ 点击"检索"，便可显示本次检索的结果。

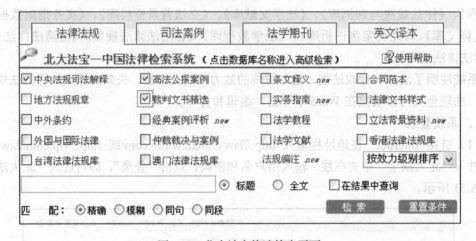

图5.52　北大法宝快速检索页面

（2）子数据库检索字段介绍　点击相应子数据，便可进入子数据的检索页面，每个子数据设有多个不同的检索字段。下面介绍一下各检索字段的使用。

① 标题关键词检索。标题关键词检索是最常用的检索方法。当查询者知道所要查询的标题中的关键词时，最适合使用此查询方式，极大地提高查询的效率。在条件检索栏中的"标题关键词"文本框中输入查询信息，点击"检索"按钮，即可在对应的数据库中查询。

② 全文关键词检索。需要查询正文内容中包括某词汇的全部文件时，这种查询是最快捷有效的方法。在"全文关键词检索"文本框中输入查询的关键词，点击"检索"按钮，即可看到对应的正文。

③ 发文字号检索。当查询者知道法规的发文字号时，在"发文字号"文本框中输入要查询法规的发文字号，点击"检索"按钮，即可查询到所有相同发文字号的法规信息。

④ 日期类型字段检索。要查询某日期范围内的法规信息时，适合使用此查询方法。在相应的日期字段有前后两个输入框用于输入日期范围；如果只输入前一个日期，则表示在此日期之后；如果只输入后一个日期，则表示在此日期之前；如果前后两个输入框都输入日期，则表示在两个日期期间内进行检索。

日期格式为：yyyymmdd，即前四位代表年份；中间两位代表月份；后两位代表日，在输入框中输入日期，如要输入1999年1月1日，应该输入1999010。

具有日期类型的字段有：发布日期、实施日期、批准日期、签字日期、生效日期、终审日期、调解日期和裁决日期。

⑤ 下拉框类型字段检索。各个数据库的检索界面里面有一些"下拉框"类型的检索字段，点击右边的，会出现具体的、不同的部门和行业类别，选择要查询的选项就可以了。具有下拉框类型的字段有：发布部门、批准部门、法规类别、时效性、效力级别、范本分类、相对国、条约分类、文书分类、终审法院、案件分类、相关组织以及裁决机构等。

(3) 子数据库检索方法举例 以检索"中央法规规章司法解释"为例，介绍子数据的检索方法。

在北大法宝—中文在线会员页面，点击"中央法规规章司法解释"，进入该数据库检索页面，在条件检索栏中输入检索条件后，点击"检索"按键进行检索。

以检索"刑法"为例：在关键字栏输入关键字"刑法""，如需更精确结果，可在下拉框字段、发布日期字段、发字文号字段等分别进行设置，如图 5.53 所示。

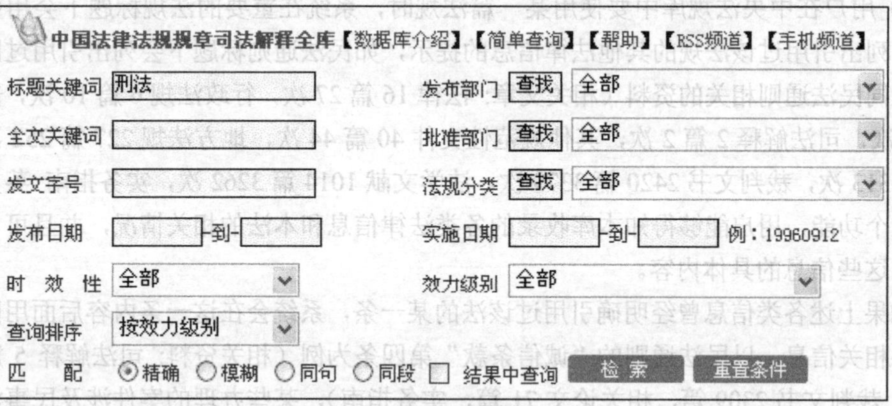

图 5.53 子数据库检索页面

点击"检索"按钮后，可以查询到所有关于刑法的法律法规、司法解释、部门规章以及其他规范性文件。

其他数据库如《经典案例评析》、《条文释义》、《立法背景资料》、《法学教程》、《立法背景资料》、《法律信息数据库》等，其检索方式与以上所述法律信息库的查询模式相同。

(4) 二次检索 在每一个数据库高级检索中都设置了"在结果中查询"的功能，这样可以使您的查询结果更加精确。在进一步输入限定条件后，请点击"在结果中查询"按钮，就可以在前一次检索的结果中再次检索。

(5) 双向超文本链接功能

① 正向超文本链接：法规及其中的法条引用其他法规的链接为正向超文本链接。

在法规正文中有一些内容涉及其他法律，字体为红色的文字为正向超文本链接。将鼠标放在此法律或法规的名称上，点击即可进入相关条目。

② 反向超文本链接：法规及其中的法条被其他法规所引用的链接为反向超文本链接。

在法规标题和法条后列出了引用该法规或该法条的相关文件。

为本法规的"反向超文本链接"，链接到本法条对应的"相关文件"，点击此链接弹出。

（6）逻辑运算符在检索中的运用　在使用标题和全文关键词查询时，可以利用逻辑算符限制查询结果的范围。

3．"北大法宝"特色功能——法条联想

北大英华公司推出的"法条联想型数据库——《北大法宝》"在全国率先进行法律信息的数据挖掘和知识发现，独创了法规条文和相关案例等信息之间的法条联想功能。不仅能直接印证法规案例中引用的法律法规和司法解释及其条款，还可链接与本法规或某一条相关的所有法律、法规、司法解释、案例、条文释义、实务指南和裁判文书，不仅让用户方便地查到法条，更能进一步帮助用户理解、研究、利用法条，创造了全新的信息呈现体系。

① 在各数据库中，如果文本中出现对中央法规的引用，点击蓝色的法规标题，即可调阅该法规；点击法规后提及的某一条，即可调阅该条；系统同时可以区分名称相同但新旧时效不同的法规版本，如解释或适用旧刑法的文件或案例会正确链接到1979年刑法，而解释或适用新刑法的文件或案例则会正确链接到1997年刑法。

② 用户在中央法规库中要使用某一篇法规时，系统在重要的法规标题下会用蓝色可链接字体列出引用过该法规的其他法律信息的提示，如民法通则标题下会列出引用过民法通则也就是同民法通则相关的资料（相关文章：法律16篇27次，行政法规6篇10次，部门规章2篇2次，司法解释2篇2次，其他规范性文件40篇44次，地方法规227篇252次，案例169篇313次，裁判文书2420篇3379次，法学文献1014篇3262次，实务指南 英文译本）。通过这个功能，用户能够得知本库收录的各类法律信息和本法的相关情况，并且可以点击浏览利用这些信息的具体内容。

如果上述各类信息曾经明确引用过该法的某一条，系统会在这一条内容后面用同样的方式列举相关信息。以民法通则的"诚信条款"第四条为例（相关资料：司法解释5篇，案例26篇，裁判文书2309篇，相关论文71篇，实务指南），某些办理的案件涉及民事法律活动的基本原则，又没有其他具体适用条款时，就可以适用该条款，但由于该条款原则性过强，并不容易运用，而该系统在此条后列出的相关详细规定和类似的参考案例，能够引导和拓宽用户的思路。

③ 该系统还实现了部分法规的"发文字号"双向链接，降低了以发文字号检索法规的难度。

《北大法宝》的法条联想功能可以大量节省律师翻书查阅资料、研究、分析和制作法律文书的时间，能够极大地提高工作效率。对于改进法律文书质量、提高律师整体的素质以及实现与法院审判工作的信息资源对等具有重要的作用。

4．"北大法宝"数据库特色功能——历史法条

"北大法宝"数据库特色添加历史法条功能，收录各部法律法规立法以来经过的历次修订版本，修订前后所有版本在一个页面列出，方便查询；法规的每个法条的历次修订变化又分别对应相应的修订沿革，可帮助您了解该法立法发展史，研究法律发展方向；"北大法宝"编注版，是为满足用户需要专门编纂而成的，其内容以1997刑法条文为基础，将历次修正案穿插到相应条款中，使修改前后的内容及修改依据一目了然，从而解除了多个文本对照使用的烦恼，提高了用户的使用效率。

5.1.7 经济类数据库

随着信息技术的不断发展，文献和信息资源，特别是大量的经济信息已转向了信息化、网络化，同时也产生了很多经济信息数据库。在此着重介绍两个比较权威的中国经济信息数据库。

5.1.7.1 国务院发展研究中心信息网

国务院发展研究中心信息网（简称"国研网"，http://www.drcnet.com.cn）由国务院发展研究中心主管、国务院发展研究中心信息中心主办、北京国研网信息有限公司承办，创建于1998年3月。依托国务院发展中心的专家资源和信息平台，以先进的互联网技术和咨询服务理念，整合国内外经济和金融信息资源，为中国经济改革与发展的实践者以及科学研究人士提供全面的咨询服务和决策参考。

国研网已建成了内容丰富、检索便捷、功能齐全的大型经济信息数据库集群：《国研视点》、《宏观经济》、《金融中国》、《行业经济》、《世经评论》、《国研数据》、《区域经济》、《企业胜经》、《高校参考》、《基础教育》10个数据库，同时针对金融机构、高校用户、企业用户和政府用户的需求特点开发了《金融版》、《教育版》、《企业版》及《政府版》四个专版产品。上述数据库及信息产品已经赢得了政府、企业、金融机构、高等院校等社会各界的广泛赞誉，成为他们在经济研究、管理决策过程中的重要辅助工具。

获取途径：用户登录 http://drcnet.com.cn 注册后，下载插件，即可免费浏览整个网站中所有不带"@"的文章，但是不可以进行任何编辑操作；需要浏览带"@"文章的个人用户可以采用会员计量付费方式；终端使用数量较多的大中型集团用户、局域网用户可以采用包年或镜像站点方式使用。直接点击主页的"国研报告"、"财经数据"等各个数据库的文章，即可浏览全文或查询统计数据。

5.1.7.2 中国宏观经济信息网

中国宏观经济信息网（简称"中宏网",http://www.macrochina.com.cn/）是由国家发改委和中国宏观经济学会联合创建的大型经济专业类网站，也是被誉为"中国经济诺贝尔奖"的中国经济学奖评奖网站。中宏数据库是目前全国唯一一家通过CALIS认证的中文经济类数据库，涵盖了20世纪90年代以来宏观经济、区域经济、产业经济、金融保险、投资消费、世界经济、政策法规、统计数据等方面的内容，包括以下19类大库：中国宏观经济形势库、中国经济发展战略与规划数据库、金融数据库、财政税收数据库、投资数据库、消费数据库、物价数据库、商业与物流数据库、对外经济与合作数据库、中国外资数据库、中国产业发展数据库、中国区域经济数据库、世界经济数据库、中国政策法规数据库、中国国家统计数据库、中国体制改革数据库、焦点专题数据库、中宏研究成果数据库、企业管理及经营战略数据库。

获取途径：目前使用中宏数据库的单位已有400多个，包括广东、上海、山西、山东、辽宁、四川等地高校以及国家发改委的10多个有关司局、商务部、中国证监会、保监会、中央党校、国家行政学院，还有上海、广东、辽宁等党委、政府共30多家省部级以上单位，从以上单位都可直接获取。

在中宏数据库教育版的检索结果中，每个文档的标题前均有选择框。读者可以根据自己的需要选择需要的文档。中宏数据库可以将被选的文档自动合并成为一个文档,并且可以自动启动 Word,形成 Word 文档,实现了与 Word 的无缝接入,大大方便了所需资料的编辑、保存以及与其他资料的整合。中宏数据库的所有统计数据,不是传统的静态页面,而全部为 EXCEL 格式。师生不必经过其他的培训,即可调用 EXCEL 各项强大的功能,进行各类运算和数据保存,将统计数据移至自己的计算机中使用。同时,也可直接导入到 SPSS、SAS、Eview、TSP 等统计软件中,进行更深层加工运算。

检索中宏数据库信息,操作简单方便。在数据库检索界面选择所需检索的数据库,在右边的检索区域输入检索词就可进行检索。中宏网提供二次检索功能,可以在上一步的检索结果中进一步检索所需要的文章。也可选择"高级检索"方式进行复杂信息表达式的检索。例如,查找有关农业经济问题中的通货膨胀这方面的文章,在检索界面中数据库检索中选择"全部内容",在关键词输入框中输入"通货膨胀",检索结果显示有关"通货膨胀"的文章很多,要缩小查询范围,可在查询结果页面输入"农业经济",然后选择"在结果中查找",点击"查询",即可完成二次检索。

经济类的数据库除了以上两个以外,还有中国资讯网(http://www.chinafobank.com),中国经济信息网(http://www.cei.gov.cn)等常用数据库。

5.2 国外常用数据库检索

5.2.1 《化学文摘》CA

5.2.1.1 CA 概述

美国《化学文摘》(Chemical Abstracts,简称 CA),是世界最大的化学文摘库。也是目前世界上应用最广泛,最为重要的化学、化工及相关学科的检索工具。创刊于 1907 年,由美国化学协会化学文摘社(CAS of ACS, Chemical Abstracts Service of American Chemical Society)编辑出版,CA 被誉为"打开世界化学化工文献的钥匙"。CA 报道的内容几乎涉及了化学工作者感兴趣的所有领域,其中除包括无机化学、有机化学、分析化学、物理化学、高分子化学外,还包括冶金学、地球化学、药物学、毒物学、环境化学、生物学以及物理学等诸多学科领域。

网络版 SciFinder 使用户可以查询到当天的最新记录。SciFinder 能够帮助你确定在科学文献和专利中的概念和物质的关系;找到生产和合成化学物质的加工程序——连接数百家化学制品厂商;比任何其他科学资源有更多的期刊和专利链接。

5.2.1.2 SciFinder Scholar 的使用

1. SciFinder 可检索的数据库列表(表 5.4)

表 5.4 SciFinder 数据库列表

数据库	内 容
	① Reference Databases (文献数据库)
CAplus^{SM}	包含来自 150 多个国家、9000 多种期刊文献,覆盖 1907 年到现在的所有文献以及部分 1907 年以前的文献,包括期刊、专利、会议录、论文、技术报告、图书等,涵盖化学、生化、化学工程以及相关学科,还有尚未完全编目收录的最新文献(目前>2430 万条参考书目记录,每天更新 3000 条以上)

续表

数据库	内 容
① Reference Databases （文献数据库）	
MEDLINE®	包含来自 70 多个国家、3900 多种期刊的生物医学文献，覆盖 1951 到现在的所有文献，以及尚未完全编目收录的最新文献（目前＞1300 万参考书目记录，每周更新 4 次）
② Structure Database （结构数据库）	
REGISTRY^{SM}	涵盖从 1957 年到现在的特定的化学物质，包括有机化合物、生物序列、配位化合物、聚合物、合金、片状无机物。REGISTRY 包括了在 CA^{SM} 中引用的物质以及特定的注册。例如：管制化学品列表，如 TSCA 和 EINECS 中的注册（目前＞7400 万条物质记录，每天更新约 7 万条，每种化学物质有唯一对应的 CAS 注册号）
③ Reaction Database （反应数据库）	
CASREACT®	包括从 1907 年到现在的单步或多步反应信息。CASREACT 中的反应包括 CAS 编目的反应以及下列来源：ZIC/VINITI 数据库（1974—1991,by InfoChem GmbH），INPI (Institut National de la Propriete Insutrielle, 法国) 1986 年以前的数据，以及由教授 Klaus Kieslich 博士指导编制的生物转化数据库（目前＞800 万条反应记录和 403000 条文献记录，每周更新约 700~1300 条）
④ Commercial Sources Database （商业来源数据库）	
CHEMCATS®	化学品的来源信息，包括化学品目录手册以及图书馆等内的供应商的地址、价格等信息（目前＞740 万条商业化学物质记录，来自 655 家供应商的 793 种目录）
⑤ Regulatory Database (管制数据库)	
CHEMLIST®	1979 年到现在的管制化学品的信息，包括物质的特征、详细目录、来源以及许可信息等（＞22.8 万种化合物的详细清单，来自 13 个国家和国际性组织，每周更新＞50 条新记录）

2. SciFinder 的著录项

通过 SciFinder 所提供的信息，见表 5.5。

表 5.5 SciFinder 著录项

Document Information （文献信息）	* Title * Author/inventor * Company name/corporate source/patent assignee * Publication year * Source, publication, date, publisher, volume, issue, pagination, CODEN, ISSN * Patent identification, including patent, application, priority, and patent family information * Abstract of the article or patent * Indexing * Supplementary terms * Citations * Substances, sequences, and reactions discussed within the document
Substance Information （物质信息）	* Chemical name * CAS Registry Number® * Molecular formula * Structure diagram * Sequence information, including GenBank® and patent annotations * Property data * Commercial source information from chemical supplier catalogs * Regulatory information * Editor notes * Documents in which the substance is referenced * Reactions in which the substance participates * A list of other databases available from STN, for related information

Reaction Information（反应信息）	* Reaction diagrams, including reactants, products, reagents, catalysts, solvents, and step notes * Citation hyperlinked to the reference record * Additional reactions, references, substance details, commercial sources, and regulatory information for all reaction participants * Notes

3. SciFinder 的使用

主要分为 Explore 和 Browse，见图 5.54。

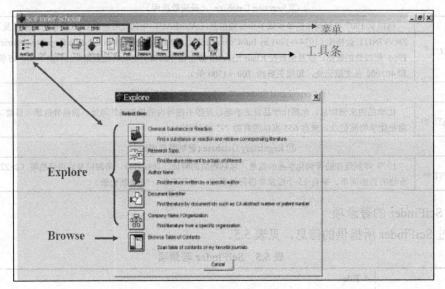

图 5.54　SciFinder 主页

（1）Explore　可获取与化学相关的所有信息及结构等，有如下方式：

● Chemical Substance or Reaction：Retrieve the corresponding literature

By chemical structure.

By substance identifier

By molecular formula

● Research Topic：to find literature relevant to a topic of interest.

● Author Name：to locate literature written by a specific author.

● Document Identifier：to find literature for a specific CA Accession Number or Patent Number.

● Company Name/Organization：to locate literature for a specific company, university, governmental agency, or other organization.

（2）Browse　可直接浏览 1800 多种核心期刊的摘要及其引文等编目内容，如果带有 ▣，则可直接点击，通过 ChemPort® Connection.^{SM} 获取全文（in-house）。

（3）工具条按钮（表 5.6）

第 5 章 数据库电子文献检索

表 5.6 SciFinder 工具条按钮

图标	说明	图标	说明
NewTask	开始一个新任务	Prefs	打开 Preference Editor,个性化设置使用 SciFinder Scholar
Back	显示上一屏	Database	打开 Preference Editor 中的 Databases 栏,对执行任务时需要检索的数据库进行选择
Forward	显示下一屏	History	显示您当前进程所执行过的操作
Print	依据打印设定进行打印	Internet	显示 SciFinder Scholar 的网上资源
Save As	按不同格式进行保存 如 Rich Text Format	Help	帮助
Full Text	通过 ChemPort® Connection^{SM} 索取全文	Exit	退出

4. 查看 CA 收录的期刊目录并链接全文

① 点击"Browse Table of Contents",见图 5.55。

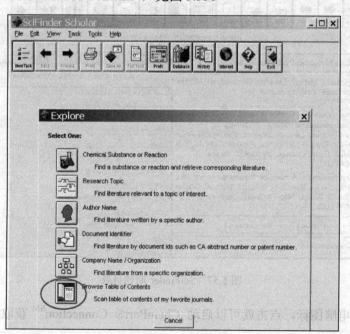

图 5.55 SciFinder 浏览页面

② 选择您想查阅的期刊,点击"View"。(也可通过 Edit 菜单→Find,查找所需期刊,注意名称必须完全匹配,一次只能查看一种期刊),见图 5.56。

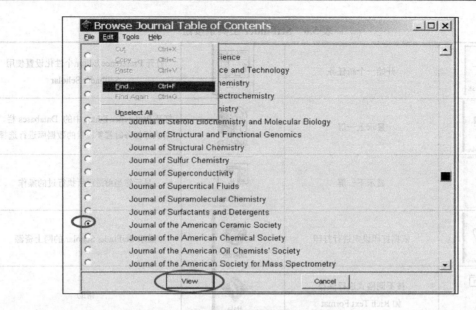

图 5.56 期刊目录列表页面

③ 默认结果显示的是最新一期的目录，Previouse、Next、Select 可以浏览其他期的目录内容，见图 5.57。

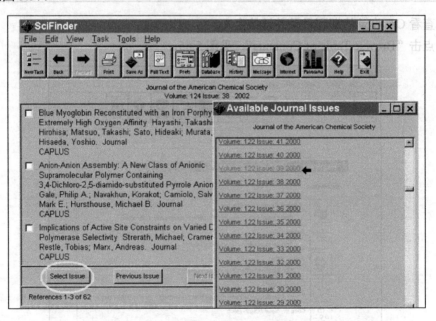

图 5.57 SciFinder 期刊目录

④ 如果有电脑图标，点击就可以启动 ChemPort® Connection^{SM} 获取全文，如图 5.58 所示。

The full text is displayed（如果是已经订阅或开放的电子文献，就可以直接查看全文，当然也有可能出现要求付费才能查看的页面），如图 5.59 所示。

⑤ Get Related 功能（图 5.60）。可以查看关联信息；选中某一文献或整期查找（分别

第 5 章 数据库电子文献检索

有所选文献引用的文献，引用所选文献的文献，所选文献中的物质，所选文献中的反应）。

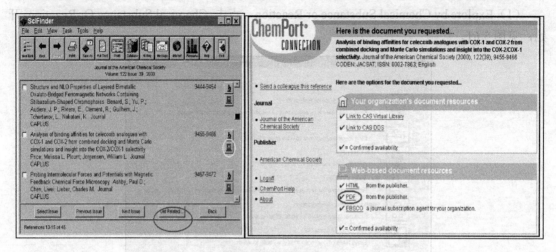

图 5.58　全文获取页面

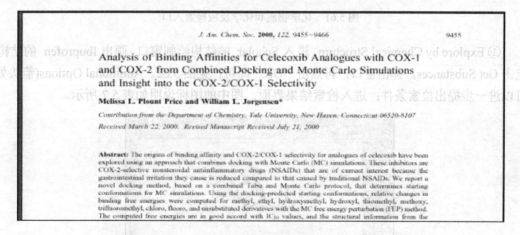

图 5.59　全文阅读页面

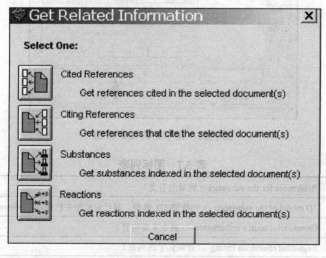

图 5.60　关联信息页面

5. Explore

（1）Explore by Chemical Substance or Reaction　点击 Chemical Substance Or Reaction 开始，见图 5.61。

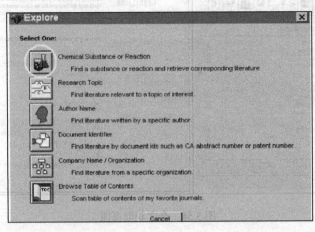

图 5.61　化学物质和化学反应检索入口

① Explore by Chemical Structure。进入 Scholar 的结构绘制窗口，画出 Ibuprofen 的结构；点击 Get Substances，弹出窗口，再点击"OK"即可，见图 5.62。Additional Options(箭头处)可以进一步提出检索条件；进入检索结果界面。图中的图标说明如表 5.7 所示。

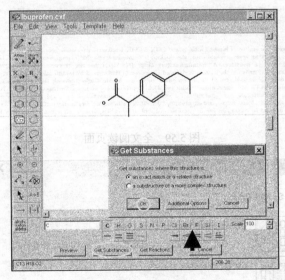

图 5.62　化学结构检索页面

表 5.7　图标列表

	References for the substance （物质的引文）
	3D model of the substance （物质的3D 模型，需已安装相关软件，如 ViewerLite）
	Commercial source information （商业来源信息）
	Regulated chemicals listing （管制化学品列表）
A→B	Reactions that involve the substance （获取反应）

如图 5.63 所示，点击 A→B 图标，弹出窗口，选择该物质在反应中的位置，如选择"Product"，则将 Ibuprofen 作为产物的反应都检索出来。

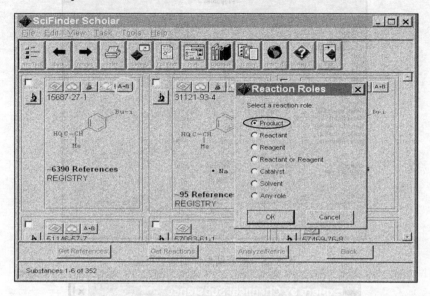

图 5.63 化学反应检索页面

如图 5.64 所示，点击"Get References"可以获取相关文献，Analyze/Refine 可以对结果进行分析或二次检索；也可以点击反应式中的任何物质获取更多信息，如果点击"Reactions"，则弹出选项，这里我们选择了 Substance Detail，提供 CAS Registry 记录。

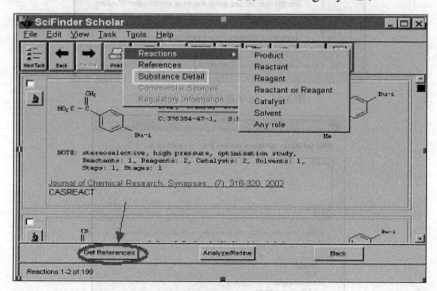

图 5.64 检索结果页面

如图 5.65 所示，点击其中的超链接，可以查看得到此结果的参考文献内容。

② Explore by Substance Identifier，如图 5.66 所示。输入感兴趣的物质的名称，每行一个，也可输入 CAS Registry，再点击"OK"，如图 5.67 所示。

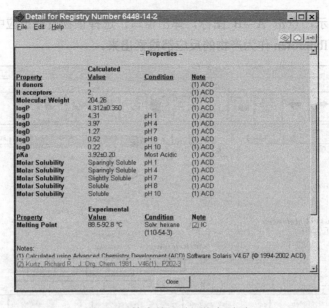

图 5.65 检索结果详细信息页面

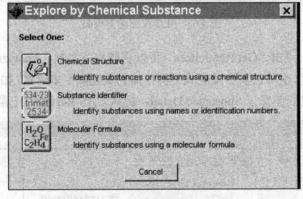

图 5.66 化学物质登记号检索入口

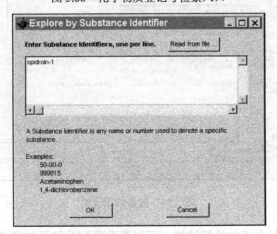

图 5.67 化学物质登记号检索页面

则搜索出相关的蛋白质或核酸序列：每个都有各自的 CAS Registry Number，点击显微镜图标，可以查看每个物质的详细信息，如图 5.68 所示。

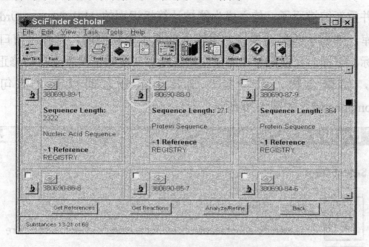

图 5.68　化学物质登记号检索结果页面

点击"Get References"，可以查看与该物质相关的文献，如图 5.69 所示。

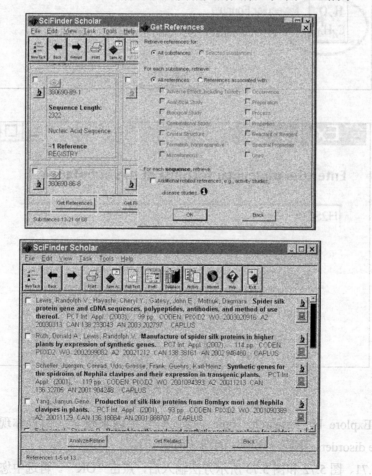

图 5.69　化学物质登记号检索详细信息页面

③ Explore by Molecular Formula。通过分子式进行检索：SciFinder Scholar 会分析您所输入的分子式，并重新编排原子，使之成为能被计算机识别的 Hill System Order，搜索 CAS Registry 数据库，并显示匹配结果；如果输入的原子是模糊的，则弹出窗口提示修改，如元素符号的上标、下标，元素符号之间以空格隔开等（多数情况下会自动修正）；如果是多组分的物质，如聚合物、盐类等，则各个组分之间以英文的句点隔开。如 Component1.Component2，如图 5.70 所示。

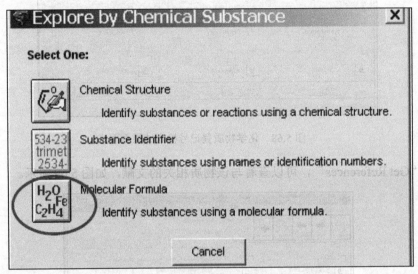

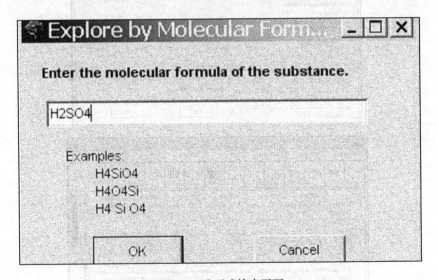

图 5.70 分子式检索页面

（2）Explore by Research Topic 通过研究主题来检索（假设你现在要写一篇关于 autoimmune disorders 不同治疗方法的功效的文章）。

按图 5.71、图 5.72 和图 5.73 所示方法输入后，点击"OK"。再选中您最感兴趣的内容，获取文献，如图 5.74、图 5.75 和图 5.76 所示。

第 5 章 数据库电子文献检索

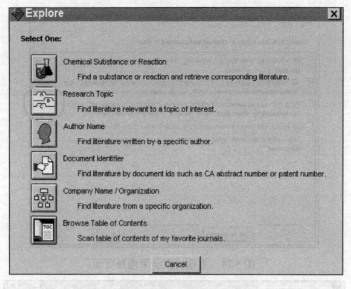

图 5.71 主题检索入口

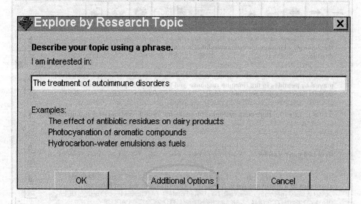

图 5.72 主题检索页面

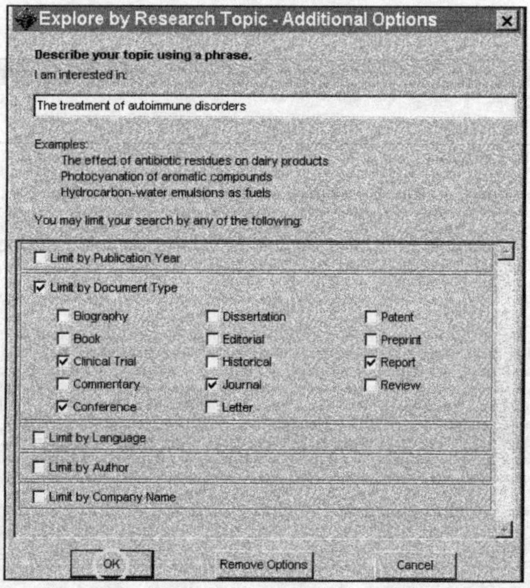

图 5.73 主题检索条件限制页面

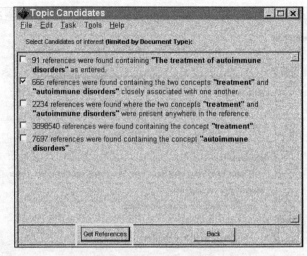

图 5.74 主题检索结果选择页面

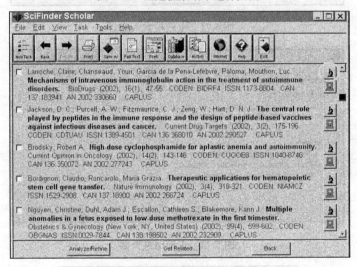

图 5.75 检索结果页面

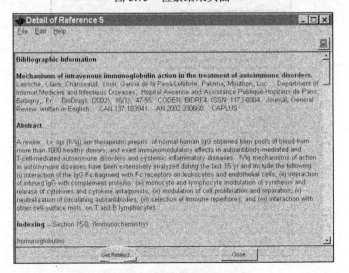

图 5.76 结果详细信息页面

注意：Get Related 功能中多了 eScience：可以将您的检索扩展到整个网络；如图 5.77 所示。

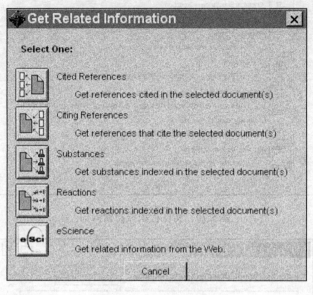

图 5.77　相关信息页面

（3）**Explore by Author Name**　按照图 5.78 所示，输入作者的姓名（英文，或拼音），点"OK"键查询。注意：必须填入 Last name（姓），如果不能确认，则可选择下面的选项（alternative spelling）；不区分大小写；对于复姓，如 O'Sullivan, Chace-Scott, Johnson Taylor 可直接输入；如果带有元音变音的，输入字母即可，或在后面接一个 e，会同时搜索名、姓以及姓、名；对于不确认的名，可以输入首字母。

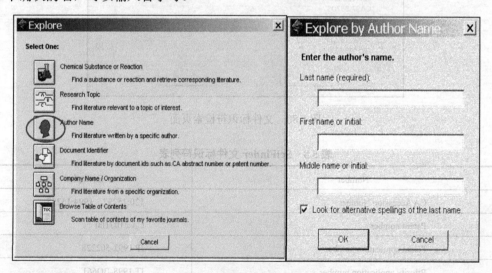

图 5.78　作者检索页面

（4）**Explore by Document Identifier**　如图 5.79、图 5.80 所示。
Document Identifier（文件标识），见表 5.8。

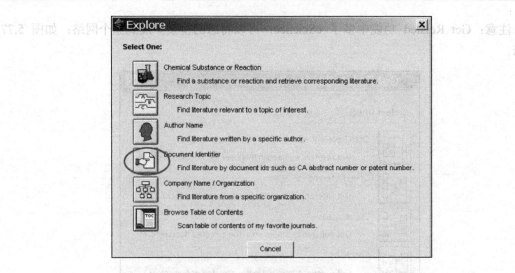

图 5.79 文件标识符检索入口

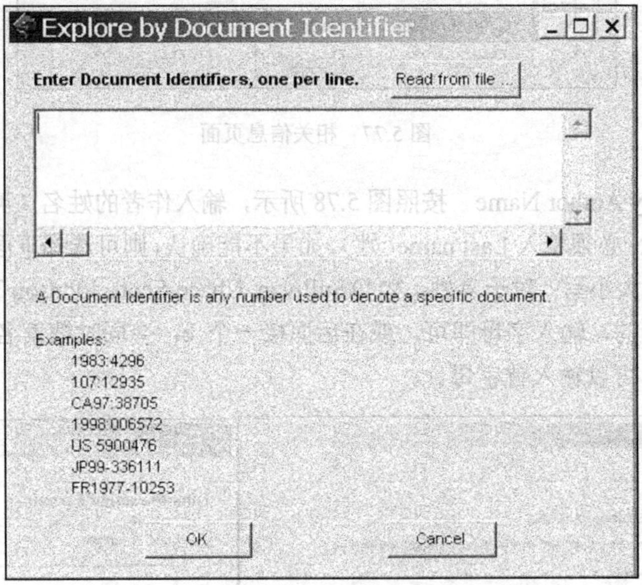

图 5.80 文件标识符检索页面

表 5.8 SciFinder 文件标识符列表

Number	Examples
CA Accession Number	120:15297 1994:15297
Patent number	CA 2107100
Patent application number	JP 1992-502228
Priority application number	IT 1998-BO661
PubMed ID(National Library of Medicine)	2004123

（5）Explore by Company Name / Organization 假定您现在正在制造一种纤维能够比拟蜘

蛛网生物聚合物的天然特性；并且您已获悉 Wyoming 大学的科学家已经研究合成蛛丝很多年；点击"Company Name/Organization"，如图 5.81 所示。

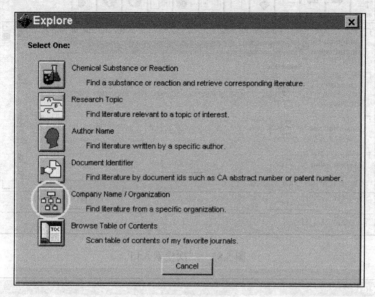

图 5.81　机构检索入口

Type University of Wyoming and click OK，如图 5.82 所示。

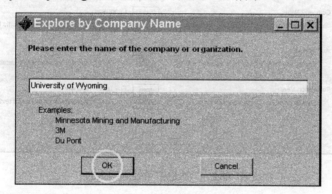

图 5.82　机构检索页面

SciFinder Scholar 检索到 2382 篇相关文献，可以进行二次检索或分析（Analyze/Refine），点击"Refine"，进行二次检索，具体步骤见图 5.83、图 5.84。

Type spider silk.点击"OK"，如图 5.85 所示。

文献数降至 28，可以进行查阅，如图 5.86 所示。

往下拖动，可以看到 CAS Registry Numbers®，Click a hyperlinked CAS Registry Number，如图 5.87 所示。

The detail for this Registry Number is displayed，如图 5.88 所示。

这里只是对 SciFinder Scholar 的使用作一个简单介绍，更多的内容可以参见 SciFinder Scholar 的帮助文件，菜单中的 Help 或 F1。

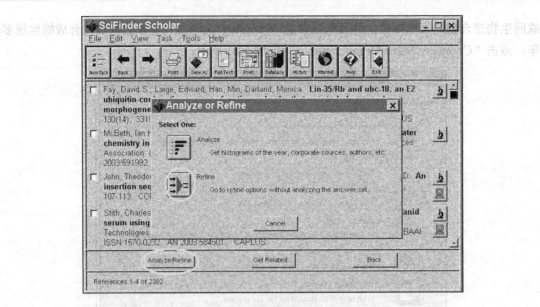

图 5.83 二次检索入口

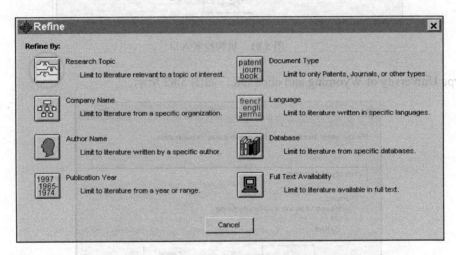

图 5.84 二次检索条件限制页面

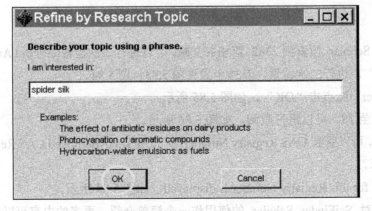

图 5.85 二次检索页面

第 5 章 数据库电子文献检索

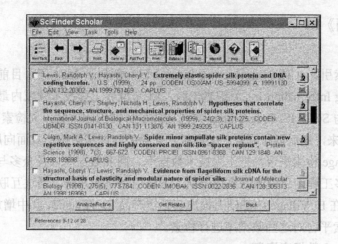

图 5.86 检索结果页面

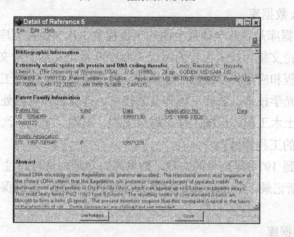

图 5.87 详细信息页面

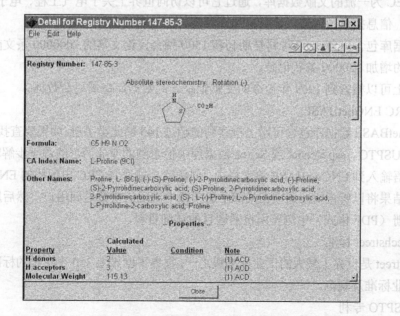

图 5.88 物质登记号详细信息页面

5.2.2 《工程索引》EI

5.2.2.1 EI 概述

美国《工程索引》(The Engineering Index，EI) 创刊于 1884 年，目前由美国工程信息公司 (Engineering Information Inc.) 编辑出版。EI 是世界工程技术领域内最全面、最权威的检索工具之一，与 SCI，ISI Proceedings 共同构成了目前国际著名三大检索工具。

EI 自创办以来，先后以印刷版、缩微版、光盘版、网络版等形式面向用户。1995 年，EI 推出了 EI Village 检索平台，把工程技术数据库、商业数据库以及众多与工程有关的 web 站点以及其他许多工程信息资源联系在一次，形成信息集成系统，通过互联网向用户提供服务。2000 年，EI 在 EI Village 的基础上推出其升级产品 EI Village2，其中增加了多个数据库，并可在同一个检索平台对这些数据库进行检索。

5.2.2.2 EI Village 2 数据库资源

1. Compendex 数据库

Compendex 数据库是目前全球最全面的工程检索二次文献数据库，包含选自 5000 多种工程类期刊、会议论文集和技术报告的超过 7000000 篇论文的参考文献和摘要。

数据库涵盖工程和应用科学领域的各学科，涉及核技术、生物工程、交通运输、化学和工艺工程、照明和光学技术、农业工程和食品技术、计算机和数据处理、应用物理、电子和通信、控制工程、土木工程、机械工程、材料工程、石油、宇航、汽车工程以及这些领域的子学科与其他主要的工程领域。

网上可以检索到 1970 年至今的文献，数据库每年增加选自超过 175 个学科和工程专业的大约 250000 条新记录。Compendex 数据库每周更新数据，以确保用户可以跟踪其所在领域的最新进展。

2. INSPEC 数据库

INSPEC 为一流的文献数据库，通过它可以访问世界上关于电气工程、电子工程、物理、控制工程、信息技术、通信、计算机和计算等方面的科技文献。

此数据库包含出自 3500 种科技期刊和 1500 种会议论文集的 7000000 条文献记录。数据库每年大约增加 330000 条新记录。

在网上可以检索到 1969 年至今的文献记录。此数据库每周更新数据。

3. CRC ENGnetBASE

ENGnetBASE 数据库包含可网上检索到的超过 145 部此类手册。如果要查找 Compendex、INSPEC、USPTO、esp@cenet 或 Scirus 数据库中检索到的专业词汇的进一步解释，只需把要查找的词语输入到 ENGnetBASE 检索栏中，问题就会被送到 CRC 出版社的 ENGnetBASE 站点，检索结果将以所查找的词语在某部手册某章中出现的次数送回用户，然后用户就可以在相应的手册（PDF 格式）中浏览所检索题目的详细资料。

4. Techstreet 标准

Techstreet 是世界上最大的工业标准集之一，收集了世界上 350 个主要的标准制定机构所制定的工业标准及规范。

5. USPTO 专利

USPTO Patents 可以访问美国专利和商标局（The United States Patent and Trademark Office (USPTO)的全文专利数据库。在此可以查找到 1790 年以来的专利全文，此数据库的内容也是每周更新一次。

6. esp@cenet

通过 esp@cenet 可以查找在欧洲各国家专利局及欧洲专利局(EPO)、世界知识产权组织（WIPO）和日本所登记的专利。

7. Scirus

Scirus 是迄今为止在因特网上最全面的科技专用搜索引擎。Scirus 可以从因特网上所有科学的及与科学有关的站点上检索，包括接入受控站点。Scirus 覆盖超过 1.05 亿个科技相关的网页，包括 9000 万个网页，以及 1700 万个来自其他信息源的记录。

5.2.2.3 EI village2 检索规则

1. 逻辑算符

系统支持布尔逻辑运算符 and、 or、 not。

2. 自动取词根（Autostemming）

此功能将检索以所输入词的词根为基础的所有派生词。

快速检索界面将自动取所输入词的词根，在作者栏的检索词除外。例如：输入 management，结果为 managing, managed, manager, manage, managers 等。

点击关闭自动取词根（Autostemming off）可禁用此功能。

3. 截词（Truncation）

星号(*)为右截词符。截词命令检索到以截词符为止的前几个字母相同的所有词。例如：输入 comput*，得到 computer, computerized, computation, computational, computability 等。

4. 精确短语检索（Exact Phrase Searching）

如果需要做短语的精确匹配检索，则输入短语应使用括号或引号。例如："International Space Station"，{solar energy}。

5. 连接词（Stop Words）

如果检索的短语中包含连接词 (and, or, not, near)，则需将此短语放入括号或引号中。例如：{block and tackle}，"water craft parts and equipment"，{near earth objects}。

6. 特殊字符（Special Characters）

特殊字符是除 a-z, A-Z, 0-9, ?, *, #, ( )或{ }之外的所有字符。

检索时系统将忽略特殊字符。如果检索的短语中含有特殊字符，则需将此短语放入括号或引号中，此时特殊字符将被一个空格所代替。例如：{n<5}。

7. 大小写（Case Sensitivity）

系统不区分大小写，检索词书写大、小写均可。

5.2.2.4 EI village2 检索方法

EI Village2 提供了快速检索（Quick Search）、专业检索（Expert Search）和叙词检索（Thesaurus Search）3 种检索方式。

1. 快速检索

快速检索是 EI village2 的默认检索方式，能够进行直接快速的检索，检索界面如图 5.89

所示。快速检索的具体步骤如下。

（1）选择数据库　检索时首先在 Select Database 中选择检索的数据库，选中数据库名称前的复选框即可。

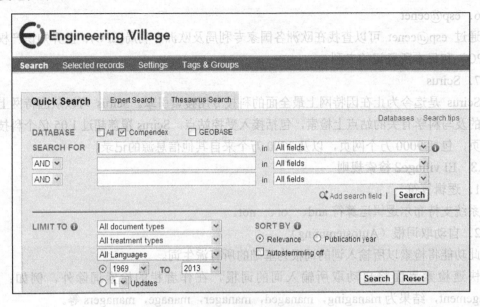

图 5.89　EI village 2 快速检索界面

（2）输入检索词　在 Search For 文本框中输入检索词，快速检索界面上提供三个文本检索输入框，检索框之间设有逻辑运算符下拉菜单，以确定输入框内的检索词之间的逻辑关系。也允许用户在同一输入框中将多个检索词用布尔逻辑运算符 and、or、not 连接起来进行组合检索。

（3）选择检索字段　在 Search In 字段选择列表中选择检索字段，供选择的字段包括所有字段(All Fields)、主题／标题／文摘(Subject / Title / Abstract)、摘要（Abstract）、作者／(Author)、作者单位(Author Affiliation)、出版物名称(Serial Title)、标题(Title)、EI classification Code（EI 分类号）、CODEN（图书馆所藏文献和书刊的分类编号）、Conference Information（会议信息）、Conference Code（会议代码）、ISSN（国际期刊号）、EI Main Heading（EI 主标题词）、Publisher（出版商）、Ei 受控词(Ei Controlled Term)、Country Of Origin（出版物来源国家）。

（4）检索限定　快速检索方式提供文献类型、处理类型、语言、年代、更新时间等选项，对检索结果加以限制。

2．专业检索

与快速检索相比，专业检索提供更强大而灵活的检索功能，检索界面如图 5.90 所示。专业检索方式中只有一个独立的检索输入框，用户可以综合使用布尔逻辑算符、字段限定、截词等技术构建一个较复杂的检索表达式。

用户可以在检索框中直接对文件类型、处理类型、语种进行限定来限制检索结果。还可以通过年代、更新时间对检索结果加以限制。

在专业检索方式下，系统不自动进行词根运算，检索出的文献将严格与输入的检索词匹配。

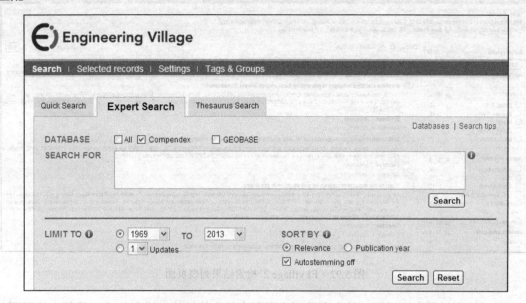

图 5.90　EI village 2　专业检索界面

3．序词检索（图 5.91）

叙词检索仅提供一个检索词输入框，检索词之间可以进行逻辑组配。

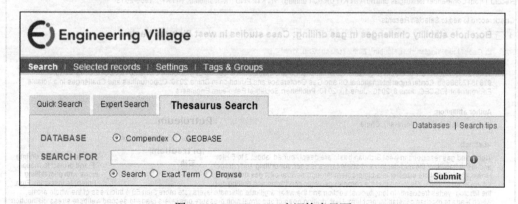

图 5.91　EI village 2　序词检索界面

5.2.2.5　检索结果

1．显示结果

EI Village2 的检索结果分题录列表、文摘、详细记录 3 种页面显示方式。

（1）题录列表页面　检索结果首先以题录列表的格式显示出来，如图 5.92 所示。每条检索结果记录包括题名、作者、作者单位、来源出版物（Source）、出版年、卷、期、页码、数据库名称（Database）、文摘（Abstract）链接、详细记录（Detaied Record）链接等。检索结果数量大的时候，需要对检索结果进行精简。可以通过在检索结果页面左上方的检索框中直接输入检索词进行二次检索，或者通过学科、文献类型、作者、来源出版物、出版年代、会议标题、机构、基金资助机构、语种、国家及地区等选项对检索结果进行限定。

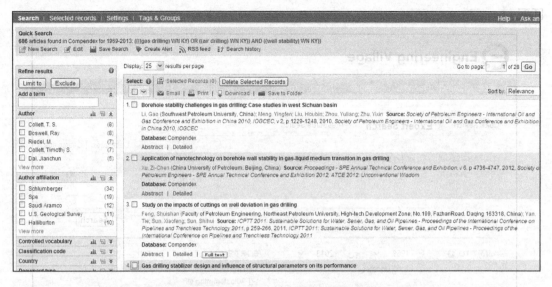

图 5.92　EI village 2 检索结果列表页面

（2）检索结果文摘页面　单击题录列表页面中的文摘链接，进入相应记录的文摘页面，显示检索结果。记录了详细著录信息和文摘，如图 5.93 所示。

图 5.93　EI village 2 检索结果文摘页面

（3）检索结果详细记录页面　单击题录列表页面或文摘页面中的详细记录链接，进入相应记录的详细记录页面，页面中显示检索结果记录的全部著录信息。

2. 标记记录

① 在题录结果显示页面，选中每条记录前的复选框，可对该条记录进行标记。

② 点击选中整页（select all on page），对一页中的 25 条记录进行标记。

③ 输入要标记记录段的第一条记录和最后一条记录的序号，然后单击"go"按钮，可标记这两条记录之间的所有记录。

④ 对标记过的记录可以整页清除(clear all on page)或全部清除(clear all selections)。

3. 输出检索结果

对所需要的记录进行标记后，用户可选择电子邮件（E-mail）、打印（print）、下载（download）、保存(save to folder）等方式输出记录。

（1）电子邮件　点击电子邮件输出"E-mail"，用此时将弹出一个电子邮件编辑框，用户可以输入电子邮件接收者的 E-mail 地址发送选中记录信息。

（2）打印　点击"print"打印按钮将对标记的记录页面重新排版，使其变为适合打印的格式。点击新窗口中的打印图标，开始打印。

（3）下载　点击"download"下载按钮后，将弹出一对话框，让用户选择所希望的下载格式。选中下载格式后，开始下载。

（4）保存　已经注册了个人账户的用户，用个人账户登录，点击"save to folder"保存到文件夹按钮，就可将其检索结果保存到建立的文件夹中，用户最多可创建三个文件夹，每个文件夹可容纳 50 条记录。

5.2.3 《科学引文索引》SCI

5.2.3.1　SCI 概述

SCI 是美国《科学引文索引》（Science Citation Index）的简称。它由美国科学信息研究所(ISI)于 1963 年创办出版，是著名的国际三大检索系统之一。SCI 创建了一种不同于传统的分类法和主题词法的文献检索方法——引文索引法。

引文索引就是利用文献引证关系检索相关文献的索引。通过引文索引，可以揭示文献之间的内在联系，找到一系列内容相关的文献以及某一研究领域、某一学术观点的发展脉络、研究动向，分析出学科走向或某领域研究发展趋势。引文索引为人们提供了一种全新的文献分析和检索途径。

1997 年，ISI 推出了其最新的数据库产品——Web of Science，为研究人员提供基于互联网检索的 SCI、《社会科学引文索引》SSCI、《人文艺术引文索引》A&HCI 三大引文检索平台。

2001 年，ISI 推出了新一代学术信息资源整合体系 ISI Web of Knowledge。它是一个采用"一站式"信息服务的设计思路构建而成的数字化研究平台，该平台以三大引文索引数据库 Web of Science 作为其核心，并整合了多个数据库产品。该平台兼具知识的检索、提取、管理、分析与评价等多项功能。

2008 年 10 月，ISI Web of Knowledge 检索平台进行了升级，提供全新的中文检索界面（也可在页面的左下方选择 English 界面）；并将 ISI Proceedings（科技会议录索引，ISTP）数据库并入 Web of Science，成为其中的子库，更名为 CPCI-S(Conference Proceedings Citation Index - Science）。

5.2.3.2　ISI Web of Knowledge 资源

1. Web of Science 数据库资源

Web of Science 是 ISI Web of Knowledge 平台的核心数据库，包含七个子库，内容包含来自数以千计的学术期刊、书籍、丛书、报告及其他出版物的信息。

(1) Science Citation Index Expanded (SCI-Expanded) Science Citation Index Expanded 是针对科学期刊文献的多学科索引。它为跨 150 个自然科学学科的 6650 多种主要期刊编制了全面索引，并包括从索引文章中收录的所有引用的参考文献。

所涵盖的学科包括但不限于：农业、天文学、生物化学、生物学、生物工艺学、化学、计算机科学、材料科学、数学、内科学、神经系统科学、肿瘤学、小儿科、药理学、物理、植物学、精神病学、外科学、兽医学、动物学。

(2) Social Sciences Citation Index (SSCI) Social Sciences Citation Index 是针对社会科学期刊文献的多学科索引。它为跨 50 个社会科学学科的 1950 多种期刊编制了全面索引。同时还为从 3300 多种世界一流科技期刊中单独挑选的相关项目编制了索引。

所涵盖的学科包括但不限于：人类学、历史、行业关系、信息科学和图书馆科学、法律、语言学、哲学、心理学、精神病学、治学、公共卫生学、社会问题、社会工作、社会学、药物滥用、城市研究、女性研究。

(3) Arts & Humanities Citation Index (A&HCI) Arts & Humanities Citation Index 是针对艺术和人文科学期刊文献的多学科索引。它完整收录了 1160 种世界一流的艺术和人文期刊。同时还为从 6800 多种主要自然科学和社会科学期刊中单独挑选的相关项目编制了索引。

(4) Conference Proceedings Citation Index - Science (CPCI-S) Conference Proceedings Citation Index - Science，CPCI-S，前身是 Index to Scientific & Technical Proceedings（科学技术会议录索引，简称 ISTP），它的 Web 版 Web of Science Proceedings（简称 WOSP），此引文索引涵盖了所有科技领域的会议录文献，其中包括：农业、生物化学、生物学、生物工艺学、化学、算机科学、工程、环境科学、内科学、物理。

(5) Conference Proceedings Citation Index - Social Sciences & Humanities (CPCI-SSH) 此引文索引涵盖了社会科学、艺术及人文科学的所有领域的会议录文献，其中包括：艺术、经济学、历史、文学、管理学、哲学、心理学、公共卫生学、社会学。

(6) Index Chemicus (IC) Index Chemicus 包含国际一流期刊所报告的最新有机化合物的结构和关键支持数据。许多记录显示了从原始材料到最终产物的反应流程。Index Chemicus 是有关生物活性化合物和天然产物最新信息的重要来源。

(7) Current Chemical Reactions (CCR-Expanded) Current Chemical Reactions 包含从 39 个发行机构的一流期刊和专利摘录的全新单步和多步合成方法。每种方法都提供总体反应流程，以及每个反应步骤详细、准确的示意图。

Current Chemical Reactions 数据库包含来自著名的 Institut National de la Propriété Industrielle (INPI) 的另外 140000 个化学反应，日期可回溯至 19 世纪初。

2. ISI Web of Knowledge 的其他数据库资源

除 Web of Science 以外，还包括 Current Contents Connect、Derwent Innovations Index、BIOSIS Previews Inspec、MEDLINE、Zoological Record 等数据库。

5.2.3.3 Web of Science 检索规则

1. 大小写区分

不区分大小写：可以使用大写、小写或混合大小写。例如：AIDS、Aids 和 aids。

2. 布尔逻辑运算符

系统支持布尔运算符 AND、OR、NOT 和 SAME。其中，SAME 表示它所连接的检索词出现在同一个句子中或者同一字段里。

3. 通配符

可以使用通配符星号 (*)、问号 (?)、美元符号 ($)。星号 (*)表示任何字符组，包括空字符；问号 (?)表示任意一个字符；美元符号 ($)表示零或一个字符。

通配符可位于检索词的中间或结尾，但不能位于开头。例如，允许使用 sul*ur，但不允许使用*ploid。

进行"主题"或"标题"检索时，星号、问号或美元符号之前必须至少有三个字符。

其他字段（"主题"和"标题"字段除外）检索时，星号、问号或美元符号之前必须至少有一个字符。

不能在出版年检索中使用通配符。例如，可以使用 2007，但不能使用 200*。

4. 短语检索

若要精确查找短语，需用引号括住短语。例如，检索式 "energy conservation" 将检索包含精确短语 energy conservation 的记录。

如果输入以连字号、句号或逗号分隔的两个单词，则词语将视为精确短语。例如，检索词 waste-water 将查找包含精确短语 waste-water 或短语 waste water 的记录，而不会查找包含 water waste、waste in drinking water 或 water extracted from waste 的记录。

5. 括号

如果在检索式中使用不同的运算符，则会根据下面的优先顺序处理检索式：SAME＞NOT＞AND＞OR，使用括号可以改写布尔逻辑运算符优先级。括号内的表达式优先执行。

5.2.3.4 Web of Science 检索方法

Web of Science 即使以"简体中文"作为界面语言，所有的检索也都必须采用"英文"。Web of Science 提供简单检索(Search)、被引参考文献检索(Cited Reference Search)、化学结构检索(Structure Search)、高级检索(Advanced Search)四种检索方式。

1. 简单检索

如图 5.94 所示，Web of Science 的简单检索界面是一个检索对话框。检索框右边下拉菜单提供可选择字段，包括主题、标题、作者、团体作者、编者、出版物名称、出版年、地址、会议、语种、文献类型、资金资助机构、授权号等检索字段。系统默认是 3 个检索框，可以点击"添加另一字段"添加检索框。检索框之间设有逻辑运算符下拉菜单，以确定输入框内的检索词之间的逻辑关系。也允许用户在同一输入框中将多个检索词用布尔逻辑运算符进行组合检索或截词检索。

在检索途径中，当选择作者、团体作者、出版物名称时，检索框右边会出现一个搜索图标，用于查看相应的索引，并可将浏览到的检索词添加至检索式中。

2. 被引参考文献检索(Cited Reference Search)

被引参考文献检索是 ISI Web of Science 的特色检索方式，它是检索引用了过去发表的著作的文章。通过被引参考文献检索，可以了解某个已知理念或创新已获得确认、应用、改进、扩展或纠正的过程。

被引参考文献检索提供被引作者、被引著作、被引年份 3 个检索字段，如图 5.95 所示。

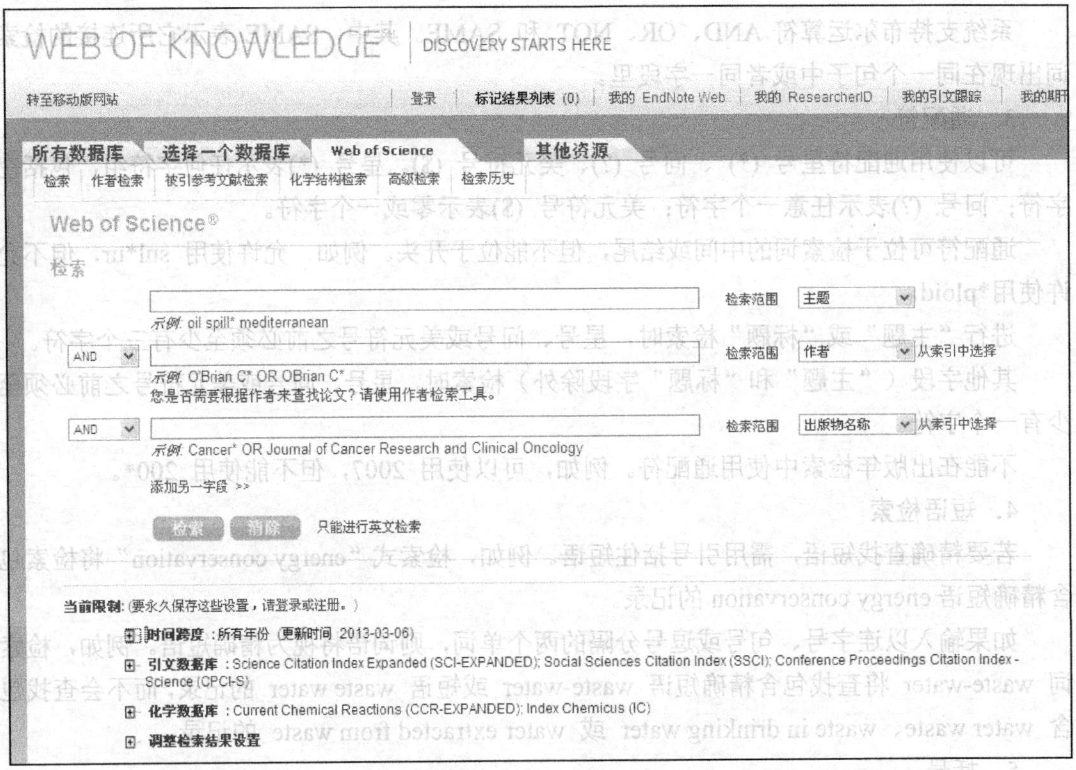

图 5.94 web of science 的 Search 界面

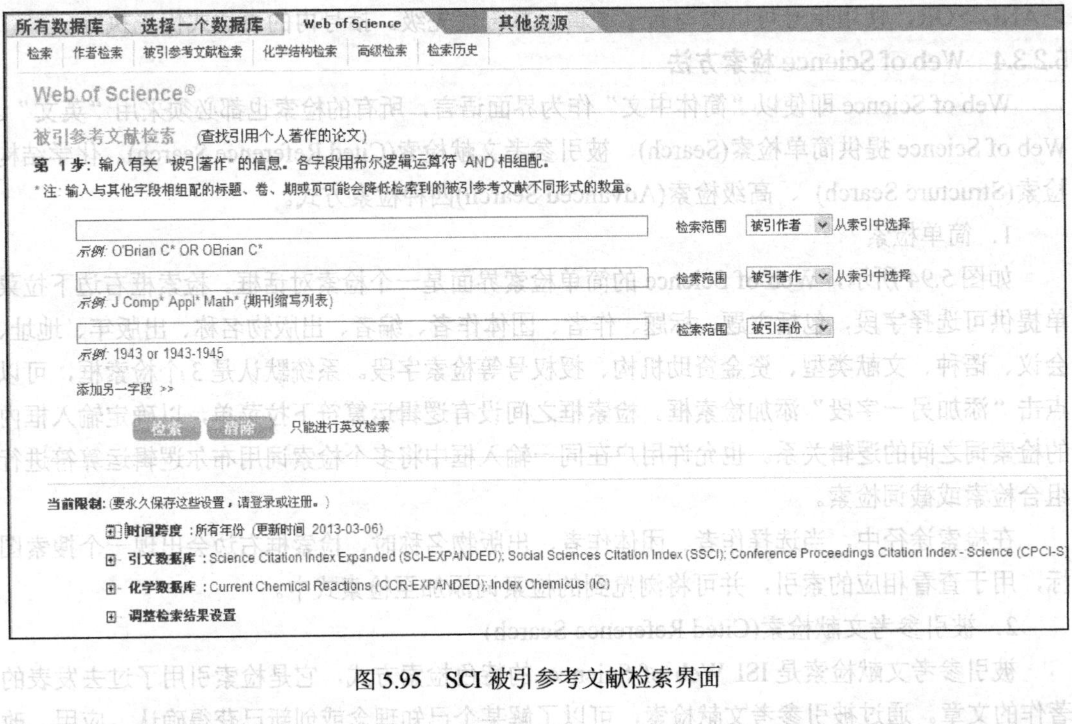

图 5.95 SCI 被引参考文献检索界面

（1）被引作者 (Cited Author)　该字段按被引文献的第一作者进行检索。如果该论文已被 Web of Science 数据库收录为来源文献，则可以输入该论文中的任何一位作者姓名。

(2) 被引著作 (Cited Work) 该字段中使用的检索词是刊登被引文献的出版物名称，如期刊名称缩写形式、书名或专利号。

(3) 被引年份 (Cited Year) 该字段检索某人在某个特定年份发表论文的被引情况。可以输入文献发表的年份(4 位数字表示)，要检索几年，用"OR"组配，或输入时间段。例如 2000 OR 2001 OR 2002，2000-2002。

上面 3 个检索字段可以单独使用，也可同时使用，系统默认多个检索途径之间为逻辑"与"的关系。

3．化学结构检索(Structure Search)

该检索方式提供用化学结构式对化学反应和化合物进行检索。检索界面如图 5.96 所示。该检索方式提供化学结构绘图、化合物数据、化学反应数据三种检索入口。

图 5.96　SCI 化学结构检索界面

4．高级检索(Advanced Search)

高级检索界面提供一个命令输入框和检索历史列表。用户使用字段标识、检索式组配或二者的组配来检索记录。"高级检索"检索式由一个或多个字段标识以及检索词组成，允许使用布尔逻辑运算符和通配符。页面底部的检索历史列表显示您在当前会话期间所有成功运行的检索。检索式按时间顺序倒序显示，即最近的检索式显示在表格顶部。可对检索历史列表中的检索式进行逻辑组配检索，如图 5.97 所示。

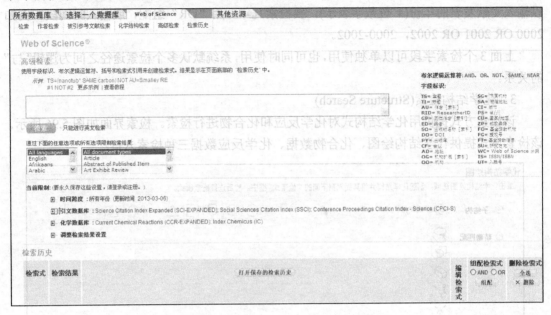

图 5.97　Web of Science 高级检索界面

5.2.3.5　Web of Science 检索结果

Web of Science 检索结果页面如图 5.98 所示。该页面显示该次检索所用检索式、检索结果数目、每条记录的概要信息（标题、作者、来源文献出版物、年、卷、期、页码、被引频次）、全文链接、精炼检索结果选项、检索结果分析链接、排序方式以及检索结果输出选项。

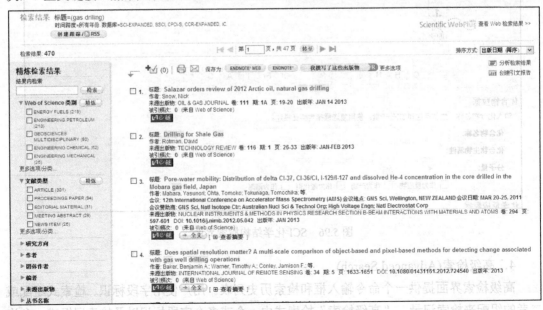

图 5.98　Web of Science 检索结果页面

1. 精炼检索结果

检索结果数量大的时候，需要对检索结果进行精简。可以通过在检索结果页面左上方的检索框中直接输入检索词进行二次检索，或者通过学科、文献类型、作者、来源出版物、出版年代、会议标题、机构、基金资助机构、语种、国家及地区等选项对检索结果进行限定。

2. 全记录显示

在检索结果显示页面，点击每条记录的标题，将进入该条记录的全记录页面。如图 5.99 所示。该页面显示题录、摘要、关键词、语种、出版商等详细信息，系统还提供作者、参考文献、被引次数、相关记录、全文、创建引文跟踪等超链接。

Implementation of underground longhole directional drilling technology for greenhouse gas mitigation in Chinese coal mines

作者: Wang, FT (Wang, Fangtian)[1,2,3]; Ren, T (Ren, Ting)[3]; Tu, SH (Tu, Shihao)[1,2]; Hungerford, F (Hungerford, Frank)[3]; Aziz, N (Aziz, Naj)[3]

来源出版物: INTERNATIONAL JOURNAL OF GREENHOUSE GAS CONTROL **卷**: 11 **页**: 290-303 **DOI**: 10.1016/j.ijggc.2012.09.006 **出版年**: NOV 2012

被引频次: 0 (来自 Web of Science)

引用的参考文献: 59 [查看 Related Records] 引证关系图

摘要: Many Chinese coal mines are highly gassy with abundant coal mine methane occurring in complex geological conditions and emitted as a greenhouse gas into the atmosphere during mining operations. Major accidents due to coal and gas outbursts and gas explosions also frequently occur leading to fatalities and financial losses. Conventional technologies using specialized roadways and extensive short drilling holes are unable to meet the demand of today's high production mines with strict safety requirements and environmental regulations such as high carbon emissions. Longhole directional drilling technology has been widely employed in gassy mines due to its obvious advantages such as the high proportion of in-seam boreholes, high efficiency of gas drainage for gas mitigation and reduced cost associated with production down time. The effects were analysed and evaluated based on the application of introduced directional drilling equipment and techniques in Chinese coal mines. These results indicate that the complicated conditions involving soft broken coal, high in situ stress and the presence of faults and folds, present ongoing difficulties and challenges. Longhole directional drilling technology has been successfully applied in some Chinese coal mines for gas exploitation and coal mine gas emission mitigation. Daning Coal Mine (located in the southern Qinshui coalfields) and Baijigou Coal Mine are respectively extracting a thick coal seam. Both coal mines have deployed underground longhole in-seam directional drilling technology for seam gas extraction prior to mining operations. This technology has successfully achieved a high rate of gas recovery therefore reducing mine exhaust ventilation air methane (VAM). However there are still several limitations with the application of longholedirectional drilling technology. These include drilling difficulties in complex conditions, insufficient drill rod strength, poor gas drainage efficiency in low permeability coal seams and the inconsistency of the local Chinese-made equipment. Further studies include systematic evaluation of the drilling applicability within different geological conditions, improving equipment reliability, enhancing the permeability through protective seam mining, hydraulic fracturing and longhole pre-splitting blasting. Applications of directional drilling technology in Chinese gassy mines will make a significant contribution to the overall reduction of greenhouse gas emissions from the coal mining industry. (c) 2012 Elsevier Ltd. All rights reserved.

入藏号: WOS:000313479200028

文献类型: Article

语种: English

作者关键词: Longhole directional drilling; Gassy coal mine; Gas drainage; Gas outburst; Low permeability

KeyWords Plus: METHANE EMISSIONS; PERMEABILITY; BOREHOLES

图 5.99 Web of Science 检索结果全记录页面

① 作者链接可检索到数据库中收录的该作者发表的所有论文。

② 参考文献链接显示当前记录所引用的参考文献列表，通过参考文献的追溯，可以了解某一研究课题的发展历史。

③ 被引次数链接显示引用当前记录的所有文献列表。通过查看这些文献，可以了解某一研究课题的发展方向。

④ 相关记录链接可以查看与当前记录共同引用一篇或几篇参考文献的一组论文，即相关记录，并按相关度排序。和当前记录引用的相同文献越多，该文献在列表中的位置就越排在前面。通过这些文献，可以揭示出各研究课题之间的相关性。

⑤ 全文链接可以直接看到当前记录的一次文献，不过前提是所在的图书馆订购了该论文所在的电子版期刊。

⑥ 创建引文跟踪链接，创建引文跟踪服务，跟踪当前记录未来的被引用情况。

3. 分析检索结果

点击检索结果分析，进入分析页面，选择一种分析途径（系统提供作者、会议标题、国家或地区、文献类型、机构名称、基金资助机构、授权号、语言、出版年份、来源出版物、学科类别途径），同时选取一种分析结果的显示方式，然后单击分析就得到分析结果页面，如图 5.100 所示。

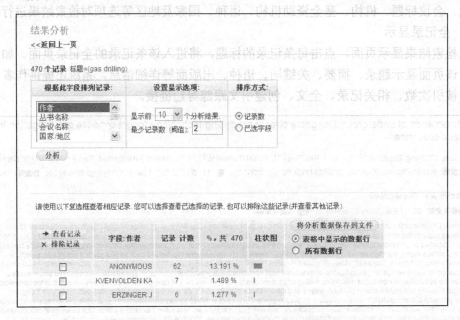

图 5.100 Web of Science 检索结果分析页面

4．检索结果排序

Web of Science 检索结果可采用更新日期、会议标题、被引次数、相关性、第一作者、来源出版物、出版年等方式进行排序。

5．检索结果输出

浏览了检索结果的简要题录信息或摘要之后，可以对所需记录进行标记。记录标记后，对该记录输出字段进行选择，再点击相应的输出方式图标（打印、存盘、输出或发电子邮件），进行输出操作。

5.2.4 Elsevier

5.2.4.1 Elsevier 概述

荷兰 Elsevier 公司是全球最大的科学文献出版发行商。其出版的期刊大部分被 SCI、SSCI、EI 收录，是世界公认的高品质学术期刊出版机构。1997 年，Elsevier 推出了 Science Direct 电子期刊全文数据库，该数据库收录了 2500 余种电子期刊，11000 余本电子书，内容涉及农业、生物学、化学和化工、工程技术与能源、环境科学、计算机科学、生命科学、材料科学、临床医学、数学、物理、商业及经济管理、社会科学等学科。

5.2.4.2 Elsevier 检索规则

① 布尔逻辑算符。系统支持使用布尔逻辑算符 AND、OR、NOT，算符必须用大写字母表示。系统默认的各检索词之间的逻辑算符是 AND。可用括号对检索词进行逻辑分组来改变逻辑运算顺序。

② 位置算符。W/n 表示前后两个检索词之间可间隔 n 个词，但不限定两个词出现的次序。PRE/n 同样用于限定两个词之间可间隔 n 个词，但前后两个词出现的次序要与输入时的次序一致。

③ 截词检索。可以进行截词检索，截词符"*"代替多个字符，"?"代替一个字符。

④ 用""标注词组，可以对词组进行精确匹配检索。

5.2.4.3 Elsevier 检索方法

1．浏览(Browse)检索。

系统提供了按名称字母顺序和按主题两种浏览期刊的途径，如图 5.101 所示。

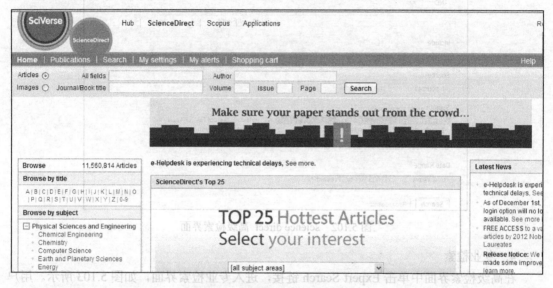

图 5.101 science direct 数据库首页

（1）按字母顺序浏览 将所有期刊按字母顺序排列起来，用户可以按刊名直接逐卷、逐期地浏览期刊论文。

（2）按主题分类浏览 在主题分类浏览页面中期刊被划分为物理科学与工程(Physical Sciences and Engineering)、生命科学（life Sciences)、健康科学(Health Sciences)、社会科学与人类学（Social Sciences and Humanities） 4 大分类，逐层单击各大类名，进入该类所有期刊的列表页面，从中选择期刊并单击刊名链接，进入该刊所有卷期的列表页面，从中选择进而逐期浏览。

2．快速检索

在数据库首页上提供了快速检索(Quick Search)入口，如图 5.101 所示。用户选择检索字段并在检索框中输入检索词，单击"Go"按钮，开始进行检索并直接进入结果显示页面。快速检索可以使用逻辑组配符和截词符。

3．高级检索

单击主页面的"Search"按钮，进入高级检索界面，如图 5.102 所示。

高级检索界面有两个检索输入框，检索时，首先在输入框中输入相应的检索词，并在对应输入框的右侧打开字段下拉菜单选择检索字段。字段列表中可供选择的字段包括所有字段(All Field)、题名(Title)、文摘(Abstract)、关键词(Keywords)、来源题名(Source Title)、作者

(Author)、参考文献(References)、国际标准刊号(ISSN)、国际标准书号(ISBN)、机构(Affiliation)、全文（Full Text）等。上、下两个检索框之间可以选择逻辑算符进行链接。设置检索范围(Include)、来源 (Source)、主题(Subject)、日期(Dates)等选项对检索结果进行限定，设置检索结果限定，然后点击"search"开始实施检索。

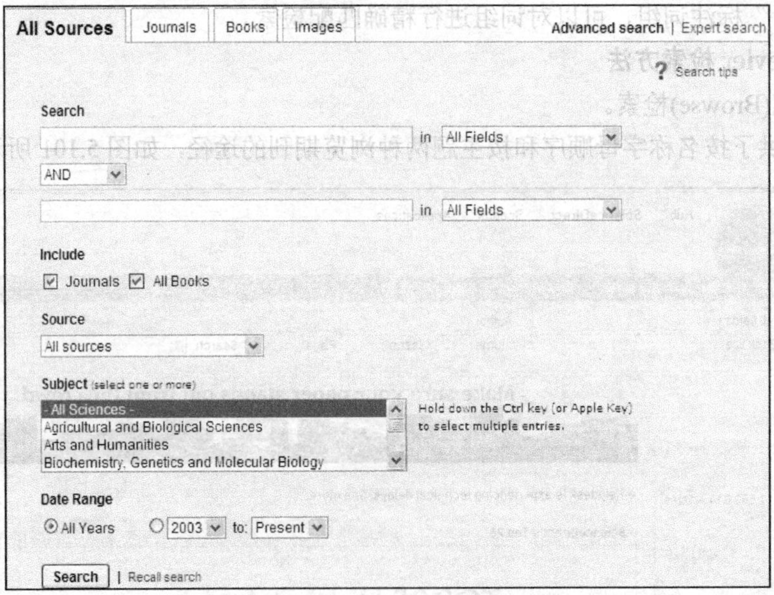

图 5.102 science direct 高级检索界面

4. 专业检索

在高级检索界面中单击 Expert Search 链接，进入专业检索界面，如图 5.103 所示。用户根据检索需求在检索框中输入检索表达式，设置检索结果限定（与高级检索相同），然后点击"search"开始实施检索。

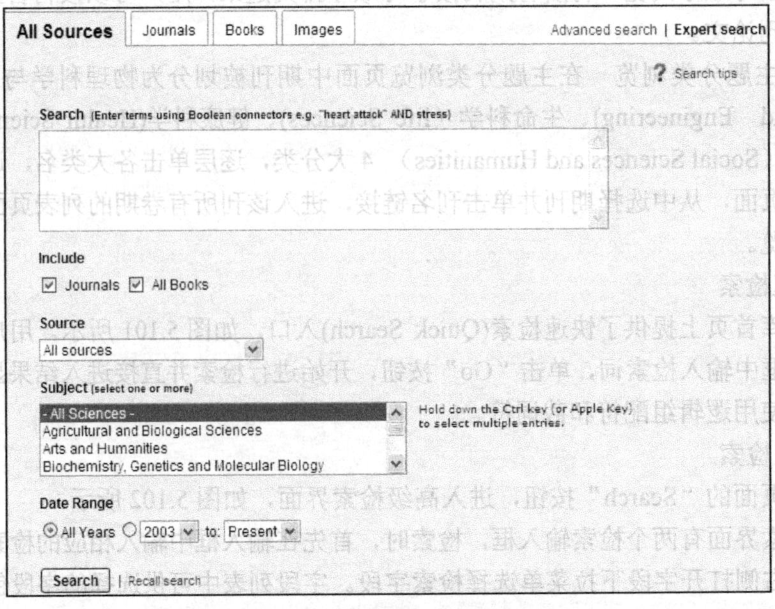

图 5.103 science direct 专业检索界面

5.2.4.4 检索结果

执行检索后,默认检索结果界面如图 5.104 所示。

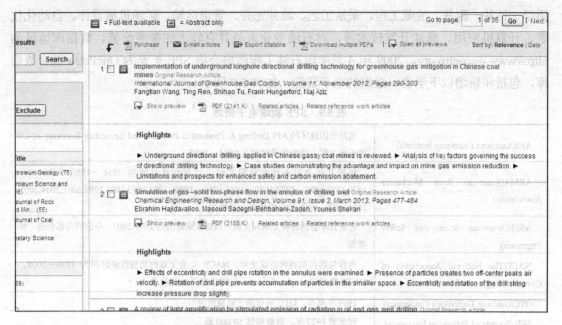

图 5.104 science direct 检索结果显示界面

1. 检索结果的显示

检索结果首先显示的是题录列表,包括篇名、刊名、年、卷、期、页码、作者以及文摘、PDF 格式全文、相关文献链接点。

在检索结果页面的右栏"Refine Results",系统把检索结果按字段进行了分析统计,并显示统计结果最多的前 5 项。提供分析统计的字段有文献类型(Content Type)、刊名(Journal/Book Title)、出版年份(Year)。通过该功能,用户可以进一步精炼检索结果,选择限定范围之内,点击上方的"Limit to"按钮,剔除在限定范围之外,点击"Exclude"按钮。

界面上部还有一些功能链接和入口,如 Search Within Results 输入框,供用户输入检索词或检索式,在目前的检索结果中进行二次检索;Edit Search 链接供用户修改检索要求,重新进行检索;Save Seach 链接供用户将本次检索要求进行保存以备再次检索使用;Save as Search Alert 供用户设置检索提示,定期通过 E-mail 向用户反馈最新检索结果;RSS Feed 给用户提供与检索相关的最新的出版物情况。

2. 检索结果的输出

在检索结果显示页面,点击"Preview"可预览感兴趣的记录的文摘。点击 PDF 链接,可以直接阅读该文献全文,进行保存或打印。用户可以勾选记录 Email 到用户指定邮箱(Email Articles),也可以保存到用户计算机上或下载到文献管理软件中(Export Citations)。

5.2.5 美国石油工程师协会数据库(Onepetro)

5.2.5.1 Onepetro 概述

美国石油工程师协会(Society of Petroleum Engineers,SPE)是一个拥有 79 000 个在世界各

地进行油藏开发与生产会员的专业协会，每年举办一届国际性专业年会和秋季年会，每届发表论文 1000 多篇。其论文反映了世界石油各专业的先进水平和动态，内容包括矿藏勘探、地质学、钻井、测井、油藏工程、采油工艺、油井完井、管道运输、矿场机械设计、自动化仪表、计算机应用、海洋开发技术等，对石油专业人员具有较大的参考价值。数据库地址为 http://www.onepetro.org，2009 年 4 月美国石油工程师协会将 SPE 扩充为 OnePetro 综合数据库，包括和新增以下学会、组织的电子资源，如表 5.9 所示。

表 5.9 SPE 新增电子资源

API(American Petroleum Institute)	包括美国地区的 API Drilling & Production Practices and Secondary Recovery of Oil 的石油文献，当前收录时间从 1934—1985
ARMA(American Rock Mechanics Association)	包括其年会的各种文章和文献。当前收录时间为 1956—1957,1959,1969—1970,1972,1976—1977,1980—1981,1983—1990, 1992,1993,1996,1999,2001,2004,2005, 2006,2008，今后的内容会进一步增加
ASSE(American Society of Safety Engineers)	包括其年会的各种文章和文献。当前收录时间为 1999-2007，今后的内容会进一步增加
NACE(The National Association of Corrosion Engineers-International)	内容包括其期刊和会议文章。NACE 年会文章的当前收录时间为 1996—2008，NACE 期刊 Corrosion Science 从 1992 年开始被收录
OTC(Offshore Technology Conference)	1969 年至今，OTC 所有的文献被收录
SPE (Society of Petroleum Engineers)	回溯到 1927 年，目前超过 50 000 篇
SPWLA(Society of Petrophysicists and Well Log Analysts)	包括其期刊和会议文章。SPWLA 会议文章包括 1960 年至今。SPWLA 期刊"The Log Analyst" 收录 1964—2000，期刊 "PetroPhysics" 收录从 2000 年开始
SUT(Society for Underwater Technology)	包括 has included all the volumes of Advances In Underwater Technology Ocean Science And Offshore Engineering 的所有卷期和大量会议录
WPC(World Petroleum Congress)	包括 1933 年至 2002 年在 World Petroleum Congresses 上发布的全部文献。2008 年会议录目前需要通过 WPC 网站获得

后来又陆续增加了以下学会和组织 BHR Group、ISOPE (International Society of Offshore and Polar Engineers)、IPTC(International Petroleum Technology Conference)、International Society for Rock Mechanics (ISRM)、NETL (The National Energy Technology Laboratory)、OMC(Offshore Mediterranean Conference)、PSIG (Pipeline Simulation Interest Group)、SEG(Society of Exploration Geophysicists)、SPEE (The Society of Petroleum Evaluation Engineers)，目前 Onepetro 数据库共拥有 18 个学会和组织。

5.2.5.2 onepetro 数据库的检索与利用

OnePetro 数据库检索方式有"基本检索"（BASIC），"高级检索"（ADVANCED）和"快速检索"（FAST SEARCH BY NUMBER）三种。

1. 基本检索（BASIC）（图 5.105）

"基本检索"（BASIC）是在文章的任何地方进行检索。检索框中如果输入一个词组：reservoir modeling，表示在文章的任何地方出现了其中的一个单词；检索框如果输入一个带引号的词组（英文输入法状态下的引号）："reservoir modeling"，表示在文章的任何地方出现了该精确短语（词组）。

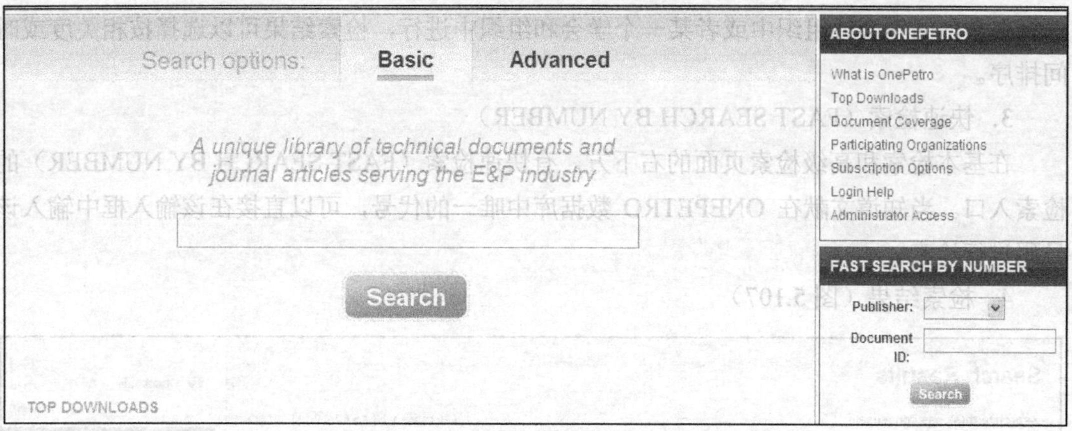

第5章 数据库电子文献检索

图 5.105　onepetro 基本检索界面

2. 高级检索（ADVANCED），（图 5.106）。

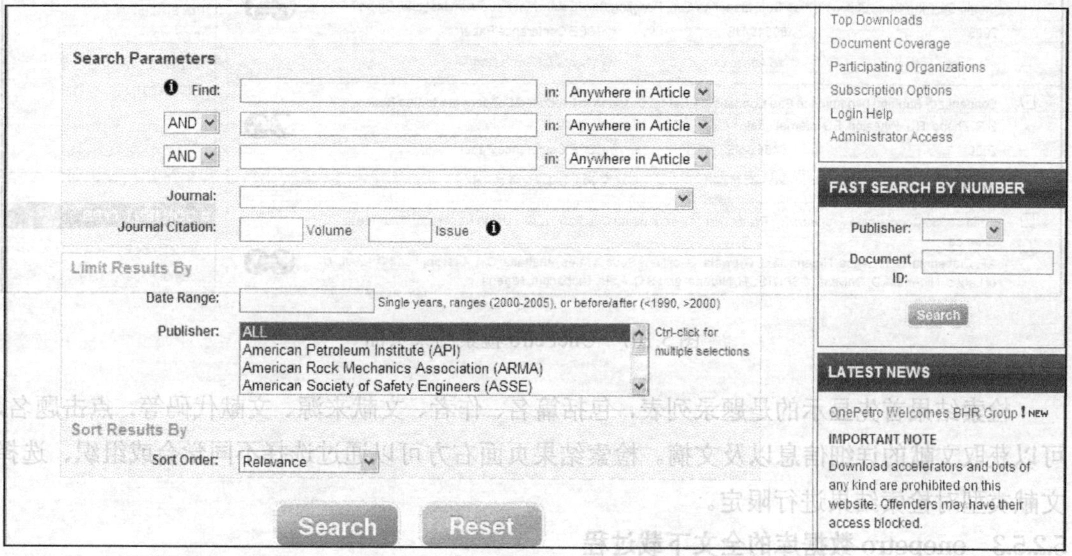

图 5.106　OnePetro 高级检索界面

进入"高级检索"（ADVANCED）后，OnePetro 提供多字段组合检索。检索字段有：文章任何地方（Anywhere in Article）、题目或文摘（Title or Abstract）、题目（Title Only）、文摘（Abstract Only）、作者（Author）、作者机构（Affiliation）、期刊（Journal）、会议（Conference）。在检索框中输入检索词后，可以选择某个字段，再进行逻辑组合检索。OnePetro 目前仅支持 AND（逻辑与）和 OR（逻辑或）两种组合检索方式，系统默认为 AND（逻辑与）组合。例如：在第一个检索框输入"reservoir modeling"，字段可选择"Title Only"，在第二个检索框输入"carbonate"，字段可选择"Title or Abstract"，然后用默认的 AND 进行逻辑组合检索。也可以在第一个检索框输入"reservoir"，字段选择"Title Only"；在第二个检索框输入"modeling"，字段选择"Title Only"；在第三个检索框输入"carbonate"，字段选择"Title or Abstract"，然后三个检索框均用默认的 AND 进行逻辑组合检索。检索可以选择在全部的学会或组织中或者某一个学会和组织中进行，检索结果可以选择按相关度或时间排序。

3．快速检索（FAST SEARCH BY NUMBER）

在基本检索和高级检索页面的右下方，有快速检索（FAST SEARCH BY NUMBER）的检索入口。当知道文献在 ONEPETRO 数据库中唯一的代号，可以直接在该输入框中输入该号码进行检索。

4．检索结果（图 5.107）

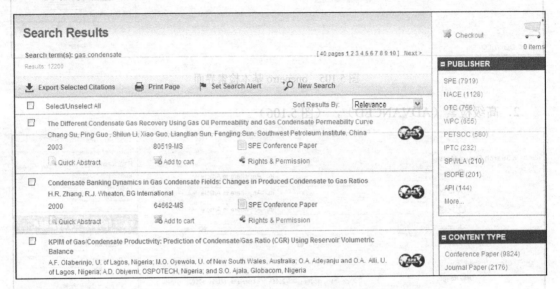

图 5.107　OnePetro 检索结果页面

检索结果首先显示的是题录列表，包括篇名、作者、文献来源、文献代码等，点击题名，可以获取文献的详细信息以及文摘。检索结果页面右方可以通过选择不同学会或组织、选择文献类型对检索结果进行限定。

5.2.5.3　onepetro 数据库的全文下载过程

OnePetro 的检索可直接登录 http://www.onepetro.org，也可通过西南石油大学图书馆主页，点击"OnePetro（SPE papers+）"，无须进行任何申请，也不需要输入登录的电子邮箱和密码。若要进行全文下载，目前我校采用的是本校教育网域名邮箱注册方式，即必须是我校电子邮箱用户且经过 OnePetro 域名验证授权。申请 OnePetro 域名验证授权的用户，必须对全文下载的版权保护和合理使用负完全的责任。获得 OnePetro 电子邮箱域名验证授权的基本步骤及注意事项如下。

1．拥有西南石油大学的电子邮箱。

带上证件去现教中心申请学校邮箱。邮箱格式：姓名拼音@swpu.edu.cn 或 @stu.swpu.edu.cn。

2．OnePetro 电子邮箱登录密码注册申请

进入 OnePetro 主页后，点击"Login"，如图 5.108 所示。

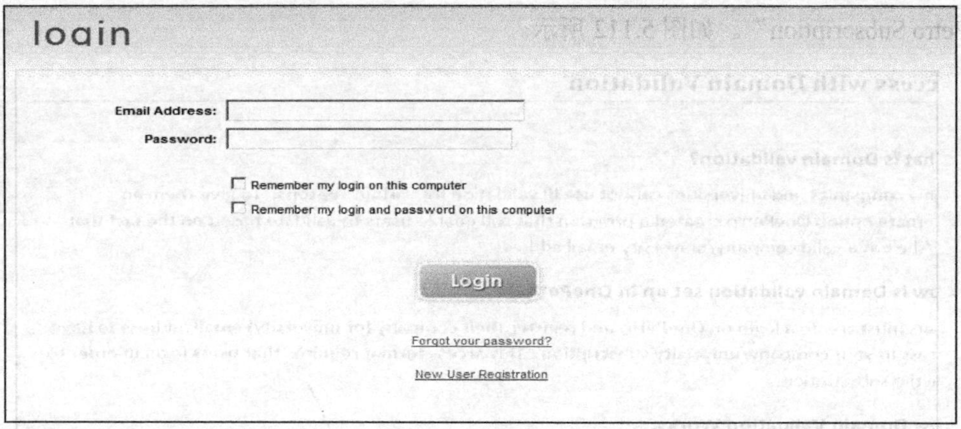

第 5 章 数据库电子文献检索

图 5.108 OnePetro 注册页面

然后，点击"New User Registration"进行新用户注册，在弹出页面填写 OnePetro 登录电子邮箱，如图 5.109 所示。

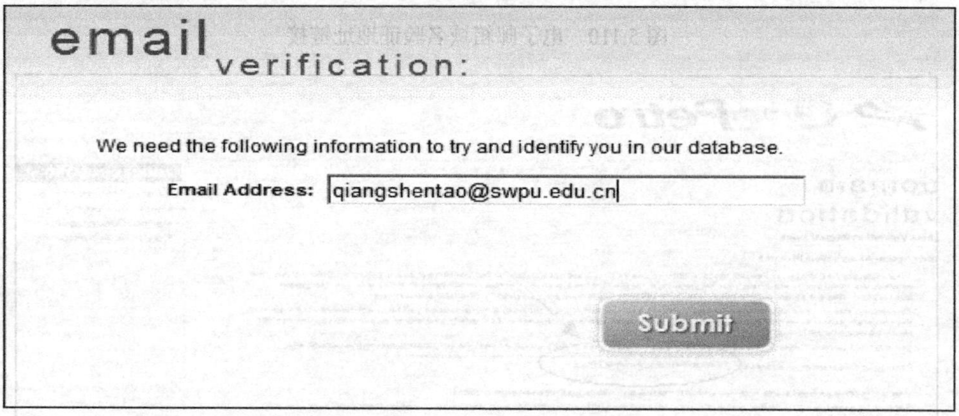

图 5.109 OnePetro 邮箱验证页面

最后，再填写 Web 注册信息、个人信息、地址信息等。注意：只能填写西南石油大学的电子邮箱，如填写网易之类的其他电子邮箱则无法完成申请，系统会返回"We need the following information to try and identify you in our database"提示。如果用户已经在 OnePetro 进行过注册，在点击"Login"后，可点击"Forgot your password"找回自己的电子邮箱登录密码，再完成 Web 注册信息、个人信息、地址信息等注册内容的填写。

3．OnePetro 电子邮箱域名验证

输入下面地址：

http://www.spe.org/spe-site/spe/spe/papers/elibrary/Access_with_Domain_Validation_limited.pdf 可以看到验证用户名的地址（箭头处），点击该地址，如图 5.110 所示。

可以看到图 5.111 页面，然后在输入栏里（箭头处）填入你申请的邮箱地址。点击 Submit 图标。

完成上述步骤，您的邮箱中会收到一封由 service@onepetro.org 发出的西南石油大学电子邮箱域名确认邮件"Email Domain Validation Registration for SW Petroleum Institute China

OnePetro Subscription"。如图 5.112 所示。

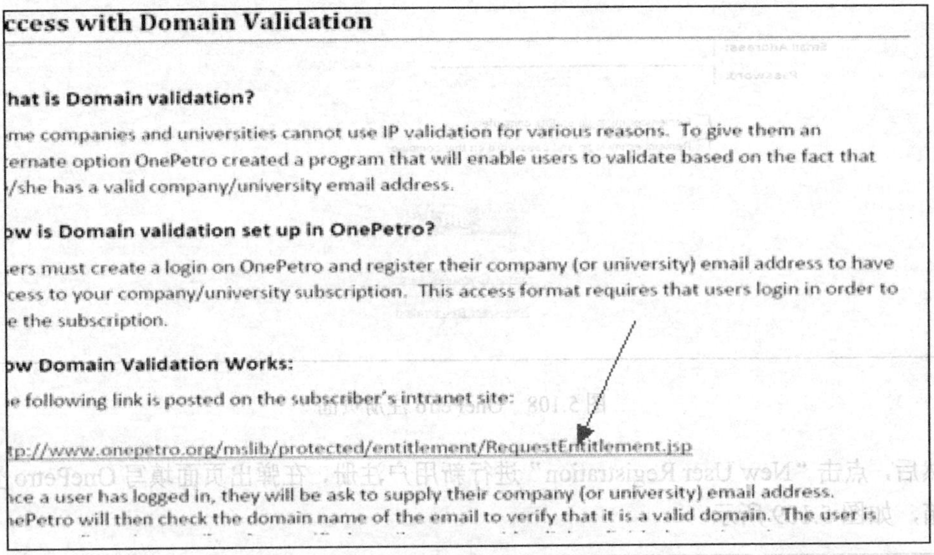

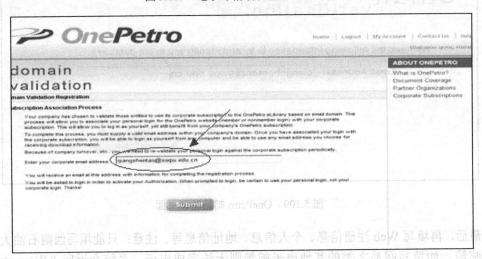

图 5.110　电子邮箱域名验证地址链接

图 5.111　电子邮箱域名验证

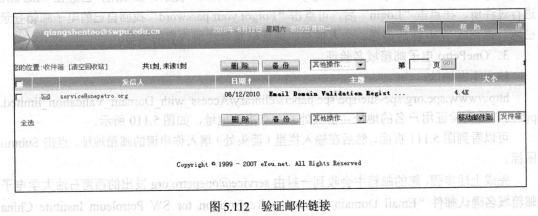

图 5.112　验证邮件链接

点击电子邮箱中的链接，完成用户名验证。

4．登录 OnePetro 和全文下载

完成上述步骤后，进入 OnePetro 主页，点击"Login"，填写 OnePetro 登录邮箱和密码（如同时在下面的两个方框中勾选，以后登录不需要重复输入）。登录 OnePetro 进行检索，检索结果的"Abstract"旁将有"PDF"字样，点击"PDF"即可下载全文。下载全文前请务必认真阅读 OnePetro（SPE papers+）版权保护及合理使用须知。

5．OnePetro 登录邮箱及其密码的使用和管理

OnePetro 登录邮箱及其密码是 OnePetro 合法用户的身份证，它既代表注册者本人，也代表西南石油大学。OnePetro 如发现我校某个登录邮箱恶意下载全文，将首先停止该邮箱的登录访问权限，并追究有关责任者。用户要懂得怎样合理使用 OnePetr 进行全文下载[见 OnePetro（SPE papers+）版权保护及合理使用须知]。

5.2.6　IEEE/IEE Electronic Library

5.2.6.1　概述

IEEE/IEE Electronic Library(IEL)数据库提供美国电气电子工程师学会（IEEE）和英国电气工程师学会（IEE）出版的 205 种期刊、6500 余种会议录、1480 余种标准的全文信息。多数出版物提供 1988 年以后的全文数据，IEEE 学会下属的 13 个技术学会的 18 种出版物可以看到更早的全文。其特点包括：期刊内容被频繁引用，价格仅为$950 000 总价值的一小部分，以 IEEE Xplore 作支持平台，单一数据库资源，占了世界电气工程和计算机科学领域文献的 30%。

数据库内容包括：IEEE 学报、IEEE 期刊、IEEE 杂志、IEEE 函件、IEEE 会议录、IEEE 标准、IEE 期刊、IEE 会议。该数据库汇集了当今科技最重要的信息，通过它您可以进入：超过 4000 种公开发行的出版物；超过 750000 篇文献；2350000 页全文 PDF 文件，包括照片和图表；500000 位作者；所有现行的 IEEE 标准；由超过 37 家非营利性协会和 IEE 出版的从 1988 年到现在共计 14 年的期刊和会议集；以前没有电子化的内容，每年,IEEE 都会增加新的出版物到 IEL，以增加 IEL 的价值。

5.2.6.2　检索方法及使用说明

直接输入网址 http://www.ieee.org/ieeexplore 进入 IEEE 主页后，在画面左侧"Tables of Contents"和"Search"栏目下分别列出 IEL 数据库不同的检索方式，点击相应的选项选择检索方式。

1．期刊查询（Journals & Magazines）

① 系统显示前 10 个期刊名的列表；

② 如果已知期刊名的第一个词的首字母，直接点击该字母，系统列出以该字母打头的期刊列表；如果已知期刊名某个关键词，在输入框内输入该词，点击"go"按钮，系统列出含有该关键词的期刊列表；

③ 从列表中选择所需期刊，点击该刊名；系统列出该刊当年的卷期和往年的年号；

④ 点击相应的年限和卷期，系统显示该期目录；或在画面右边的输入栏内输入检索词，在该刊的范围内查询符合检索条件的文献；

⑤ 点击每篇文献下方的[Abstract]或[PDF Full-Text]可浏览文摘或原文。

2．会议录查询（Conference proceedings）

① 系统显示前 10 个会议录列表；

② 如果已知会议录名的第一个词的首字母，直接点击该字母，系统列出以该字母开头的会议录列表；如果已知会议录名某个关键词，在输入框内输入该词，点击"go"按钮，系统列出含有该关键词的会议录列表；

③ 从列表中选择所需会议录，点击该会议录名，系统显示该会议召开时间；

④ 点击该时间，系统显示该会议录目次；或在画面右边的输入栏内输入检索词，在该会议录的范围内查询符合检索条件的文献；

⑤ 点击每篇文献下方的"Abstract"或"PDF Full-Text"，可浏览文摘或原文。

3．标准查询（Standard）

① 系统显示前 10 个标准列表；

② 如果已知标准第一个词的首字母，直接点击该字母，系统列出以该字母开头的标准列表；如果已知标准名的某个关键词，在输入框内输入该词，点击"go"按钮，系统列出含有该关键词的标准列表；

③ 从列表中选择所需标准，点击该标准名；系统显示该标准标题；

④ 点击文献下方的"Abstract"或"PDF Full-Text"可浏览文摘或原文。

4．作者查询（By Author）

① 系统显示前 50 个作者列表；

② 如果已知作者姓名的首字母，直接点击该字母，系统列出以该字母开头的作者列表；如果已知作者名中某个词，在输入框内输入该词，点击"go"按钮，系统列出含有该词的作者列表；

③ 从列表中选择所查询的作者，点击该作者名；系统显示该作者发表的文献；

④ 点击每篇文献下方的"Abstract"或"PDF Full-Text"可浏览文摘或原文。

注：在以上四种查询方式下，输入框内输入的词或词组之间不能使用逻辑算符。

5．基本检索（Basic）

① 在输入框内输入检索词；

② 选择检索字段，选择各字段间的逻辑关系；

③ 选择限制条件*；

④ 点击"Search"按钮，开始检索；

⑤ 系统列出符合检索条件的文献，点击每篇文献下方的"Abstract"或"PDF Full-Text"可浏览文摘或原文。

6．高级检索（Advanced）

① 在输入框内输入检索式；

检索式构成： 检索词 1 逻辑算符……检索词 n <in> 字段名 1,……字段名 n

② 选择限制条件*；

③ 点击"Start Search"按钮，开始检索；

④ 系统列出符合检索条件的文献，点击每篇文献下方的[Abstract]或[PDF Full-Text]可浏

览文摘或原文。

下面对上文中提到的一些重要术语进行解释。

(1) 逻辑算符　and（与），or（或），not（非）

(2) 常用字段名

ab：文摘　au：作者　ct：会议名称　is：期刊卷期号　jn：期刊名　cy：会议日期　ti：文献标题　de：主题词

(3) 截词

表示任意个字符，如：electro 可检索出含 electron、electrons、electronic、electronics、electromagnetic、electromechanical 及 electrolyte 的文献。? 表示一个字符，如：cable? 可检索出 cables 或 cabled 的文献，但不包括 cable（? 必须是一个字符）。

*限制条件：

① 文献类型：文献类型有三种，期刊、会议、标准，打钩为选中，默认状态为全选。

② 检索年限：根据需要选择起始、终止年限，默认状态为 1988 年-present。

③ 检索结果排序：检索结果可按时间（Year）、文献标题（By Publication Title）、相关度（Score）进行升降序排列。

(4) 每页显示的文献数量可选择：15、25、50。

当查出的文献数量超过已定义的每页显示的文献数时，可通过画面下方的数字及"Prev"、"Next"按钮翻页。

5.2.7　Springer Link 数据库

5.2.7.1　Springer Link 数据库简介

德国施普林格(Springer Link)出版集团是世界上最大、最著名的科技出版集团之一，以出版学术性出版物而闻名于世，是最早将纸本期刊做成电子版发行的出版商，1997 年就通过 Springer Link 系统提供学术期刊及电子图书在线服务。Kluwer Academic Publisher 是荷兰一家具有国际性声誉的学术出版商，出版的图书、期刊质量较高，备受专家和学者的信赖和赞誉。Kluwer online 是其网络版。2005 年，Kluwer online 合并到 Springer Link 并采用 Springer 品牌。2006 年 6 月 Springer Link 在线出版最新版发布，2006 年 8 月，全新的 Springer Link 正式上线，Springer 中国网站也于 2006 年 10 月底全面开通，其镜像站设在清华大学图书馆内，网址为 http://springer.lib.tsinghua.edu.cn /home/main.mpx，新版 Springer Link 数据库提供包括原 Springer 和原 Kluwer 出版的全文期刊、图书、丛书、参考工具书以及回溯文档的在线服务。Springer Link 的数字资源有全文电子期刊 2000 余种、图书 25000 余种、丛书 900 余种、参考工具书 100 余种，超过 200 万条期刊文章的回溯记录，及最新期刊论文出版印刷前的在线优先访问，内容涉及 13 个学科：建筑和设计，行为科学，生物医学和生命科学，商业和经济，化学和材料科学，计算机科学，地球和环境科学，工程学，人文、社科和法律，数学和统计学，医学，物理和天文学，专业电脑、万维网应用与设计。还有 2 个特色图书馆：中国在线科学图书馆、俄罗斯在线科学图书馆。

5.2.7.2　Springer Link 数据库特点

数据库中国清华大学镜像站与源网站同步更新，提高了获取信息的及时性。数据库中的期刊有 75%以上为在线优先期刊。这些期刊能够使用户在印刷版出版之前就能在线获得电子版文献的全文文章，极大地缩短了科学研究重大发现到发表过程中所需要的时间。同时也使用户在第一时间了解研究领域的最新发展和成果。在线优先的期刊在手稿得到后的 1 个月即可出版，一般先于印刷版几周甚至一两个月。Springer 采取周更新，每年加入超过 10 万篇最高水平的科技研究成果。Springer 是一个含有中文（简体、繁体）、英文、德文、日文等国语言的多语言版网络数据库，满足了不同国家用户利用母语进行检索的利用习惯。中文(简体)版，在首页界面以中文显示：内容类型、学科收藏、特色图书馆栏目，并将期刊、丛书、图书、参考工具书等多种出版形式整合为同一平台，用户界面简单明了，主要提供从内容类型、学科收藏 2 个途径进行查找，功能一目了然。

5.2.7.3 Springer Link 数据库检索方法

Springer 数据库提供了浏览方式、简单检索、高级检索和结果内检索等丰富多样的检索方式。

1．浏览方式

Springer 数据库提供内容类型和学科收藏（Subject collection）2 种浏览方式。如按内容类型浏览，选择所有内容类型或某一内容类型点击后，其结果按所有内容类型出版物或某种出版物名称首字母顺序排列，用户可以直接单击出版物名称在相继出现的页面中再选择具体卷、期浏览。学科收藏浏览方式，提供了按所属学科、所属专业分类检索的途径，从科学分类的角度较好地满足了用户族性检索的要求。用户点击其收藏的 13 个学科的某一学科链接后，结果按所有内容出版物具体条目首字母顺序排列，用户可根据需求再作进一步的选择。

2．简单检索（图 5.113）

图 5.113　Springer 数据库首页

Springer 数据库首页界面,在"按关键词全文检索"输入框中输入需要的关键词或词组,点击提交按钮,即可得出查找结果。用户点击简单检索输入框右面的省略号"..."按钮,即弹出系统的检索字段和检索运算符表,在检索过程中,可使用检索字段和检索运算符,构建检索式,Springer 的检索算符包括布尔逻辑运算符、字段限定符、优先检索符和系统专用的检索算符。系统专用的检索算符包括词组检索算符和截词符等。词组检索运算可精确检索范围,系统中使用英文双引号""作为词组检索算符,在检索时将英文双引号内的若干词当作一个精确词组来看待。截词符可扩展检索范围,系统中以通配符"*"作为截词符,代表零个或若干个字符,可以检索到一个词根的所有形式。如果检索短语中包含标点符号或连词符等特殊符号,系统会将此特殊符号识别为空格,检索出包含标点符号、连词符和不包含标点符号、连词符的记录。另外,新平台还增加了检索单词自动纠错功能,当用户在输入检索词出现拼写错误时,系统会自动纠错,而不会出现没有检索结果等类似的情况。

3. 高级检索(图 5.114)

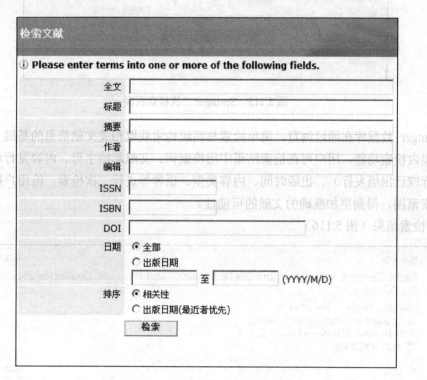

图 5.114 Springer 高级检索界面

在 Springer 平台上,用户点击简单检索输入框上面的"高级检索"按钮,即进入高级检索界面,检索界面有全文、标题、摘要、作者、编辑、ISSN、ISBN、DOI(Digital Object Identifier,数字对象唯一标识,即每一篇电子文献的识别号,国际上认定的)、出版时间(全部、某个时间段)等多个检索字段输入框,各字段之间为逻辑"与"关系。检索结果排列顺序可按相关度排序或按出版时间倒序排序(最近者优先)。用户可在一个或多个检索框中键入检索词,对检索范围进行限定,以达到精确检索的目的。

4. 二次检索（图 5.115）

图 5.115　Springer 二次检索页面

Springer 数据库在通过浏览、简单检索与高级检索获取相关文献信息的基础上，还提供检索结果内检索功能。用户可在检索结果中用检索词、文献起始字母、内容发行状态（开始在线发行或已出版发行）、出版时间、内容类型、语种等进行二次检索，给用户提供了多种缩小检索范围，得到更加准确的文献的可能性。

5. 检索结果（图 5.116）

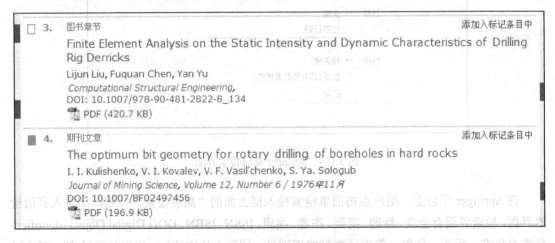

图 5.116　Springer 检索结果页面

Springer 的检索结果列表中，在每条检索结果前面有一个小方块标识，实心绿色小方块，表示"可以下载文献全文"；空心小方块，表示"不可下载文献全文"。Springer 的检索结果列表中还增加了检索结果显示方式,用户可以在检索结果列表页中,选择浏览记录的详细列表或简单列表,详细列表显示论文的文献类型、标题、DOI 信息、出处、作者、简要文摘以及所能提供的全文文献格式和链接等详细信息;简单列表只显示论文标题、作者、全文文献格式等信息。对"可以下载全文"的文献,可直接点击 PDF 全文格式打开,也可点击文献题名,了解包括文摘在内的更多信息,再决定是直接输出该文献,还是打开全文浏览。另外,Springer 还增加了 HTML 格式的全文下载,这也给用户提供了更大的便利。

检索结果的输出,如图 5.117 所示。

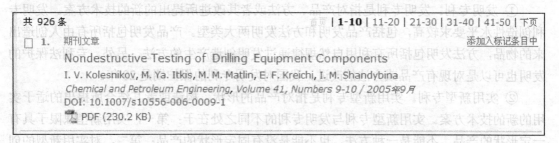

图 5.117 Springer 检索结果输出页面

Springer 数据库检索系统,对于符合预期的检索结果,用户可以点击每篇文章右上方的"添加入标记条目中"按钮,即表示标记该记录。标记条数即在"My Menu"栏目下的"标记条目"旁显示。标记过的记录可以暂时保存在系统中,也可以通过个性化服务功能,进行永久保存。点击"标记条目"按钮,显示标记过的记录,页面左边显示有空白复选框,在方框中勾选需要的已标记过的记录,然后检索结果就可以通过多种方式输出:保存在磁盘上、通过 E-mail 发送到邮箱中或直接打印出来。

6. Springer 数据库个性化功能

Springer 在继续提供提醒(Alert)个性化服务基础上,又新增加了一些新的个性化服务功能。用户使用个性化服务前需要先建立个人账户,已注册用户要进行登录,系统不提供远程登录功能(即 IP 范围之外的访问)。

提醒(Alert)服务,Springer 为个人用户、图书馆员及书商提供提醒服务。个人用户将有用的检索策略保存于电子提醒服务系统,系统在进行数据更新时,将自动执行该检索策略,并将符合检索策略的最新文献(包括在 Online First 的内容)输出到指定的 E-mail 中,用户可以及时收到定制的 Alert。系统对图书馆和书商的提醒主要是新书目提醒,每月将新书刊目录以 PDF 格式或打印版形式提供给馆员与书商。

5.3 特种文献检索

5.3.1 专利

5.3.1.1 专利基础知识

1. 专利

(1)专利的概念 专利(patent)一词来源于拉丁语 Litterae patentes,意为公开的信件或公共文献,是中世纪的君主用来颁布某种特权的证明。对"专利"这一概念,目前尚无统一的定义,其中较为人们接受并被我国专利教科书所普遍采用的一种说法是:专利是专利权的简称。它是由专利机构依据发明申请所颁发的一种文件。这种文件叙述发明的内容,并且产生一种法律状态,即该获得专利的发明在一般情况下只有得到专利所有人的许可才能利用(包括制造、使用、销售和进口等),专利的保护有时间和地域的限制。

(2) 专利的类型　各国专利类型的划分不尽相同。我国专利法将专利划分为三种类型:发明专利、适用新型专利和外观设计专利。

① 发明专利。发明专利是指对产品、方法或者其改进所提出的新的技术方案。发明专利创造性水平要求较高,包括产品发明和方法发明两大类型。产品发明包括所有由人创造出来的物品,方法发明包括所有利用自然规律通过发明创造产生的方法。另外,专利法保护的发明也可以是对现有产品或方法的改进。我国对发明专利的保护期是20年。

② 实用新型专利。实用新型专利是指对产品的形状、构造或者其结合所提出的适于实用的新的技术方案。实用新型专利与发明专利的不同之处在于:第一,实用新型只限于具有一定形状的产品,不能是一种方法,也不能是没有固定形状的产品;第二,对实用新型的创造性要求不太高,而实用性较强。我国对实用新型专利的保护期为10年。

③ 外观设计专利。外观设计专利是指对产品的形状、图案或者其结合以及色彩与形状、图案的结合所作出的富有美感并适于工业应用的新设计。它与发明专利或实用新型专利完全不同,即外观设计不是技术方案。我国对外观设计专利的保护期为10年。

2. 专利文献

(1) 专利文献的概念　世界知识产权组织1988年编写的《知识产权教程》阐述了现代专利文献的概念:专利文献是包含已经申请或被确认为发现、发明、实用新型和工业品外观设计的研究、设计、开发和试验成果的有关资料,以及保护发明人、专利所有人及工业品外观设计和实用新型注册证书持有人权利的有关资料的已出版或未出版的文件(或其摘要)的总称。

该概念包含的内容是:专利文献所涉及的对象是提出专利申请或批准为专利的发明创造;专利文献不仅仅是关于申请或批准为专利的发明创造技术内容的资料,也是关于申请或批准为专利的发明创造权利持有相关内容的资料;专利文献所包含的资料有些是公开出版的,有些则仅为存档或仅供复制使用的。

综上所述,专利文献主要是指实行专利制度的国家及国际专利组织在受理、审批、注册专利过程中产生的官方文件及其出版物的总称。

(2) 专利文献中的基本概念

① 申请人——对专利权提出申请的单位或个人。

② 发明人(设计人)——实际从事发明创造工作的人。

③ 专利权人——对专利具有独占、使用、处置权利的人。

④ 代理人——具有专利代理资格并专门从事专利代理业务的人员。

⑤ 专利代理机构——专利代理机构是国家知识产权局批准设立,可以接受委托人的委托,在委托权限范围内以委托人的名义办理专利申请或其他专利事务的服务机构。

⑥ 申请号——专利申请号是指国家知识产权局受理一件专利申请时给予该专利申请的

一个标识号码。专利申请号用 12 位阿拉伯数字表示，按照由左向右的次序，专利申请号中的第 1～第 4 位数字表示受理专利申请的年号，第 5 位数字表示专利申请的种类：1 表示发明专利申请；2 表示实用新型专利申请；3 表示外观设计专利申请；8 表示进入中国国家阶段的 PCT 发明专利申请；9 表示进入中国国家阶段的 PCT 实用新型专利申请。第 6～第 12 位数字（共 7 位）为申请流水号，表示受理专利申请的相对顺序。小数点后第 13 位数字为计算机检验码。

⑦ 公开号——对发明专利申请公开说明书的编号。在专利申请过程中，在尚未取得专利授权之前，国家专利局公开专利时的编号。

⑧ 公告号——专利授权后登载于专利公报上的编号。一般由国别代码、7 位阿拉伯数字及法律状态码构成：CN 代表中国；CN 后的首位数字表示专利种类：1 表示发明，2 表示实用新型，3 表示外观设计；法律状态码：A、C 分别表示发明专利公开号、发明专利授权公告号，Y 表示实用新型专利授权公告号，D 表示外观设计专利授权公告号。

⑨ 专利号——专利授权以后的代号，由原申请号之前添加 ZL 后构成。

⑩ 分类号——全称是国际专利分类号，国际上公认的按专利文献的技术内容或主题进行分类的代码。

⑪ 主分类号——在同一专利申请中，由于技术内容的复杂性，有时涉及多个技术领域，则会出现一个申请具有若干个分类号。这时，其中第一个被称为主分类号。

⑫ 申请日——申请日是指国家知识产权局专利局收到专利申请文件的日期。

⑬ 公开日——发明专利申请公开之日。

⑭ 公告日——专利授权后在专利公报上的公告之日。

⑮ 优先权日——专利申请人就同一项发明在国际组织缔约国中的一个国家提出申请之后，在规定的期限内又向其他缔约国提出申请时，申请人有权要求以第一次申请日期作为后来提出申请的日期，这一申请日就是优先权日。

⑯ 国际公布——作为检索国际申请的专利申请号及申请时间的检索项目。

（3）专利的著录项目　专利文献著录项目是各工业产权局为表示专利申请或其他工业产权保护种类申请的技术、经济信息以及可供查询的信息线索而编制的项目。其通常出现在各国专利说明书扉页、专利公报以及其他检索工具中。

专利文献著录项目所代表的信息包括：技术信息，法律信息和文献外在形式信息。

专利的技术信息是通过专利文件中的说明书、附图等文件部分详细展示出来的。为便于人们从各种角度便捷地了解该发明创造信息，通过发明创造名称、专利分类号、摘要等专利文献著录项目来揭示专利的技术信息。

专利法律信息包括专利保护的范围，专利的权利人、发明人，专利的生效时间，专利申请的标志等。有关专利保护的范围的法律信息是通过专利文件的权利要求书展示出来的，能够表示专利保护范围信息特征的专利文献著录项目主要是专利分类号。其他法律信息则以法律信息特征的方式反映在专利文件的扉页上，用申请人、发明人、专利权人、专利申请号、申请日期、优先申请号、优先申请日期、优先申请国家、文献号、专利或专利申请的公布日期、国内相关申请数据等专利文献著录项目来揭示不同法律信息特征。

专利文献以一种物质形态形式存在，因此专利文献具有文献所拥有的所有文献外在形式，进而就有了表示专利文献外在形式的信息特征。表示专利文献外在形式信息特征的专利文献著录项目主要是：文献种类的名称、公布专利文献的国家机构、文献号、专利或专利申请的公布日期。

为了消除专利文献用户在浏览各国专利文献时的语言难题，WIPO 制定了标准《ST.9 关于专利及补充保护证书著录项目数据的建议》和《ST.80 工业品外观设计著录数据推荐标准》，两标准规定了专利文献著录项目识别代码，即 INID 码。

（4）专利说明书 专利说明书属于一种专利文件，是指含有扉页、权利要求书、说明书等组成部分的用以描述发明创造内容和限定专利保护范围的一种官方文件或其出版物。

专利说明书中的扉页是揭示每项专利的基本信息的文件部分。扉页揭示的基本专利信息包括：专利申请的时间、申请的号码、申请人或专利权人、发明人、发明创造名称、发明创造简要介绍及主图（机械图、电路图、化学结构式等——如果有的话）、发明所属技术领域分类号、公布或授权的时间、文献号、出版专利文件的国家机构等。

权利要求书是专利文件中限定专利保护范围的文件部分。权利要求书中至少有一项独立权利要求，还可以有从属权利要求。

说明书是清楚完整地描述发明创造的技术内容的文件部分，附图则用于对说明书文字部分的补充。各国对说明书中发明描述的规定大体相同，以中国专利说明书为例，说明书部分包括：技术领域、背景技术、发明内容、附图说明、具体实施方式。

3．国际专利分类法

国际专利分类法(Intemetnational Patent Classification，简称 IPC)是目前国际上通用的一种专利分类系统。该分类法根据《国际专利分类的斯特拉斯堡协定》编制，1968 年 1 月起开始在世界范围内推行，每 5 年修订一次，目前使用的版本为 2005 年 1 月出版的第 8 版。IPC 将所有专利按照部(Section)、大类(Class)、小类(Subclass)、主组(Main Group)、分组(Subgroup)进行 5 级分类。

（1）部(Section) IPC 将与发明专利有关的全部技术领域划分为 8 个部，并用 A～H 中的一个大写字母进行标记。这 8 个部分别是：

　　A 部：人类生活必需(Human Necessities)。
　　B 部：作业、运输(Operations; Transporting)。
　　C 部：化学、冶金(Chemistry and Metallurgy)。
　　D 部：纺织、造纸(Textiles and Paper)。
　　E 部：固定建筑物(Fixed Construction)。
　　F 部：机械工程(Mechanical Engineering)。
　　G 部：物理(Physics)。
　　H 部：电学(Electricity)。

IPC 每个部内设置分部。分部没有分类号，只有分类名称。

（2）大类(Class) 每一个部分成若干个大类。大类的分类号由部类号加两位阿拉伯数字组成。例如：C01 无机化学。

（3）小类(Subclass) 小类是对大类的进一步细分。小类的分类号是在大类号后加一个大写的辅音字母。例如：C01B 非金属元素；其化合物。

（4）主组(Main Group)　主组是对小类的进一步细分。主组分类号由小类号加上 1～3 位不等的阿拉伯数字，后再加斜线（/）及 00 来表示，例如：C01B17/00　硫；其化合物。

（5）分组(Subgroup)　分组是在主组的基础上进一步细分出来的类目。分组的分类号是在主组的分类号的斜线"/"后换上至少除"00"外的至少两位的阿拉伯数字构成。例如：C01B17/02　硫的制备；提纯。

为了方便查找 IPC 分类号，每一版的国际专利分类表都配有一本单独出版的《IPC 关键词索引》(Official Catchword Index to the International Patent Classification)。索引按关键词字顺排列，每个关键词条目后标有 IPC 分类号。用户在不熟悉所查技术领域的分类情况下，可以借助《IPC 关键词索引》并结合使用 IPC 分类表，确定分类范围和准确的分类号。

5.3.1.2　中国专利数据库

1．国家知识产权局专利检索系统

中国国家知识产权局是我国的专利管理机构，其专利检索平台向用户免费提供专利检索服务。该平台可以检索到 1985 年以来公布的全部中国专利信息，包括发明、实用新型和外观设计三种专利的著录项目及摘要，并可浏览到各种说明书全文及外观设计图形。

国家知识产权局专利检索系统提供字段检索和 IPC 分类检索两种检索方式。

（1）字段检索　字段检索界面如图 5.118 所示。该系统提供了 16 个检索字段，包括申请(专利)号、名称、摘要、申请日、公开（公告）号、公开（公告）日、分类号、主分类号、申请（专利权）人、发明（设计）人、地址、国际公布、颁证日、专利代理机构、代理人、优先权。可根据需要在检索框内输入检索词，即可进行检索。在同一个检索字段可以输入多个检索词，各检索词之间允许使用布尔逻辑算符。各检索框之间为"与"的关系。

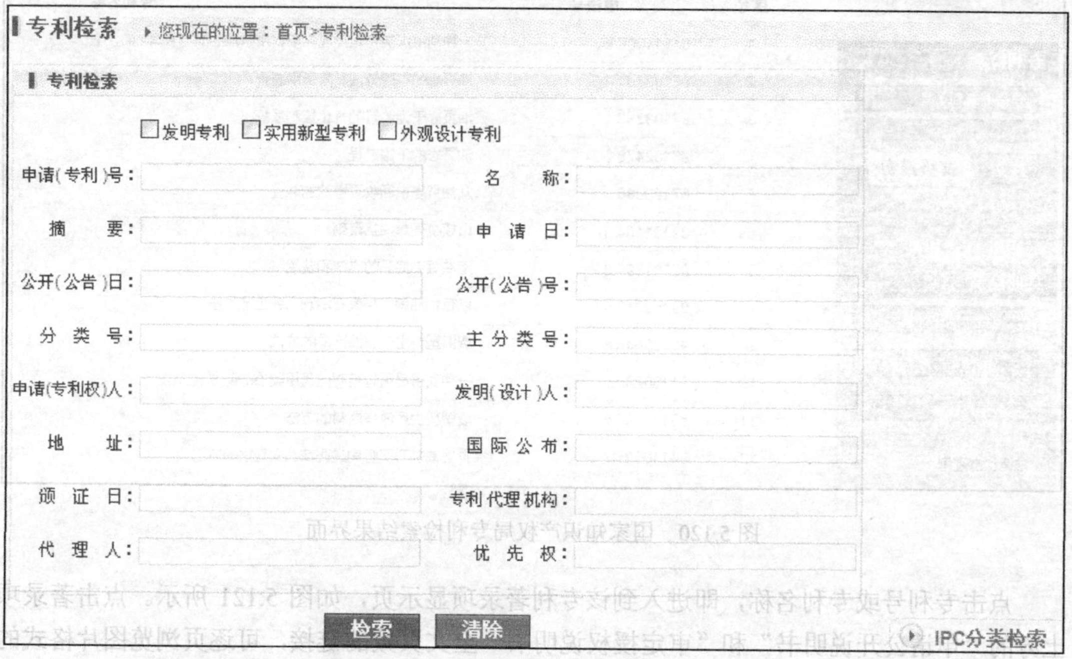

图 5.118　国家知识产权局专利字段检索界面

该检索界面提供专利类型选项对检索结果进行限制。

（2）IPC 分类检索　单击字段检索界面右侧的“IPC 分类检索”按钮，进入 IPC 分类检索界面，如图 5.119 所示。该检索界面左侧显示 IPC8 个部的分类号及类名，单击分类号逐级打开，直到找到自己需要的类目。为了提高检索效率，页面右侧提供了检索字段与分类号进行组配检索。

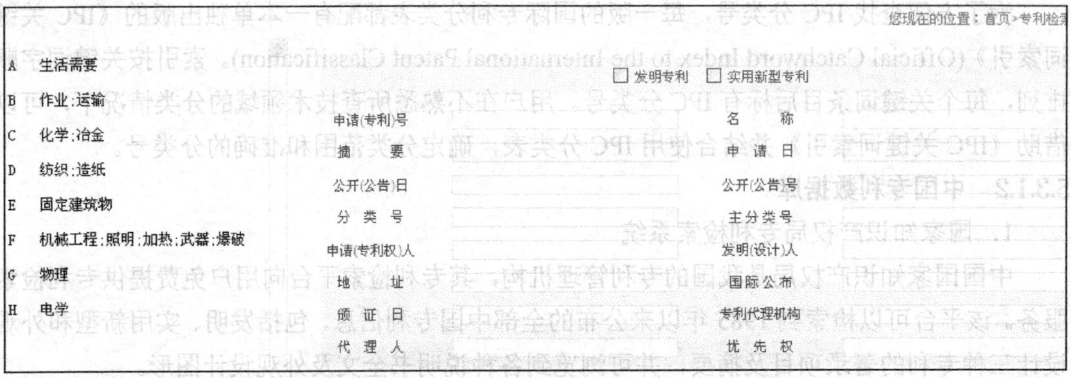
您现在的位置：首页>专利检索
A 生活需要
B 作业;运输
C 化学;冶金
D 纺织;造纸
E 固定建筑物
F 机械工程;照明;加热;武器;爆破
G 物理
H 电学
发明专利
实用新型专利
申请(专利)号
名　称
摘　要
申 请 日
公开(公告)日
公开(公告)号
分 类 号
主分类号
申请(专利权)人
发明(设计)人
地　址
国际公布
颁 证 日
专利代理机构
代 理 人
优 先 权

图 5.119　国家知识产权局专利 IPC 分类检索界面

（3）检索结果　检索结果界面如图 5.120 所示。检索结果以列表的形式显示与检索条件相匹配的所有专利申请号和专利名称。

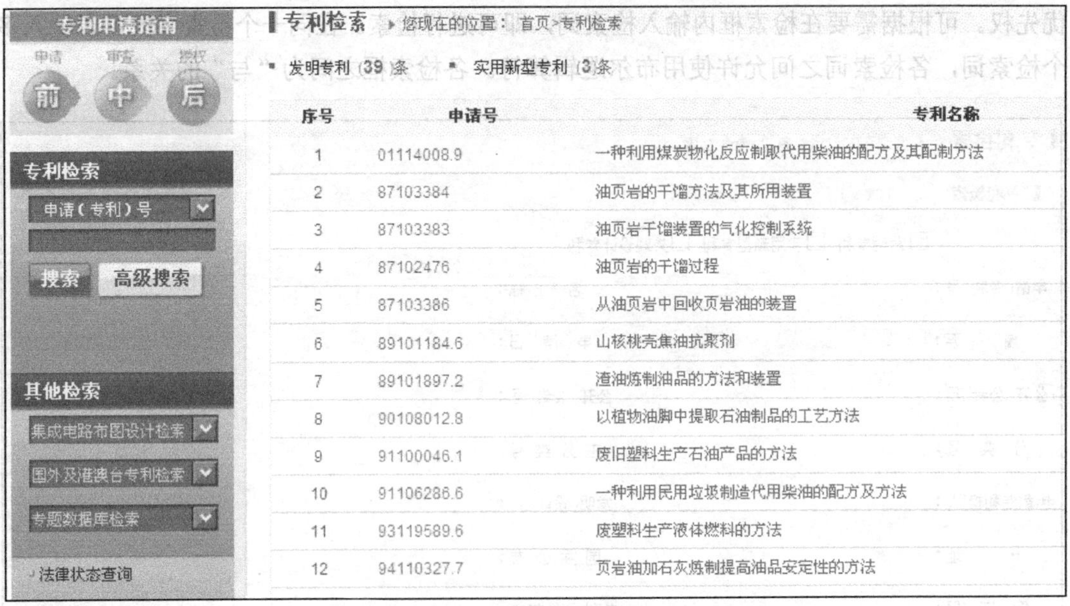
专利申请指南
申请
审查
授权
前
中
后
专利检索
申请（专利）号
搜索
高级搜索
其他检索
集成电路布图设计检索
国外及港澳台专利检索
专题数据库检索
法律状态查询
专利检索
您现在的位置：首页>专利检索
发明专利（39）条
实用新型专利（3）条
序号
申请号
专利名称
1
01114008.9
一种利用煤炭物化反应制取代用柴油的配方及其配制方法
2
87103384
油页岩的干馏方法及其所用装置
3
87103383
油页岩干馏装置的气化控制系统
4
87102476
油页岩的干馏过程
5
87103386
从油页岩中回收页岩油的装置
6
89101184.6
山核桃壳焦油抗聚剂
7
89101897.2
渣油炼制油品的方法和装置
8
90108012.8
以植物油脚中提取石油制品的工艺方法
9
91100046.1
废旧塑料生产石油产品的方法
10
91106286.6
一种利用民用垃圾制造代用柴油的配方及方法
11
93119589.6
废塑料生产液体燃料的方法
12
94110327.7
页岩油加石灰炼制提高油品安定性的方法

图 5.120　国家知识产权局专利检索结果界面

点击专利号或专利名称，即进入到该专利著录项显示页，如图 5.121 所示。点击著录项上方的“申请公开说明书”和“审定授权说明书”全文页数的链接，可逐页浏览图片格式的专利说明书全文（需先安装专利说明书浏览器），还可以利用页面上方的图标按钮，进行全文内容的打印和保存。

申请公开说明书（8）页		审定授权说明书（8）页	
申 请 号：	87103386	申 请 日：	1987.05.05
名 称：	从油页岩中回收页岩油的装置		
公开（公告）号：	CN87103386	公开（公告）日：	1988.07.27
主 分 类 号：	C10G1/02	分案原申请号：	
分 类 号：	C10G1/02		
颁 证 日：		优 先 权：	1986.12.2 JP 285910/86
申请(专利权)人：	工业技术院		
地 址：	日本东京都千代田区		
发明(设计)人：	油田耕一；岛内昭；阿部隆一；今村峰生	国 际 申 请：	
国 际 公 布：		进入国家日期：	
专利代理机构：	中国专利代理有限公司	代 理 人：	李若娟；卢新华

摘要

　　用于从油页岩中回收页岩油的装置，可使油页岩在干馏釜中干馏，然后冷却所得到的干馏气体，从干馏气体中再分离和回收页岩油，包括在流送管中为来自干馏釜的干馏气体提供第一冷凝塔，以便收集在高于干馏气体的水露点温度下冷凝的重油和渣渣；在第一冷凝塔，以便收集在低于干馏气体的水露点温度下冷凝的轻油和蒸馏水。

图 5.121　国家知识产权局专利检索结果浏览界面

2．中国专利全文数据库

《中国专利全文数据库》收录了 1985 年 9 月以来的所有专利，包含发明专利、实用新型专利、外观设计专利三个子库，准确地反映中国最新的专利发明。可以通过申请号、申请日、公开号、公开日、专利名称、摘要、分类号、申请人、发明人、地址、专利代理机构、代理人、优先权等检索项进行检索，并下载专利说明书全文。检索方法与 CNKI 的其他数据库相同。

3．其他

此外还可以通过中国专利信息网、中国知识产权网、中国发明专利技术信息网、中国专利商标网等网站的专利检索平台进行中国专利文献的检索。

5.3.1.3　美国 USPTO 专利数据库

USPTO 专利数据库是美国专利和商标局(The United States Patent and Trademark Office，USPTO)提供的网上专利数据库，首页如图 5.122 所示。该数据库提供美国专利的书目、文摘及专利说明书全文等信息的免费检索服务。USPTO 专利数据库可分为授权专利数据库和专利申请数据库两部分，授权专利数据库（PatFT）收录了 1790 年 7 月 31 日以来出版的所有授权的美国专利说明书的全页面扫描图像，其中 1976 年以后的说明书为全文文本说明书(附图像链接；专利申请数据库（AppFT）收录了 2001 年 3 月 15 日以来所有公开(未授权)的美国专利申请说明书扫描图形数据。

USPTO 专利数据库提供快速检索(Quick Search)、高级检索(Advanced Search)和专利号检索（Patent Number Search）三种检索方式。

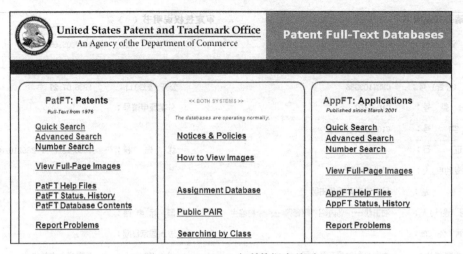

图 5.122 USPTO 专利数据库首页

1. 快速检索

如图 5.123 所示,在输入框中输入检索词,选择检索字段。系统提供了 24 个检索字段,包括题目、摘要、专利权人、代理人等。系统提供了两个检索词输入框,两个输入框之间可由下拉菜单确定两个输入框的逻辑关系。

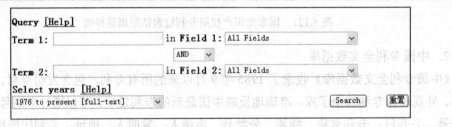

图 5.123 USPTO 快速检索界面

2. 高级检索

高级检索能够实现两个或两个以上概念之间的逻辑运算,获得精确的检索结果。首先在系统提供的检索输入框中编写检索式输入,格式为:字段代码/检索词,然后在 Select Years 列表中选择检索的年限范围,单击"Search"按钮即可,如图 5.124 所示。

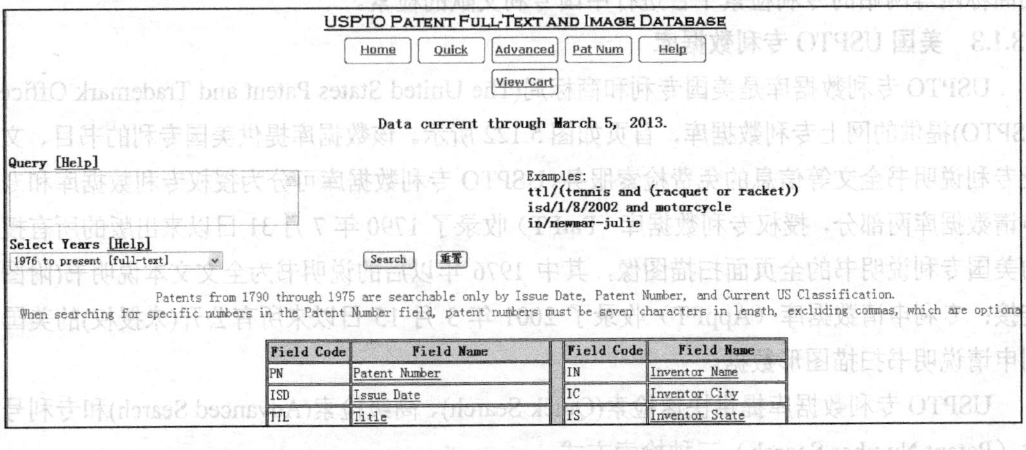

图 5.124 USPTO 高级检索界面

高级检索界面下方列出了该数据库所规定的字段名称(Field Name)及其代码(Field Code)。在构建检索式时，如果对某些字段的定义、表示方法和输入格式等不很清楚，可以单击字段名称超级链接查看字段的使用方法等帮助信息。

3. 专利号检索

专利号检索是通过专利号查找特定专利的最简洁的方法，如图 5.125 所示。直接在查询输入框中输入一个或多个专利号码，多个专利号之间要用一个空格隔开，然后单击 Search 按钮即可实施检索。

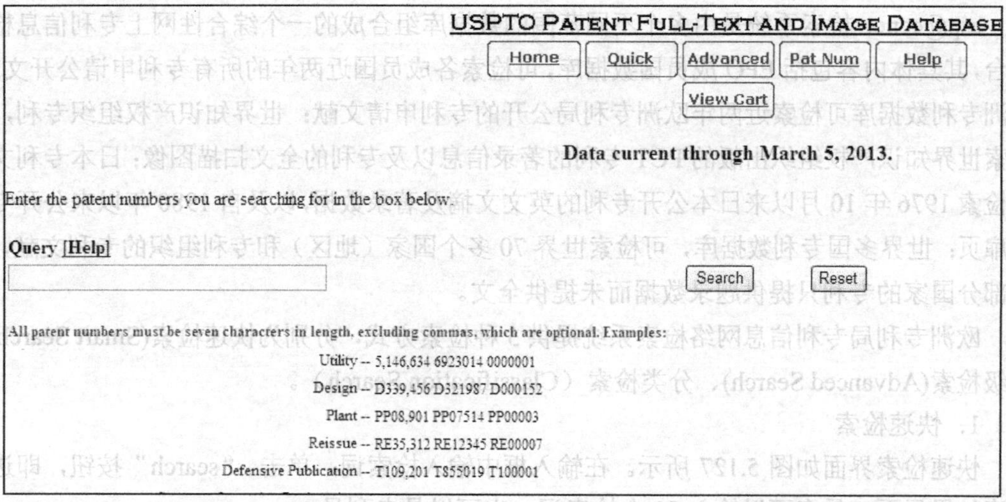

图 5.125　USPTO 专利号检索界面

4. 检索结果的显示和处理

检索结果首先显示命中记录数及结果列表，每条记录包括专利号和专利号名称。单击专利号链接或专利名称链接，进入检索结果的详细信息页面，如图 5.126 所示。

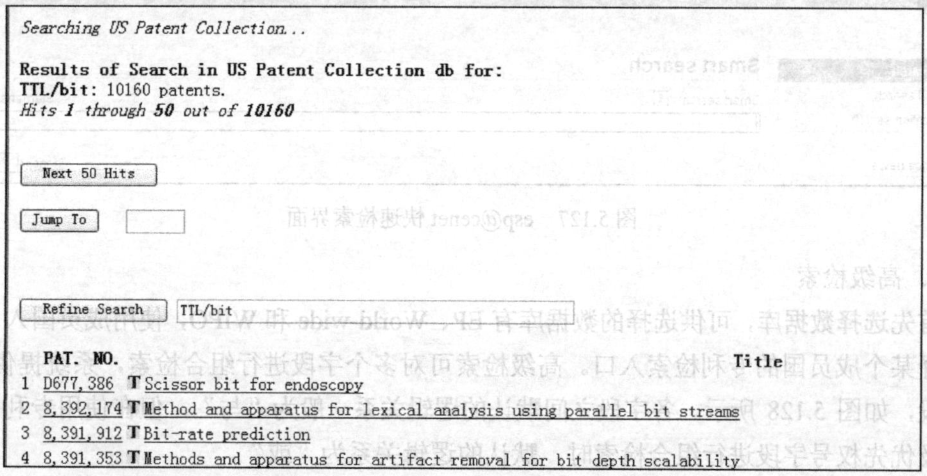

图 5.126　USPTO 检索结果详细记录界面

详细信息包括该专利的专利号、专利名称、文摘、发明人、分类号、权利要求书和相关专利等详细信息。单击页面中的"Images"按钮，进入专利说明书全文图像查看页面（需先安装 TIF 图像格式的浏览器），利用专利说明书全文图像查看页面上的工具按钮可以进行全文图像的下载、打印等操作。

5.3.1.4 欧洲 esp@cenet 专利数据库

esp@cenet 专利数据库是 1998 年欧洲专利局（European Patent Offiee, EPO）及其成员国共同建立的，主要宗旨是为用户提供免费专利信息资源，提高整个国际社会获取专利信息的意识。

esp@cenet 检索系统是由多个不同范围的数据库组合成的一个综合性网上专利信息检索平台，其具体内容包括 EPO 成员国数据库，可检索各成员国近两年的所有专利申请公开文献；欧洲专利数据库可检索近两年欧洲专利局公开的专利申请文献；世界知识产权组织专利，可检索世界知识产权组织出版的 PCT 专利的著录信息以及专利的全文扫描图像；日本专利文摘可检索 1976 年 10 月以来日本公开专利的英文文摘及著录数据，以及自 1980 年以来公开专利的扉页；世界多国专利数据库，可检索世界 70 多个国家（地区）和专利组织的专利文献，但大部分国家的专利只提供题录数据而未提供全文。

欧洲专利局专利信息网络检索系统提供 3 种检索方式，分别为快速检索(Smart Search)、高级检索(Advanced Search)、分类检索（Classification Search）。

1. 快速检索

快速检索界面如图 5.127 所示。在输入框中输入检索词，单击"search"按钮，即进入检索结果界面。最多可以输入 20 个检索词，也可以是专利号。

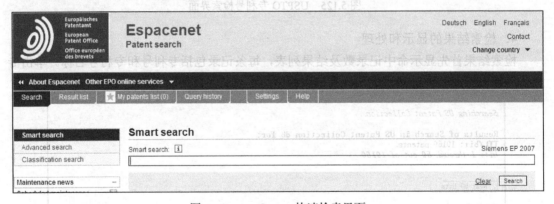

图 5.127　esp@cenet 快速检索界面

2. 高级检索

首先选择数据库，可供选择的数据库有 EP、World-wide 和 WIPO，使用成员国入口时还可选择某个成员国的专利检索入口。高级检索可对多个字段进行组合检索，系统提供了 10 个字段，如图 5.128 所示。各字段之间默认的逻辑关系一般为"与"，但在使用专利号、申请号及优先权号字段进行组合检索时，默认的逻辑关系为"或"。

3. 分类检索

可以输入关键词查找分类号或使用分类导航逐级点击直至找到合适的分类号，如图 5.129 所示。

第 5 章　数据库电子文献检索

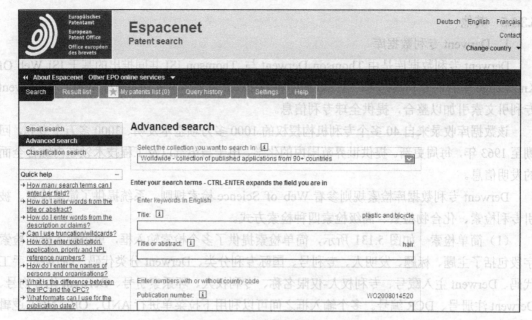

图 5.128　esp@cenet 高级检索界面

4．检索结果及处理

检索结果为命中记录列表，每条记录包括专利名称、专利号/申请号、公开日/申请日等，单击专利名称可查看详细信息，如图 5.130 所示。单击"original document"，即可打开 PDF 格式的专利全文。

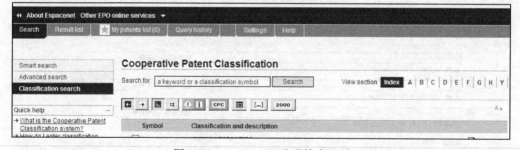

图 5.129　esp@cenet 分类检索界面

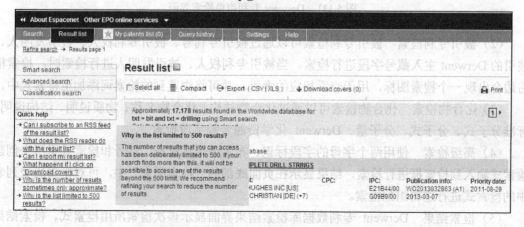

图 5.130　esp@cenet 检索结果的详细信息

5.3.1.5 其他

1. Derwent 专利数据库

Derwent 专利数据库是由 Thomson Derwent 与 Thomson ISI 共同推出的基于 ISI Web Of Knowledge 平台的专利数据库，这一数据库将 Derwent 世界专利索引（简称 WPI）与 Derwent 专利引文索引加以整合，提供全球专利信息。

该数据库收录来自 40 多个专利机构授权的 1000 多万项基本发明、3000 多万个专利，回溯至 1963 年，每周更新。提供世界范围内的化学、电子与电气以及工程技术领域内综合全面的发明信息。

Derwent 专利数据库检索规则参看 Web of Science 检索规则。系统提供了简单检索、被引专利检索、化合物检索、高级检索四种检索方式。

（1）简单检索 如图 5.131 所示，简单检索提供了多个检索输入框，单个输入框的检索字段包括了主题、标题、发明人、专利号、国际专利分类、Derwent 分类代码、Derwent 手工代码、Derwent 主入藏号、专利权人-仅限名称、专利权人、环系索引号、Derwent 化合物号、Derwent 注册号、DCR 编号。多个输入框之间可以利用下拉菜单进行 AND、OR、NOT 逻辑组配。

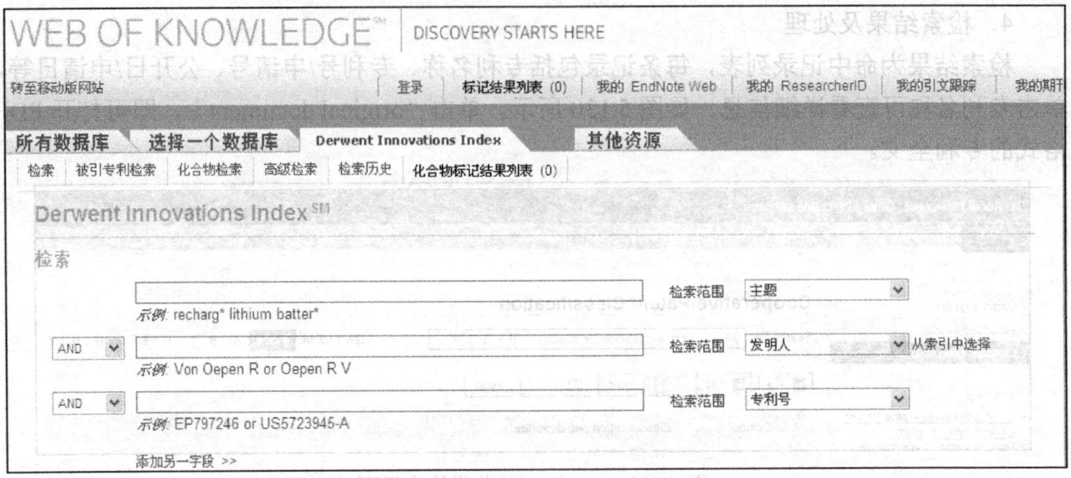

图 5.131 Derwent 专利简单检索界面

（2）被引专利检索 被引专利检索可以通过被引专利号、被引专利权人、被引发明人、被引的 Derwent 主入藏号字段进行检索。当被引专利权人、被引发明人进行检索时，检索框右边会出现一个搜索图标，用于查看相应的索引，并可将浏览到的检索词添加至检索式中。

（3）化合物检索 化合物检索可以通过化合物结构、化合物名称、物质说明、结构说明、标准分子式、分子式、分子量、Derwent 化学资源号等字段检索。

（4）高级检索 使用两个字母的字段标识、布尔逻辑运算符、括号和检索式引用来创建检索式输入到检索框进行检索。结果显示在页面底部的"检索历史"中，可对检索历史列表中的检索式进行逻辑组配检索。

（5）检索结果 Derwent 专利数据库检索结果界面显示该次检索所用检索式、检索结果数目以及记录列表，每条记录包括了专利号、标题、专利权人、发明人、施引专利次数。界面的左侧提供了精炼检索结果的选项，可以通过直接输入检索词或者对学科类别、专利权人名称、专利权人代码、发明人、IPC代码、Derwent分类代码、Derwent手工代码选项进行设置来限制检索结果。点击专利名称，可以查看该条记录的详细信息。再点击相应的输出方式图标（打印、存盘、输出或发电子邮件），即可进行输出操作。

2. 其他

世界许多国家的专利文献均可通过各国专利局建立的官方网站免费获取。例如，IPDL日本专利数据库，该数据库收录1976年10月以来的所有公开的日本专利；加拿大专利数据库包含了从1920年以来的加拿大专利，包括专利全文文本和图形，可以浏览摘要、权利要求、图标等页面内容。

5.3.2 标准文献

标准是对工农业产品和工程建设质量、规格、检验方法、包装方法以及处理方法等方面所制定的技术规格，是从事生产、建设工作的共同技术依据。因此，掌握国内外各种标准的利用方法是十分重要的。

按照标准化对象，通常把标准分为技术标准、管理标准和工作标准三大类。技术标准是指对标准化领域中需要协调统一的技术事项所制定的标准。技术标准包括基础技术标准、产品标准、工艺标准、检测试验方法标准及安全、卫生、环保标准等。管理标准是指对标准化领域中需要协调统一的管理事项所制定的标准。管理标准包括管理基础标准、技术管理标准、经济管理标准、行政管理标准、生产经营管理标准。工作标准是指对工作的责任、权利、范围、质量要求、程序、效果、检查方法、考核办法所制定的标准。工作标准一般包括部门工作标准和岗位(个人)工作标准。

按照使用范围划分，标准可以分成国际标准、区域性标准、国家标准、行业标准和企业标准五种。下面分国内国外情况介绍与石油工业相关的标准文献的检索方法。

5.3.2.1 石油工业标准化信息网

"石油工业标准化信息网"网站由石油工业标准化技术委员会和石油工业标准化研究所联合主办。该网站快速、准确地为社会和企业提供国内外石油天然气工业的标准化信息服务；提供网上标准查询，并为会员提供网上标准全文服务；逐步实现标准化管理电子化，以适应ISO、IEC加快制定国际标准速度和WTO增强标准透明度的需要，推动石油工业标准化的发展。

网站内容：该网站设有石油工业标准化信息动态、标准查询、标准出版发布、政策法规、国际标准化、标准化知识、标准化论坛、标准化制定修订工作、标准化科研工作、国际标准化归口工作、油标委机构设置、油标委文件及纪要、指导性报告、油标委大事记等20多个栏目。网站提供SY石油天然气行标、ISO/API标准目录查询。进入URL-1，选择SY石油天然气行标或ISO/API标准目录，可以查询中国石油行业标准或ISO石油标准、API标准。

网站地址：http://www.petrostd.com/。

5.3.2.2 万方中国标准全文数据库

万方中国标准全文服务系统提供多种检索途径，包括标准编号检索、标准名称检索、个性化检索、二次检索、关联检索、分类浏览、标准分类号检索等。个性化检索针对此库的特点，提供了直观、方便、易用的组配检索入口，用户只需通过下拉菜单点选所要检索的字段，输入相应检索词，便可组配出比较复杂的检索表达式。关联检索不仅提供了查看全文的链接，而且提供了一些"关联检索"入口：点击"查看全文"，可以查看这条标准的全文；点击任一分类号，可检索出此分类下的所有标准；点击任一分类号，可检索出此分类下的所有标准；点击任一主题词，可检索出"中文主题词"中包含此主题词的所有标准。

网站地址：http://cd.wanfangdata.com.cn/。

5.3.2.3 中国标准咨询网查询系统

中国标准咨询网由中国标准协会主办，它是国内首家标准全文网站，需要注册才能使用。该系统提供收录的标准包括中国国家标准、行业标准、国际标准（ISO）、国际电工标准 IEC、美国标准（ANSI）、美国材料与试验学会标准（ASTM）、美国机械工程师学会标准（ASME）、提供简单检索与高级检索两种方法。简单检索只有 2 个字段：标准号和标准名称。高级检索有 10 个检索字段。电子工程师学会标准（IEEE）、英国标准（BS）、德国标准（DIN）、日本标准（JIS）等。

网站地址：http://www.chinastandard.com.cn/。

5.3.2.4 国家科技图书文献中心（NSTL）数据库

国家科技图书文献中心（NSTL）数据库是国内最大的文献传递机构，文献品种和数量巨大，收费合理，传递快捷。包括国内标准 26543 条，国际标准 132246 条。

① 普通检索。请先选择数据库，然后进行检索，系统默认进入"普通检索"界面。普通检索有标准名称、标准号等。输入检索词，在查询条件设置中限定检索条件，点击"检索"按钮，开始检索。

② 高级检索。与普通检索的区别在于它可以为用户提供更灵活的组合检索条件，可以组合多个检索式，使文献的检索定位更加准确。高级检索支持的布尔逻辑运算符：与（and）、或（or）、非（not）。

③ 分类检索。与普通检索、高级检索的区别在于它提供一个分类选项，包括 19 个一级类，以及根据不同的类设置了几个到十几个不等的下位类。

NSTL 的标准等特种文献传递每页 1~3 元。

5.3.2.5 国家标准化管理委员会网站

中国国家标准化管理委员会（中华人民共和国国家标准化管理局）为国家质检总局管理的事业单位。国家标准化管理委员会是国务院授权的履行行政管理职能，统一管理全国标准化工作的主管机构。提供我国国内标准的查询。

网站地址：http://www.sac.gov.cn/templet/default/。

5.3.2.6 国际标准组织网站

ISO（国际标准化组织）是世界上最大的国际标准开发商和发行商。ISO 是一个非政府组织。该网站提供 ISO 标准的查询。

网站地址：http://www.iso.org。

5.3.2.7 IHS Standards Expert

IHS 公司是提供技术标准、规范的供应商。IHS 提供 370 多个世界各地技术协会的文件。

其中能查询到与石油行业有关的各国的标准，主要有 API、ASME、NACE、ISO 等。网站需要注册，下载标准需要收费。

网站地址：http://engineers.ihs.com/collections/api/index.htm。

5.3.2.8 ANSI

美国国家标准学会（American National Standards Institute，简称 ANSI）成立于 1918 年，是非赢利性质的民间标准化团体。美国政府商务部、陆军部、海军部等部门以及美国材料试验协会（ASTM）、美国机械工程师协会（ASME）、美国矿业与冶金工程师协会（ASMME）、美国土木工程师协会（ASCE）、美国电气工程师协会（AIEE）等组织都曾参与 ANSI 的筹备工作，ANSI 实际上已成为美国国家标准化中心，美国各界标准化活动都围绕它进行。ANSI 使政府有关系统和民间系统相互配合，起到了政府和民间标准化系统之间的桥梁作用。ANSI 协调并指导美国全国的标准化活动，给标准制定、研究和使用单位以帮助，提供国内外标准化情报。同时，又起着美国标准化行政管理机关的作用。

网站地址：http://www.ansi.org/。

5.3.2.9 ASTM

美国材料与试验协会标准（American Society for Testing Materials，简称 ASTM），成立于 1898 年，其前身是国际材料试验协会（International Association for Testing Materials，IATM）。ASTM 是美国最老、最大的非盈利性的标准学术团体之一。ASTM 的技术委员会下共设有 2004 个技术分委员会。有 105817 个单位参加了 ASTM 标准的制定工作，主要任务是制定材料、产品、系统和服务等领域的特性和性能标准，试验方法和程序标准，促进有关知识的发展和推广。ASTM 的标准制定一直采用自愿达成一致意见的制度。标准制度由技术委员会负责，由标准工作组起草。经过技术分委员会和技术委员会投票表决，在采纳大多数会员共同意见后，并由大多数会员投票赞成，标准才获批准，作为正式标准出版。虽然 ASTM 标准是非官方学术团体制定的标准，但由于其质量高，适应性好，从而赢得了美国工业界的官方信赖，不仅被美国各工业界纷纷采用，而且被美国国防部和联邦政府各部门机构采用。今天，ASTM 标准和资料不仅在美国被广泛使用，也大受世界各国欢迎，被世界上许多国家和企业借鉴和应用，影响着人们生活的多个方面。

网站地址：http://www.astm.org/。

5.3.2.10 ASME

美国机械工程师协会（American Society of Mechanical Engineers）成立于 1881 年 12 月 24 日，会员约 693000 人。ASME 主要从事发展机械工程及其有关领域的科学技术，鼓励基础研究，促进学术交流，发展与其他工程学、协会的合作，开展标准化活动，制定机械规范和标准。ASME 是 ANSI 五个发起单位之一。ANSI 的机械类标准，主要由它协助提出，并代表美国国家标准委员会技术顾问小组，参加 ISO 的活动。

网站地址：http://www.asme.org/。

5.3.2.11 API

美国石油学会（American Petroleum Institute，简称 API）于 1919 年成立，主要进行石油开采和提炼的基础研究，制定有关设备管道及其名词术语、材料、检验方法等标准，还制定操作、海上安全和防止污染等规程，进行产品质量认证和授予认证质量标志。经检验合格并取得 API 认证标志的产品在国际石油业中可以通用。API 在商品油的包装上代表油品的级别。为加速国际标准的制定，API 标准将通过 ISO 制定标准的程序上升为 ISO 标准。目前已有几十个国家采用 API 标准。

网站地址：http://www.api.org/Standards/。

5.3.2.12 ITU

国际电信联盟（International Telecommunication Union，简称 ITU）是联合国的一个专门机构，也是联合国机构中历史最长的一个国际组织，简称"国际电联"或"电联"。该国际组织成立于 1865 年 5 月 17 日，是由法、德、俄等 20 个国家在巴黎为了顺利实现国际电报通信而成立的国际组织，定名"国际电信联盟"。1932 年，70 个国家代表在西班牙马德里召开会议，决议把"国际电报联盟"改为"国际电信联盟"，这个名称一直沿用至今。1947 年在美国大西洋城召开国际电信联盟会议，经联合国同意，国际电信联盟成为联合国的一个专门机构。ITU 目前已制定了 2024 项国际标准。

网站地址：http://www.itu.int/ITU-T/。

5.3.2.13 IEEE

美国电气与电子工程师协会（Institute of Electrical and Electronics Engineers，简称 IEEE）于 1963 年由美国电气工程师学会(AIEE)和美国无线电工程师学会(IRE)合并而成，是美国规模最大的专业学会。它由大约十七万名从事电气工程、电子和有关领域的专业人员组成，分设十个地区和 206 个地方分会，设有 31 个技术委员会。IEEE 的标准制定内容有：电气与电子设备、试验方法、元器件、符号、定义以及测试方法等。IEEE 标准在消费电子、PC 市场等领域广泛应用。

网站地址：http://standards.ieee.org/。

5.3.2.14 英国国家标准

英国标准协会（BSI）成立于 1901 年，当时称为英国工程标准委员会。经过 100 多年的发展，BSI 现已成为举世闻名的，集标准研发、标准技术信息提供、产品测试、体系认证和商检服务五大互补性业务于一体的国际标准服务提供商，面向全球提供服务。BSI 目前在世界 110 个国家和地区设有办事处或办公室，拥有员工 5500 人，其中 75％在国外。作为全球权威的标准研发和国际认证评审服务提供商，BSI 倡导制定了世界上流行的 ISO9000 系列管理标准，在全球 110 多个国家拥有注册客户，注册标准涵盖质量、环境、健康和安全、信息安全、电信和食品安全等几乎所有领域。在正式的国际标准组织中，BSI 代表英国，是国际标准组织、国际电工委员会、欧洲标准化委员会(CEN)和 CLC 所有高级管理委员会的常任成员，是国际标准组织秘书处五大所在地之一。

网站地址：http://www.standardsuk.com/。

5.3.2.15 德国国家标准

德国标准化学会是德国最大的具有广泛代表性的公益性标准化民间机构，成立于 1917 年，总部设在首都柏林。1917 年 5 月 18 日，德国工程师协会（VDI）在柏林皇家制造局召开会议，决定成立通用机械制造标准委员会，其任务是制定 VDI 规则。同年 7 月，标准委员会建议将各工业协会制定的标准与德国工程师协会标准合并，统称为德国工业标准（DIN）。

网站地址：http://www.din.de/cmd?level=tpl-home&contextid=din。

5.3.2.16 日本工业标准

日本工业标准调查会（Japanese Industrial Standards Committee，JISC），主要任务是组织制定和审议日本工业标准(JIS)；调查和审议 JIS 标志指定产品和技术项目。

网站地址：http://www.jisc.go.jp/。

5.3.2.17 法国标准

NF 标志是指法国的产品认证制度。NF 是法国标准的代号，其管理机构是法国标准化协会(Association Francaise de Normalisation，简称 AFNOR)。它是法国政府工业部监管下的认证组织，是促进标准实施的权威机构。根据法国民法成立，并由政府承认和资助的全国性标准化机构，成立于 1926 年。1941 年 5 月 24 日，法国政府颁布法令，确认 AFNOR 为全国标准化主管机构，并在政府标准化管理机构——标准化专署领导下，按政府指示组织和协调全国标准化工作，代表法国参加国际和区域性标准化机构的活动。总部设在首都巴黎。现有 6000 多会员，主要是团体会员，有少量个人会员。AFNOR 的最高权力机构是理事会。由来自非营利性团体的 34 名成员组成。

法国的 NF 标志是 1938 年开始实行的。1942 年，法国国家经济财政部长级国务秘书、农业部长级国务秘书和工业生产国务秘书联合颁布了《国家标志章程》，从而进一步完善了 NF 标志制度。NF 标志制度主要适用于下列 3 类 60 多种产品：① 家用电器；② 家具；③ 建筑材料；④ 管理体系。NF 标志是证明产品符合法国批准标准的一种法定质量符号。

NF 是由行业标准化局或 AFNOR 设立的技术委员会制定的。法国每 3 年编制一次标准修订计划，每年进行一次调整。法国标准分为正式标准(HOM)、试行标准(EXP)、注册标准(ENR) 和标准化参考文献(RE)4 种。截至 1998 年底，共有 19500 个 NF 标准。

网站地址：http://www.afnor.org/。

5.3.3 学位论文

5.3.3.1 概述

学位论文是指高等学校毕业生或其他研究机构的研究生为获取学位提交的学术论文，包括学士、硕士和博士三种论文。一般而言，博士、硕士论文都是具有某些创造性的一次文献，其中不乏很有创见性的论文或有突出应用的成果，并且大多附有参考文献，从中可以看出有关课题的发展过程和方向。因此学位论文作为重要的文献信息源，受到学术界广泛的关注。学位论文一般不公开出版，而是由国家指定机构加以收藏。

中国国家图书馆（原北京图书馆）和中国科学技术信息研究所（原中国科学技术情报研究所）是国家法定学位论文收藏单位。国内的学位论文主要由它们集中收藏。另外，设有硕士和博士教学点的大学或研究所也藏有本校（本所）攻读硕士学位和博士学位的学位论文。同时，按照中国高等教育文献保障体系（CALIS）要求，各高校学位论文要建成数据库并上网。这就为学位论文的检索带来了方便。

目前，国内学位论文收藏的主要单位有以下 2 种。

1. 高校图书馆和科研机构图书馆

如北京大学图书馆、清华大学图书馆、国家图书馆、科学院系统图书馆等。

2. 中国科技信息研究所

国外著名的收藏机构有：美国大学缩微品国际出版公司，专门负责出版学位论文，其出版的学位论文有印刷型、缩微胶片、磁带、光盘和网络数据库。

下面介绍一些在网上获取学位论文的资源。网上的研究生学位论文信息资源分布广泛，除有中英文搜索引擎、学术机构站点外，还有专门的研究生学位论文网站，现介绍一些具有代表性的学位论文数据库。

5.3.3.2 欧美硕博士论文数据库（PQDD）

欧美硕博士论文数据库(ProQuest Digital Dissertations，PQDD)是由美国UMI(UniversityMicrofilms International)公司开发研制，是目前世界上最大的和使用最广泛的学位论文数据库，界面如图 5.132 所示。收录欧美 1000 多所著名大学从 1861 年至今的理工科博士、硕士学位论文 150 多万篇，每年还增加 4.5 万篇论文摘要，其中博士论文摘要 350 字左右，硕士论文摘要为 150 字左右，并可看到 1997 年以来论文的前 24 页(PDF 格式)。

学科覆盖了数学、物理、化学、农业、生物、商业、经济、工程和计算机科学等。该数据库提供两种检索方式：基本检索和高级检索。基本检索包括 14 个常用字段：题名(Title)、文摘(Abstract)、作者(Author)、导师(Advisor)、学校(School)、学科(Subject)、年代(Year)、语种(Language)等。高级检索界面分为上、下两部分：检索式输入框和检索式构造辅助表。辅助表包括 4 种方法：① Keywords Fields 提供基本检索界面；② Search History 选择检索历史的某一步；③ Subject Tree 选择学科；④ School Index 选择学校。4 种方式都是通过点击"ADD"按钮，将检索条件加入检索式输入框中来辅助构成检索式。该数据库还提供截词检索(截词符：?)、位置检索(位置符：w/n——两词间距小于 n 个单词，且前后位置任意；Pre/n——两词间距小于 n 个单词，且前后位置一定)及词组检索(用空格将单词隔开进行精确的词组检索)。

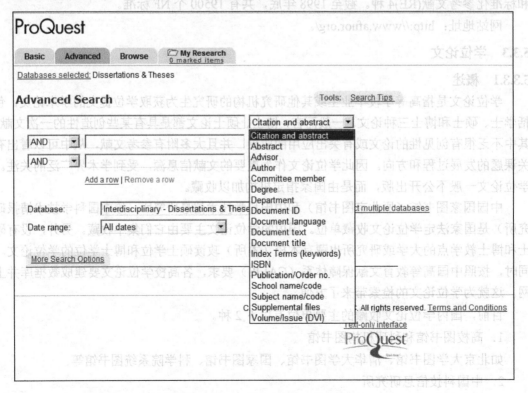

图 5.132 欧美硕博士论文数据库

5.3.3.3 中国优秀博硕士学位论文全文数据库

中国优秀博硕士学位论文全文数据库(Chinese Doctoral Dissertations and Master's Theses Full Text Databases，CDMD)是中国知识基础设施工程(CNKI)的系列产品之一，是目前国内资源最完备、收录质量最高的博硕士学位论文全文数据库，界面如图 5.133 所示。收录的论文来源于我国高等学校、科研院所、研究部门所属的博、硕士培养点。学科范围覆盖理、工、农、医、文、史、哲、政、经、法、教育以及社会科学综合等各个方面。它分成 9 大专辑，122 个专题数据库。CDMD 每年收录优秀博硕士学位论文 2 万篇，每篇的数据量按 5M 计算，一年的数据量高达 100G。它提供关键词、中文题名、副题名、中文摘要、中文目录、作者姓名、导师、全文、引文、论文级别、学科专业名称、学位授予单位、论文提交日期、英文关键词、英文题名、英文副题名、英文摘要多种检索途径，并向用户提供全文，可以在线浏览、下载、打印，识别转换成文本格式进行编改。其结构与《中国期刊全文数据库》基本一致，便于跨库检索、相互链接和建立专业数据库。

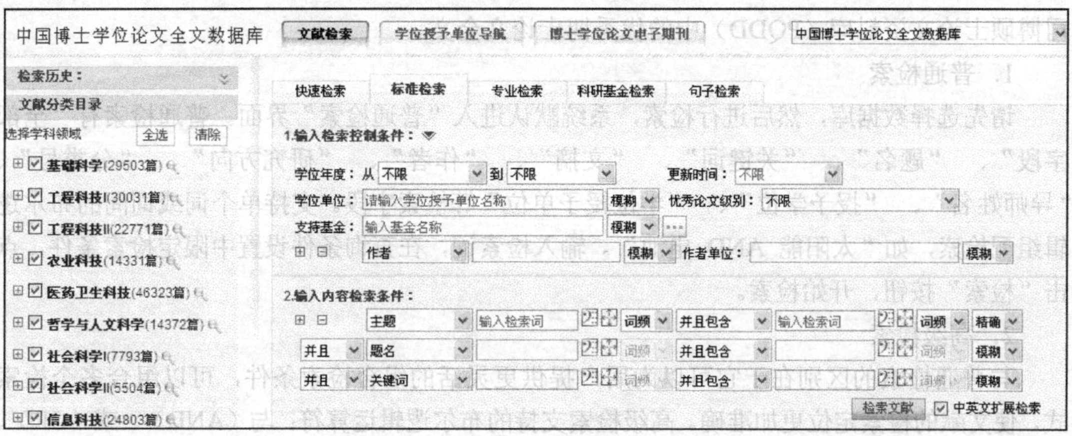

图 5.133　CNKI 博士论文库检索界面

5.3.3.4 中国学位论文数据库

中国学位论文数据库（Chinese Dissenation Database，CDDB）是万方数据库系统中的一个子数据库，由中国科技信息研究所万方数据股份公司制作，是一个综合性、文献型书目数据库。主要收集了从 1989 年以来我国自然科学领域的硕士、博士和博士后的论文，界面如图 5.134 所示。截至 2000 年共收入 24 万条记录，每年增加 2 万条记录。内容涵盖了数理科学、化学、生物科学、医药卫生、无线电电子学、电信技术、农业科学、自动化技术、计算机技术、地球科学、交通运输、轻工、机械仪表业、水利工程、动力工程、冶金工业、建筑工程、石油天然气工业、矿业工程等各大专业。以《中国图书分类法》作为分类依据，提供了以分类号、作者、指导教师、论文名称、全文任意词字段等多种检索途径。各字段间能进行逻辑组配，检索灵活、方便，并可在网上申请原文复制服务，也可根据馆藏号借阅复印。该数据库对非授权用户而言，只能看到查询结果的部分信息，授权用户可看到全部内容。

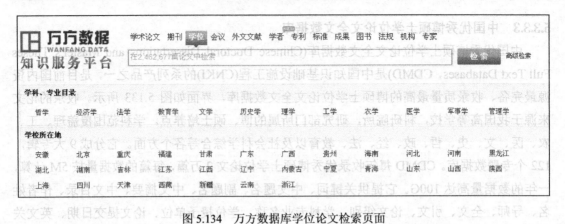

图 5.134　万方数据库学位论文检索页面

5.3.3.5　国家科技图书文献中心（NSTL）数据库

NSTL 是国内最大的文献传递机构，文献品种和数量巨大，收费合理，传递快捷。其中中文学位论文包括国内绝大部分学位论文的全文，外文学位论文数据库提供美国 ProQuest 公司博硕士论文资料库（PQDD）中的优秀博士论文全文。

1．普通检索

请先选择数据库，然后进行检索，系统默认进入"普通检索"界面。普通检索有"全部字段"、"题名"、"关键词"、"文摘"、"作者"、"研究方向"、"分类号"、"导师姓名"、"授予学位"、"学位授予单位"等检索字段。支持单个词或词间的布尔逻辑组配检索，如"太阳能 AND 电池"。输入检索词，在查询条件设置中限定检索条件，点击"检索"按钮，开始检索。

2．高级检索

与普通检索的区别在于它可以为用户提供更灵活的组合检索条件，可以组合多个检索式，使文献的检索定位更加准确。高级检索支持的布尔逻辑运算符：与（AND）、或（OR）、非（NOT）。

3．分类检索

与普通检索、高级检索的区别在于它提供一个分类选项，包括 19 个一级类，以及根据不同的类设置了几个到十几个不等的下位类。

NSTL 的学位文献可通过文献传递获取全文。原文在 1~2 个工作日内送出，一般为扫描文件，也有少量的其他电子版。

5.3.3.6　高校自建的学位论文数据库

绝大部分高校都收藏自己的学位论文，并且进行数字化处理。能进行检索和下载。考虑到知识版权的需要，一般都做了限制，仅仅校园网用户能下载全文。下面列举了一些高校学位论文数据库的名称。

① 西南石油大学学位论文库，如图 5.135 所示。
② 上海交通大学研究生学位论文数据库。
③ 复旦大学研究生学位论文数据库。
④ 西安交通大学研究生学位论文全文数据库。

⑤ 北京大学学位论文全文库。

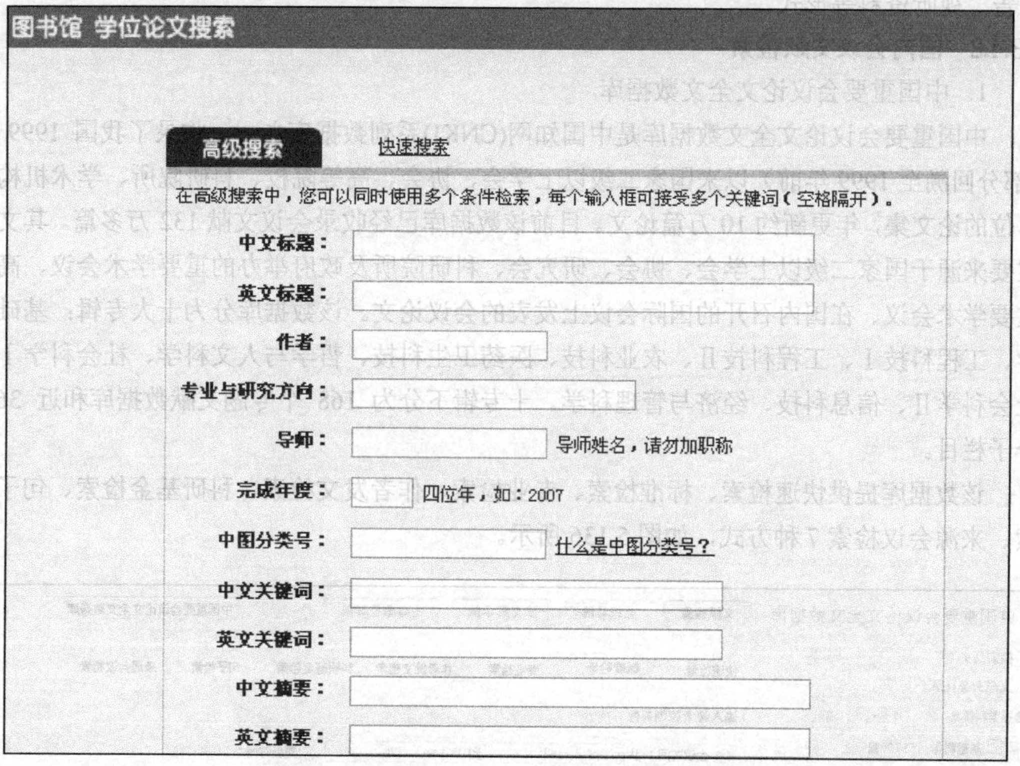

图 5.135 西南石油大学学位论文数据库检索界面

5.3.4 会议文献

5.3.4.1 会议文献概述

1. 会议文献概念

会议文献是指各类学术会议而形成的相关资料，包括会议论文、会议文件、会议记录、会议报告等。许多科学技术的新成果、新理论、新方法都是在科技会议中首次公布的。目前全世界每年召开的国际性科技会议有上万个，会议文献数量的增长远远超过图书、期刊的增长。因此，会议文献是一种非常重要的信息来源。

2. 会议文献的类型

（1）会前文献 指在会议进行之前预先印发给与会代表的论文预印本、论文摘要、发言提要等。

（2）会中文献 指开会期间发给与会者的文献以及开幕词、讲演词、讨论记录、会义决议等。

（3）会后文献 会议结束后经过整理、编辑出版的会议文献。常见的会后文献形式有：会议录(proceeding)、会议论文集(symposium)、学术讨论论文集(colloquium papers)、会议论文汇编(transactions)、会议记录(records)、会议报告集(Reports)、会议论文集(Papers)、会议出版物(publications)、会议纪要(Digest)等。按出版形式划分的会后文献有图书、期刊论文、科技报告、视听资料等形式。

5.3.4.2 国内会议文献检索

1. 中国重要会议论文全文数据库

中国重要会议论文全文数据库是中国知网(CNKI)系列数据库之一，收录了我国 1999 年（部分回溯至 1999 年前）以来国家二级以上学会、协会、高等院校、科研院所、学术机构等单位的论文集，年更新约 10 万篇论文。目前该数据库已经收录会议文献 132 万多篇。其文献主要来源于国家二级以上学会、协会、研究会、科研院所及政府举办的重要学术会议、高校重要学术会议、在国内召开的国际会议上发表的会议论文。该数据库分为十大专辑：基础科学、工程科技Ⅰ、工程科技Ⅱ、农业科技、医药卫生科技、哲学与人文科学、社会科学Ⅰ、社会科学Ⅱ、信息科技、经济与管理科学。十专辑下分为 168 个专题文献数据库和近 3600 个子栏目。

该数据库提供快速检索、标准检索、专业检索、作者发文检索、科研基金检索、句子检索、来源会议检索 7 种方式，如图 5.136 所示。

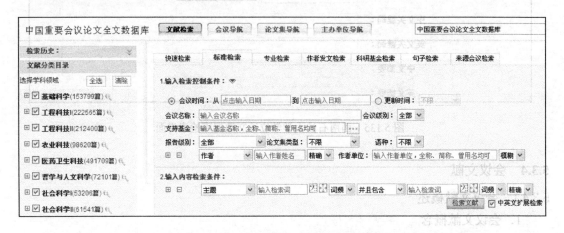

图 5.136 中国重要会议论文全文数据库标准检索界面

该系统还可以根据会议导航、论文集导航、主办单位导航来进行文献的查找。

2. 中国学术会议论文全文数据库

中国学术会议论文全文数据库是万方数字资源系列数据库之一。收录了 1985 年至今世界主要学会和协会主办的会议论文，以一级以上学会和协会主办的高质量会议论文为主。每年涉及近 3000 个重要的学术会议，总计 97 万余篇，每年增加约 18 万篇，每月更新。

进入万方数据库，点击学术会议，进入会议文献检索界面，如图 5.137 所示。该界面提供了检索输入框，在输入框中直接输入检索词，就可进行会议论文的查找。该界面还可以通过学科分类或者会议主办单位分类逐级缩小范围进行查找。

点击检索框右边的高级检索，进入高级检索界面，高级检索界面提供标题、作者、关键词、摘要、会议名称、主办单位、会议时间等检索途径，如图 5.138 所示。

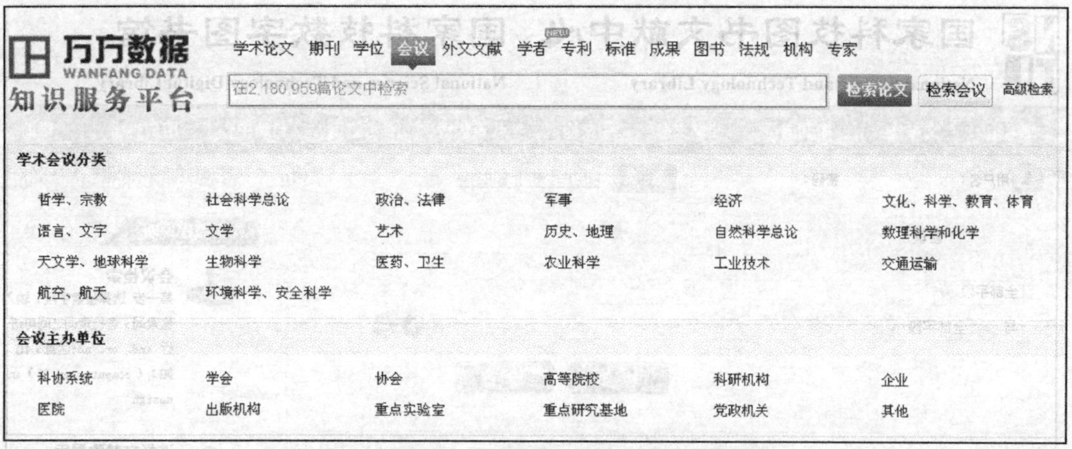

第 5 章 数据库电子文献检索

图 5.137 中国学术会议论文全文数据库检索主界面

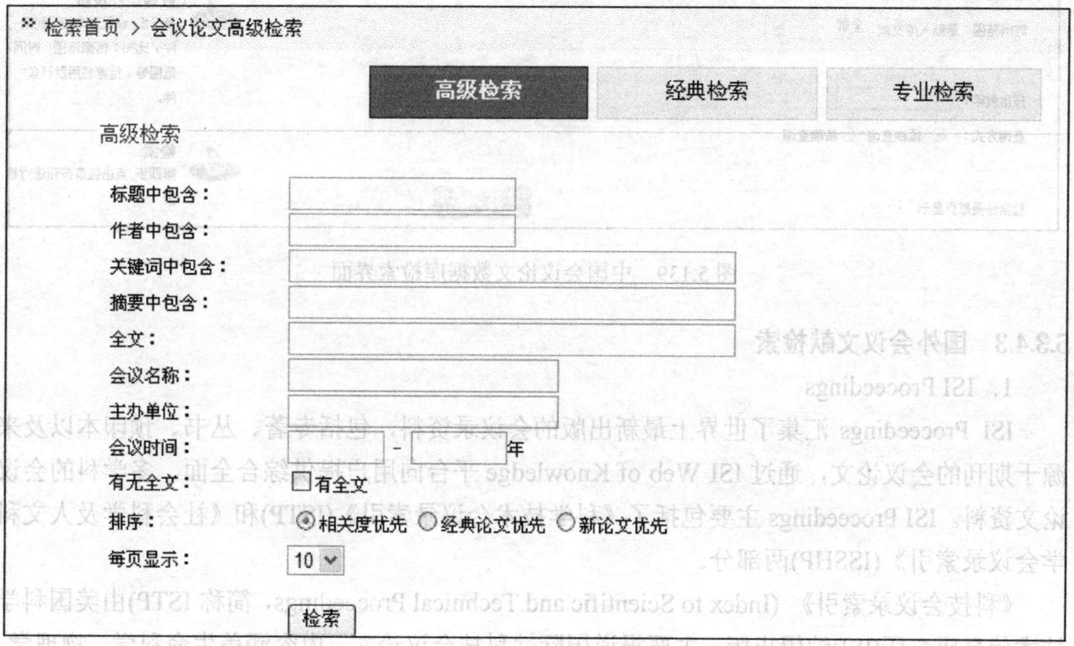

图 5.138 中国学术会议论文全文数据库高级检索界面

另外，系统还提供经典检索和专业检索两种方式。经典检索提供了作者、标题、会议名称、主办单位、中图分类、关键词、摘要等检索途径。专业检索需用户创建检索表达式，输入命令输入框中进行检索。

3. 中国会议论文数据库

国家科技图书文献中心（NSTL）的中国会议论文数据库收录了 1985 年以来的中国国家级学会、协会、研究会以及各省、部委等组织召开的全国性学术会议论文，数据库收藏重点为自然科学各专业领域。检索界面如图 5.139 所示。

图 5.139　中国会议论文数据库检索界面

5.3.4.3　国外会议文献检索

1. ISI Proceedings

ISI Proceedings 汇集了世界上最新出版的会议录资料，包括专著、丛书、预印本以及来源于期刊的会议论文，通过 ISI Web of Knowledge 平台向用户提供综合全面、多学科的会议论文资料。ISI Proceedings 主要包括了《科学技术会议录索引》(ISTP)和《社会科学及人文科学会议录索引》(ISSHP)两部分。

《科技会议录索引》(Index to Scientific and Technical Proceedings，简称 ISTP)由美国科学技术信息研究所(ISI)编辑出版，主要报道国际性科技会议论文。内容涵盖生命科学、物理学、化学、农业、生物学与环境科学、医学、工程科学及应用科学等领域。

《社会科学及人文科学会议录索引》(Index to Social Science & Humanities Proceedings，简称 ISSHP)收录了来自社会科学、艺术、人文领域的所有学科的会议资料。

2008 年，ISI Proceedings 数据库并入 Web of Science，成为其中的子库，更名为 CPCI-S (Conference Proceedings Citation Index - Science)。其检索界面与使用方法详见 5.2.3。

2. OnePetro

OnePetro 是一个提供有关石油和天然气勘探和生产行业的技术会议文献的检索平台。该平台是 2009 年 4 月由美国石油工程师协会 SPE 数据库联合新增学会（美国石油协会、美国岩石力学协会、美国安全工程师协会、美国国际腐蚀工程师协会、海洋技术会议、国际岩石物理学家与测井分析家学会、水下技术学会、世界石油大会）的电子资源扩充而成。

OnePetro 数据库具体内容及检索方法详见本章 5.2.5。

3．ASME Digital Library

美国机械工程师学会（American Society of Mechanical Engineers，简称 ASME）成立于 1880 年，是世界上最大的技术出版机构之一，集中在机械工程领域。ASME 制定众多的工业和制造业行业标准，这些标准在全球 90 多个国家被采用。ASME 每年召开约 30 次大型技术研讨会议，ASME Digital Library 可以检索并获得该学会出版的会议录全文。

4．IEEE/IET Electronic Library(IEL)

美国电气电子工程师学会（Institute of Electrical and Electronics Engineers，简称 IEEE）和英国工程技术学会（The Institution of Engineering and Technology，简称 IET）每年会主办或协办三百多项有关太空、计算机、电信、生物医学、电力及消费性电子产品等领域的技术会议。IEEE/IET Electronic Library 提供该学会出版的会议录全文。此外，该库还可以查到 IEEE/IET 标准和期刊论文。

5．AIAA Electronic Library

AIAA 是美国航空航天学会的简称，该学会是国际间推进航空航天科技交流及促进产学研合作的重要的专业学会之一。AIAA 每年举办约 40 余场次的国际航空航天科技会议，这些会议论文通常涉及航空航天及相关领域的最新研究进展。AIAA 会议论文的内容除了涵盖一般航空航天重点科技领域，如空气动力学、燃烧与推进、结构力学与材料、导航与控制等，还包括许多专业领域，如热物理学、激光与等离子动力学、先进测量技术与地面测试、飞行动力与航天动力学等。AIAA Electronic Library 可以检索并获得该学会出版的会议录全文。

6．ACM Digital Library

收录了美国计算机协会（Association for Computing Machinery）的各种电子期刊、会议录、快报等文献，点击其中的Proceedings，可以看到所有 ACM Digital Library 所收录的会议，大多数可以获得全文。

7．SPIE Digital Library

国际光学工程学会（The International Society for Optical Engineering, 简称 SPIE）数字图书馆，其中 SPIE 会议录是最主要的部分，收录了自 1963 年以来由 SPIE 主办的或参与主办的会议论文全文，汇集了光学工程、光学物理、光学测试仪器、遥感、激光器、机器人及其工业应用、光电子学、图像处理和计算机应用等领域的最新研究成果。

8．AIP Conference Proceedings

AIP Conference Proceedings 提供美国物理联合会（American Institute of Physics，简称 AIP）的会议录全文。

9．ASCE Proceedings

ASCE Proceedings 提供美国土木工程师学会（The American Society of Civil Engineers，简称 ASCE）会议录全文。

5.3.5 科技报告

5.3.5.1 科技报告概述

科技报告(Scientific & Technical Report)是指科研机构、生产单位对科学技术研究的成果报告或研究进展的记录。科技报告最早出现于20世纪初，二次世界大战后迅速发展，是主要报道科技最新成果的文献类型之一。

1．科技报告类型

（1）按研究类型划分　可分为基础理论研究和工程技术研究。

（2）按研究进展程度划分　可分为初期报告（Primary Report）、进展报告（Progress Report）、中间报告（Interim Report）和最终报告（Final Report）。

（3）按保密程度划分　可分为绝密报告（Top Secret Report）、机密报告（Secret Report）、秘密报告（Confidential Report）、非密限制报告（Restricted Report）、非密公开报告（Unclassified Report）、解密报告（Declassified Report）。

（4）按出版形式划分　可分为技术报告(Technical Reports)、技术札记(Technical Notes)、技术备忘录(Technical Memorandum)、通报（Bulletin）、技术论文(Technical Papers)、技术译文(Technical Translations)、合同户报告(Contractor Reports)、特殊出版物(Special Reports)等。

2．科技报告特点

（1）内容新颖、翔实、专深　科技报告往往涉及尖端学科或世界最新研究课题，报告内容既反映成功经验，又阐述失败教训，往往附有详尽的数据、图表和事实资料。

（2）种类多，数量大　科技报告几乎涉及整个科学、技术领域，据报道每年产生的科技报告在100万件以上。

（3）出版发行较为迅速　科技报告一般比同类的其他文献发表得早，尤其是尖端科技的最新研究成果往往首先反映在科技报告中。

（4）每份报告独立成册　以单册形式出版，每份报告均编有序号。

（5）发行范围受到控制。科技报告往往带有不同程度的保密性质，只有小部分可公开或半公开发行，难以获得原文。

5.3.5.2　国内科技报告

1．《中国科技项目创新成果鉴定意见数据库》

《中国科技项目创新成果鉴定意见数据库》收录了1978年以来所有正式登记的中国科技成果，按行业、成果级别、学科领域分类。每条成果信息包含成果概括、立项情况、评价情况、知识产权状况及成果应用情况、成果完成单位情况、成果完成人情况、单位信息等成果基本信息。成果的内容来源于中国化工信息中心，相关的文献、专利、标准等信息来源于CNKI各大数据库。可以通过成果名称、成果完成人、成果完成单位、关键词、课题来源、成果入库时间、成果水平等检索项进行检索。

该数据库主要提供初级检索、高级检索和专业检索三种检索方式，可以对成果名称、关键词、成果简介、中图分类号、学科分类号、成果完成人、第一完成单位、单位所在省市名称、合作完成单位等检索项进行检索（图5.140），与此同时，还可以通过成果应用行业和成果课题来源两个检索条件进行限定。

2．《中国科技成果数据库》

《中国科技成果数据库》主要收录了国内的科技成果及国家级科技计划项目。总计约50余万项，内容涉及自然科学的各个学科领域，每月更新。

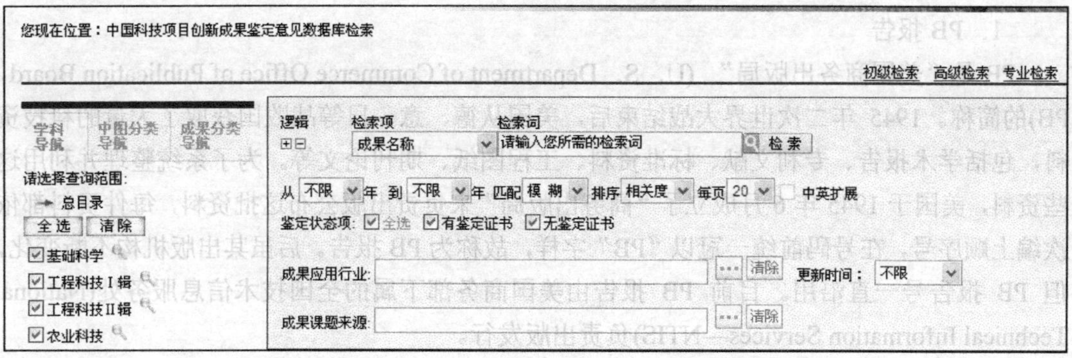

图 5.140 中国科技项目创新成果鉴定意见数据库简单检索界面

该数据库主要提供高级检索、经典检索和专业检索三种检索方式,可以对成果名称、完成单位、关键词、成果简介、单位所在省市名称、成果类别、成果水平、鉴定单位、申报单位、成果完成人位等检索项进行检索,如图 5.141 所示。

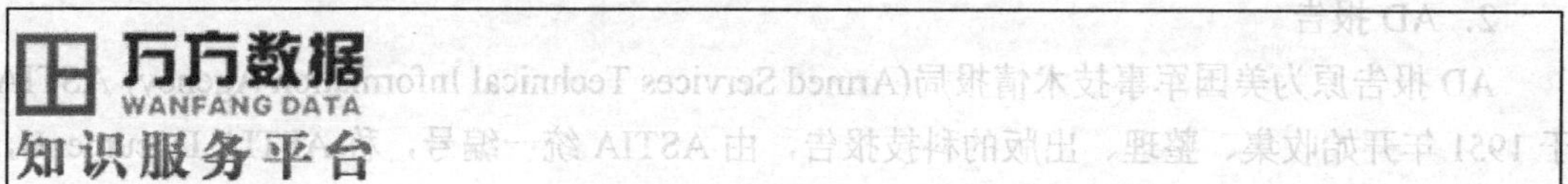

图 5.141 中国科技成果数据库高级检索界面

5.3.5.3 国外科技报告

目前,世界上许多国家都出版自己的科技报告,例如,著名的美国政府四大报告、英国航空委员会报告(ARC)、欧洲空间组织报告(ESRO)、法国国家航空研究报告(RNEAR)、法国原子能委员会报告(CEA)等。

美国科技报告数量最多,约占总数的 80%,其科技报告中最著名的是美国政府的"四大报告",即 PB 报告、AD 报告、NASA 报告和 DOE 报告。

1. PB 报告

PB 是"美国商务出版局"（U. S. Department of Commerce Office of Publication Board，PB）的简称。1945 年二次世界大战结束后，美国从德、意、日等战败国获取了大量的科技资料，包括学术报告、专利文献、标准资料、工程图纸、期刊论文等。为了系统整理并利用这些资料，美国于 1945 年 6 月成立了"商务出版局"来负责出版公布这批资料，每件资料都依次编上顺序号，在号码前统一冠以"PB"字样，故称为 PB 报告。后虽其出版机构不断变化，但 PB 报告号一直沿用。目前 PB 报告由美国商务部下属的全国技术信息服务处(National Technical Information Services—NTIS)负责出版发行。

20 世纪 40 年代的 PB 报告(10 万号以前)主要收录了来自战败国的科技资料；20 世纪 50 年代(10 万号以后)主要收录了美国的科技报告及相关的科技文献；20 世纪 60 年代后内容逐步从军事科学转向民用工程技术、生物医学等领域。

PB 报告编号原采用 PB 编码后直接加上流水号的形式，1980 年开始改为"PB+年代+顺序号"的编号系统。

2. AD 报告

AD 报告原为美国军事技术情报局(Armed Services Technical Information Agency，ASTIA)于 1951 年开始收集、整理、出版的科技报告，由 ASTIA 统一编号，称 ASTIA Documents，简称 AD 报告。

AD 报告主要来源于美国三军科研机构的报告，也包括了公司、企业、外国研究机构及国际组织的研究成果，另外还有一些美国军事部门译自苏联、东欧和中国的译文。内容不仅包括军事方面，也广泛涉及许多民用技术，包括航空、电子、通信、农业等领域。

AD 报告的编号，早先采用 AD 后直接加编顺序号。从 1975 年开始采用"AD+密级+流水号"的报告号。AD 报告的密级包括机密、秘密、内部限制发行、非密公开发行 4 种。以在 AD 后面加一个字母来代表相应的密级，如 AD—A 表示公开发行报告；AD—B 表示内部限制发行；AD—C 表示秘密、机密报告等。

3. NASA 报告

NASA 报告是美国国家航空与宇航局(National Aeronautics and Space Administration，NASA)收集、整理、报道和提供使用的科技报告。NASA 是专门研究宇宙航行和火箭技术的机构，工作中所属机构或合同客户产生了大量研究报告，这些报告冠以 NASA 的编号，故称 NASA 报告。

NASA 报告的内容侧重于航空、航天技术方面，但由于航空本身就是一门综合性的科学，与机械、化工、冶金、电子、气象、天体物理、生物等学科都有密切的联系，因此，NASA 报告实际上也是一种综合性的科技报告。

该报告采用"NASA—报告出版类型—顺序号"的编号方式。NASA 报告的出版类型很多，主要类型有 NASA—TR—R(技术报告)、NASA—TN—D(技术札记)、NASA—TP(技术论文)、NASA—TM—X(技术备忘录)、NASA—CR(合同户报告)、NASA—Case(专利说明书)、NASA—TT—F(技术译文)、NASA—CP（会议出版物）、NASA—SP（特种出版物）。

4. DOE 报告

DOE 报告是美国能源部(Department of Energy，DOE)整理发行的研究报告。

DOE 报告主要报道原子能及其开发应用，另外也报道其他与能源有关的科技报告。

DOE 报告不像 PB 报告、AD 报告、NASA 报告那样有统一的编号，报告号一般采用来源单位名称的首字母缩写加顺序号形式，有的还表示编写报告的年份或报告的类型简称，比较混乱。解决该问题可以通过一些工具书如《科技报告代码词典》、《技术情报处报告编目用的报告索引》、《能源研究与发展署技术情报中心报告编目用的报告号代码》对各种代号进行识别。

美国商务部的国家技术信息服务处(National Technical Information Services，简称 NTIS)是美国联邦政府科技文献资料的出版发行中心，它统管美国政府资助的所有科研项目的科技成果的报道。NTIS 文献库以每年 8 万多件的速度增长，现有收藏量超过 250 万件，其中最大量的是美国政府四大报告。

5.4 文献检索案例

本节通过具体的课题检索，使大家对课题分析、检索范围、检索词的选取、检索结果的评价有更深入的了解和认识。

5.4.1 社科文献检索案例

课题名称：职业女性角色冲突研究。

5.4.1.1 课题背景

新中国建立后，中国女性迅速从家庭走向社会，初步实现了认定社会本质。特别是在改革开放、全面建设小康社会的进程中，科技发展更是为女性就业提供了广阔的前景，并减轻了女性家庭劳动的负担。尽管市场经济、科技的发展为妇女社会关系的丰厚、社会交往的扩展、社会本质的发展提供了机遇和平台，但是传统性别角色仍然是妇女社会性发展的主要障碍，职业女性在社会参与中遇到角色冲突及其所带来的困扰已成为一个社会生活的普遍现象，业已引发众多学者对此现象的研究。本课题对有关职业女性角色冲突的研究进行综合分析，从中寻找出职业女性处理好多重角色的途径，帮助女性更好地调整对自身工作和生活现状的态度，使自身获得更有成效、更全面的发展。

5.4.1.2 课题分析

关键词 1：职业女性。又称职业妇女，与未外出承担任何社会工作的家庭妇女、全职太太是相对应的。

关键词 2：角色冲突。是指职业妇女同时兼顾社会角色与家庭角色而产生的冲突，其潜在的关键词就有角色定位、角色学习、角色调试、角色建设、角色认同、家庭角色、工作-家庭冲突等。

5.4.1.3 检索词

中文：职业女性、职业妇女、角色冲突、妇女发展、角色困惑、家庭角色、工作-家庭冲突。

英文：carrier woman(female), professional woman(female), role conflict, work-family conflict, role confusion, family。

5.4.1.4 检索过程

① 超星数字图书馆，见表 5.10。

表 5.10　超星数字图书馆检索策略和结果

序号	检索策略	检索结果	评价
1	职业女性（主题词）并且角色冲突（主题词）	0 篇	限制范围太小
2	职业女性（全文检索）并且角色冲突（全文检索）	17 篇	相关性好，查全率较高
3	职业妇女（全文检索）并且角色冲突（全文检索）	17 篇	结果相同，在该数据库中，"职业妇女"与"职业女性"是等同的
4	职业女性（全文检索）并且工作家庭冲突（全文检索）	2 篇	限制范围太小
5	职业女性（全文检索）并且家庭角色	2 篇	限制范围太小

注：可采用序号 2+3 检索策略。

② 中国期刊全文数据库（CNKI），见表 5.11。

表 5.11　中国期刊全文数据库检索策略和结果

序号	检索策略	检索结果	评价
1	职业女性（主题）并且角色冲突（主题） 时间（1995-2010）	193 篇	相关性不好
2	职业女性（关键词）并且角色冲突（关键词）	91 篇	相关性良好
3	职业女性（主题）并且工作家庭冲突（关键词）	41 篇	相关性良好
4	职业妇女（主题）并且工作家庭冲突（关键词）	4 篇	限制范围太小
5	职业妇女（关键词）并且工作家庭冲突（关键词）	2 篇	限制范围太小
6	职业女性（主题）并且家庭角色（关键词）	164 篇	相关性不好
7	职业女性（主题）并且角色困惑（关键词）	16 篇	相关性良好
8	职业女性（关键词）并且角色困惑（关键词）	15 篇	相关性良好
9	职业女性（题名）并且角色困惑（题名）	3 篇	相关性良好
10	职业女性（题名）并且角色冲突（题名）	17 篇	相关性良好
11	职业女性（题名）并且工作家庭冲突（题名）	18 篇	相关性良好

注：可以采用序号 2+3+7+8+9+10+11 的检索策略。

③ JSTOR Database，见表 5.12。

表 5.12　JSTOR Database 检索策略和结果

序号	检索策略	检索结果	评价
1	full-text = "professional woman" AND full-text "work-family conflict"	0 篇	限制范围太小
2	full-text = "carrier woman"	17 篇	相关性较好
3	Full-text = "carrier female" AND full-text = "family"	30 篇	相关性较好
4	Full-text = "carrier woman" AND full-text = "family"	13 篇	相关性较好

④ CASHL 文献传递，见表 5.13。

表 5.13　CASHL 检索策略和结果

序号	检索策略	检索结果	评价
1	Full-text= "professional woman"	16 篇	相关性较好
2	Full-text= "professional woman" AND full-text "family"	1 篇	相关性较好

续表

序号	检索策略	检索结果	评价
3	Full-text="professional female" AND full-text "family"	1篇	相关性较好
4	Full-text="carrier female" AND full-text="family"	0篇	限制范围太小
5	Full-text="professional female" AND full-text="role"	1篇	相关性较好

注：若本地人文社科外文数据库资源不足时，可以通过CASHL文献传递获取原文。

5.4.2 工程科学检索案例

课题名称：射孔爆炸载荷作用下测试管柱力学行为研究

5.4.2.1 分析课题

本课题主要研究油气井射孔时爆炸形成的瞬时高压对测试管柱的动态力学行为和对管柱的冲击损坏效应。课题涉及石油天然气工程、材料力学、岩石力学、非线性力学等领域。

5.4.2.2 检索工具的选择：

根据检索课题的学科范围和研究的方向性质，确定需要查找的检索工具如下：

国内文献检索范围：

① 中国期刊全文数据库(CNKI)；
② 中国博士学位论文全文数据库(CNKI)；
③ 中国优秀硕士学位论文全文数据库(CNKI)；
④ 中国重要会议论文全文数据库(CNKI)；
⑤ 维普中文科技期刊全文数据库；
⑥ 石油与天然气文摘；
⑦ 中国科技论文数据库(万方)；
⑧ 中国学位论文数据库(万方)；
⑨ 中国学术会议论文数据库(万方)；
⑩ 中国科技成果数据库(万方)；
⑪ 中国科技论文在线；
⑫ 国家科技文献中心（NSTL）。

国外文献检索范围：

① Engineering Village 2；
② ISI Web of Science；
③ Petroleum Abstract；
④ Onepetro；
⑤ ASME Digital Library（American Society of Mechanical Engineers）；
⑥ Elsevier ScienceDirect；
⑦ PQDD (ProQuest Digital Dissertations)。

5.4.2.3 确定检索途径

本课题最好选用主题（关键词）途径，必要时可结合分类途径进行检索。

5.4.2.4 确定检索词

本课题选用的检索词有：管柱、钻柱、射孔、爆炸、爆轰、冲击载荷、压力、应力力学行为、力学分析、断裂、失效、屈曲等。

5.4.2.5 拟定检索式（仅列举部分）

① 射孔 and (爆炸 or 爆轰) and（载荷 or 压力 or 应力）。

② （管柱 or 钻柱) and (爆炸 or 爆轰 or 射孔 or 冲击载荷) and (力学行为 or 力学分析）。

③ （管柱 or 钻柱) and (爆炸 or 爆轰 or 射孔 or 冲击载荷) and (断裂 or 屈曲 or 失效 or 变形）。

5.4.2.6 检索实施

根据不同检索系统的语法规则，对上述检索式作适当的调整，并选择合适的检索字段进行检索，本示例对上述数据库分别进行了检索，并利用网络搜索引擎进行了补充查找，共检索出相关文献 50 余篇，现按文献部分列举如下。

[1] 黄艳清.复合射孔器射孔过程中的安全评定.大庆石油学院, 2006.

文中对射孔时井筒内的压力形成规律进行了研究。通过爆炸力学理论与试验相结合的方法，科学地分析了井筒内压力形成的规律，其中包括射孔弹起爆时压力形成规律研究；枪身内的装药爆燃时压力形成规律研究；压裂药的配方对压力形成的影响；压裂药燃烧特性形成压力的理论研究；压裂药燃烧特性形成压力的试验研究；井筒内压力的试验情况、压裂药燃烧时间和压力持续作用时间。

[2] 窦益华,徐海军,姜学海等.射孔测试联作封隔器中心管损坏原因分析.石油机械, 2007, 35(9)：311-116.

以柯深 101 井射孔测试联作为例，根据试油设计、施工总结和电子压力计提供的数据，求得了联作过程中封隔器中心管的载荷；利用有限元软件分析了柯深 101 井射孔测试联作过程中封隔器中心管的应力、应变，找出了封隔器中心管损坏原因。

[3] 尹洪东,李世义,张建军.射孔测试联作管柱受力分析及井下仪器保护技术. 石油钻采工艺, 2003, 25(3):61-65.

结合现场实际，对射孔测试联作施工管柱进行了力学分析，重点分析了高压和射孔枪振动对管柱的影响，指出射孔瞬间在封隔段形成的高压是引起管柱振动的一种主要影响因素，提出管柱的减振方法。同时指出高压也是压力计损坏的主要因素。

[4] 李东传,金成福,余海鹰.复合射孔器射孔后环空压力分布试验研究.爆破器材,2009(1):38-40.

提出了一种内置式复合射孔器地面测试方法,可对油田现场常用的 1m 复合射孔器进行压力-时间曲线(p-t 曲线)测试。将内置式复合射孔器放置在加固的套管试验装置中,在内置式复合射孔器的第 1 发弹射孔孔眼、第 16 发弹射孔孔眼位径向 90°位置安装压力传感器,环形空间注满清水后密封、起爆。试验结果表明,内置式复合射孔器产生的环空压力是不均匀的,第 16 发弹射孔孔眼位置的压力比第 1 发弹射孔孔眼位置高 11%左右。

[5] 成建龙,孙宪宏,乔晓光等.复合射孔枪泄压孔及装药量对环空动态压力的影响研究.测井技术, 2007(1):50-55.

采用实验室模拟套管实验装置和动态压力测试技术,对复合射孔器枪身泄压孔及火药装药进行系列单发射孔单元的爆炸实验,研究在不同枪身泄压孔径、不同火药装药量条件下射孔弹和火药爆燃所产生的压力对环空压力变化过程的影响,以及不同泄压孔径时相同载荷和标准泄压孔时不同装药量对枪身安全性的影响。对相关研究内容进行了数值模拟分析,给出了多个实测 p-t 曲线图。实验和分析结果能够增强对复合射孔技术的进一步认识,对枪身结构设计、装药设计、安全性及个性化设计方面提供参考依据。

[6] 王定贤,王万鹏,石培杰,胡昊.柱形爆炸容器动力学响应的有限元模拟与实验检验.压力容器,2008(7):13-16.

应用 ANSYS/LS-DYNA 非线性有限元程序,对爆炸容器爆心截面部位的环向应变进行了数值模拟。为检验模拟结果,进行了相应当量的化爆实验。分析应变波形发现,两种方法所得峰值应变相近,且峰值到达时间基本一致。由于实际容器的结构响应有多种振型参与,使得试验波形比模拟波形复杂。应用有限元模拟法可研究爆炸容器动态响应的基本特征,在设计和研究爆炸容器时应用该方法成本低、效率高。

[7] 阳志光,张跃兵,隋允康,陈敏.爆炸荷载下金属结构损伤的数值模拟.北京工业大学学报,2006(1):87-93.

模拟了炸药爆炸对金属结构的破坏,以 LS-DYNA 为仿真平台,分析了所应用的材料模型,比较了不同单元网格密度对计算结果的影响.对于平面应变问题,比较了采用二维和三维模型时在算法方面的区别,并对它们计算的结果进行了对比。与实测结果对比表明,用 LS-DYNA 可以有效模拟金属结构在爆炸荷载作用下的冲击响应。

[8] Numerical study on the transition of plastic buckling modes for circular tubes subjected to an axial impact load.

Murase K, Wada H. International Journal Of Impact Engineering, 2004, 30(8):1131-1146.

该文对轴向冲击速度增大时薄壁圆管从塑性渐进屈曲向塑性动态屈曲转变的条件进行了研究。利用有限元方法对塑性渐进屈曲、塑性动态屈曲和漏斗型变形的 16 种边界条件进行了分析,得到了圆管塑性屈曲模式转变的初始变形和冲击速度范围。

[9] K. Mazaheri, M. Mirzaei, H. Biglari .Transient dynamic response of tubes to internal detonation loading.Journal of Sound and Vibration, 2006, 297(1):106-122.

由于气体爆轰产生高速传播的载荷,管壁弯曲波的激发就不可忽视了。弯曲波可导致高应变,这可能超出 4 倍等效静压力。该文提出的分析模型考虑了横向剪切和转动惯量的影响,模拟了有限长度圆柱管爆炸载荷下的结构响应。

[10] Telichev, Igor. Failure analysis of impact damaged pressure vessels and pipelines. Proceedings of the Biennial International Pipeline Conference, IPC, v 3, p 219-228, 2009, 2008 Proceedings of the ASME International Pipeline Conference.

该文对运行管道或容器因意外爆炸产生的高压冲击而发生爆裂的条件进行了研究。研究的核心问题是确定单穿孔与断裂破坏压力的边界条件。

5.4.2.7 检索结果评价

本次检索查得相关文献 50 余篇,与所查课题相关程度较大,达到了此次检索的目的。

5.5 国内外数据库文献的评价

利用数据库进行文献检索已经成为获取文献的一个重要途径。国内外的文献数据库众多，从是否提供全文看有全文数据库和文摘数据库；从覆盖专业看有专业数据库和综合数据库；从包括的文献类型看有期刊论文数据库、会议论文数据库、学位论文数据库等。同一形式的数据库的收录范围又不同，甚至同一学科领域的数据库收录范围也不相同。这就使得用户在查找文献时需要对数据库进行合理的选择。

数据库都有自己特定的学科范围、文献类型。选择数据库时，应依据所需文献的专业、类型以及是否需要全文等进行选择。主要考虑以下几个因素：①所需文献的水平：广度、深度、专指度、学术性；②文献类型：期刊、图书、学位论文、会议文献、专利、科技报告等；③数据库主题范围：专业数据库还是综合性数据库；④数据库收录年限。因此一方面要求用户明确检索目标，另一方面要求用户了解各数据库的文献分布，文献的质量代表了一个数据库的真正价值。

文献的质量又可由其收录的学科范围、文献的权威性、收录年限以及时效性等方面来体现。下面选取中国学术期刊全文数据库（CNKI 期刊全文库）、维普中文科技期刊数据库（VIP）、Elsevier SDOS、Springer LINK 四个国内外具有代表性的数据库收录的期刊文献进行比较分析。

1. 收录年限

收录年限是体现数据库学术价值的一个重要指标，收录年限越长，数据库的价值相对来说也越高。从表 5.14 中我们可以看出，Elsevier SDOS、Springer LINK 从建库年代开始收录；VIP 从建库年代开始收录，部分期刊回溯至创刊，最早回溯到 1955 年；CNKI 期刊全文库收录 1994 年后的文献，并于近年进行了大量的回溯建库工作，部分重要刊物回溯至 1979 年，部分刊物回溯至创刊，收录期刊最早回溯到 1915 年。

2. 更新频率

更新速度快是网络期刊的一大主要优势。表 5.14 显示 CNKI 期刊全文库、VIP、Elsevier SDOS 为每日更新，Springer LINK 每周更新。此外还值得注意的是电子期刊基本与纸本出版物的同步问题，如果电子期刊能与纸本同步甚至更早，无疑会提高网络数据库的使用价值。Springer LINK 采取电子版优先出版（on-line first）的方式，比传统期刊更快地显现在读者面前。Elsevier SDOS 电子版与纸本期刊同步发行；CNKI 期刊全文库、VIP 的电子期刊比对应纸本出版物有所滞后。

3. 文献语种

网络数据库收录的文献语种无形之中限制了其使用人群，是衡量网络数据库质量的又一个重要指标。CNKI 期刊全文库收录的是中国出版发行的中文期刊和英文期刊，VIP 只收录我国出版发行的中文期刊，Elsevier SDOS、Springer LINK 以英文期刊为主。

4. 学科范围

CNKI 期刊全文库、VIP、Elsevier SDOS、Springer LINK 为综合性期刊文献数据库。CNKI 期刊全文库与 VIP 涉及的学科大致相同，但也存在一定差别。CNKI 期刊全文库对政治、军事、法律、外交、哲学等方面的内容收录得更加全面，VIP 不收录文、史、哲三大类期刊，对地方性、行业性期刊的内容收录得更加全面。Elsevier 提供的期刊在"医学"领域比重最大，并侧重"工程技术"领域，Springer 提供的期刊主要集中在"医学"领域，此外，"生命科学"领域的期刊也较多。

5. 期刊种数

CNKI 期刊全文库收录中国国内 9100 多种综合期刊与专业特色期刊。VIP 收录 8000 多种期刊，并且收录了大量内部发行期刊。Elsevier SDOS 收录了 2500 多种全文期刊，Springer LINK 收录 2400 多种期刊。

表 5.14 四大网络数据库文献基本情况对比

数据库名	CNKI 期刊全文库	VIP	Elsevier SDOS	Springer LINK
收录年限	1994 年至今	1989 年至今	1995 年至今	1996 年至今
更新频率	每日更新	每日更新	每日更新	每周更新
文献语种	中，英文	中文	英	英
学科范围	理工 A(数学物理力学天地生) 理工 B(化学化工冶金环境矿业) 理工 C(机电航空交通水利建筑能源) 农业 医药卫生 文史哲 政治军事与法律 教育与社会科学综合 电子技术与信息科学 经济与管理	社会科学 自然科学 工程技术 农业科学 医药卫生 经济管理 教育科学和图书情报	农业和生物科学 艺术和人类学 生物化学,遗传学,分子生物学 商业,管理,财会 化学工程、 化学 计算机科学 决策科学 地球科学与行星科学 经济学,计量经济学,金融 能源与动力 工程与技术 环境科学 免疫学与微生物学 材料科学 数学 医学与牙科学 神经系统科学 护理与健康 药理学,毒理学,药物学 物理学与天文学 心理学 社会科学 兽医学	建筑、设计及艺术 (只提供电子书) 行为科学 生物医学及生命科学 商业及经济 化学及材料科学 计算器科学 地球及环境科学 工程学 人文学科 社会科学及法学 数学及统计学 医学 物理学及天文学 专业电脑、万维网应用与设计 (只提供电子书)
期刊种数	9100 多种期刊	8000 多种期刊	2500 多种期刊	2400 多种期刊
权威性	核心期刊 1964	核心期刊 1810	SCI、EI 收录比例超过 60%	SCI、EI 收录比例 接近 60%

6. 权威性

CNKI 中文库和 VIP 收录了大量的中文核心期刊，Elsevier SDOS 和 Springer LINK 收录期刊多数被 SCI、EI 收录。

以上比较和分析表明，从期刊文献分布上看，各数据库具有不同的特点。各数据库都是综合性期刊文献数据库，收录文献全面且质量较高，但在专业领域内略有偏重。因此，考虑到各数据库文献内容的差异，与数据库的界面设计、检索功能以及文献的可获得性等方面结合起来，才能选择出适合需要的数据库，取得令人满意的检索效果。

思 考 题

1. 使用 CNKI 学术文献检索系统、维普中文科技期刊检索系统、万方数据知识服务平台提供的简单检索、高级检索、专业检索界面搜索某一作者在 3 年内发表在某一期刊上的文章，写出各个数据库不同的专业检索表达式。
2. 比较 CNKI 学术文献检索系统、维普中文科技期刊检索系统、万方数据知识服务平台收录您所在专业（如物理学）的期刊总数量、核心期刊数量，并选择 3~5 种期刊查看各自所拥有的文献总量与更新程度。
3. CNKI、维普、万方数据库均提供多种文献的跨库检索，尝试使用其跨库检索方式检索某一主题的文献（如电工技术），并分析其来源文献的数量、种类。
4. 常用的中文电子图书数据库有哪些？
5. 以查找题名为"煤炭洗选环境工程"的图书为例，阐述在超星数字图书馆中，检索下载并实现换机阅读该图书的方法。
6. 试比较超星数字图书馆和书生之家数字图书馆的异同。
7. "北大法宝"检索系统有哪些特色？如何检索相关内容？
8. 中国较权威的经济类数据库有哪些？
9. 通过具体登录网站，查看 Onepetro 包含哪些方面的内容。
10. 各个数据库的检索方法。

第6章 网络文献信息检索

6.1 典型搜索引擎及工作原理

6.1.1 搜索引擎的发展

在互联网发展初期，网站相对较少，信息查找比较容易。然而伴随着互联网爆炸性的发展，普通网络用户想要找到所需资料便如同大海捞针，这时为满足大众信息检索需求的专业搜索网站便应运而生了。简单地说，搜索引擎指自动从互联网搜集信息，经过一定的整理以后，提供给用户进行查询的系统。

1990年初互联网还未出现，为了查询散布在各个分散的主机（Host）中的文件，曾有过Archie、Gopher等搜索工具，随着互联网的迅速发展，基于HTTP（超文本传输协议）访问的Web技术的迅速普及，该类工具就不再能适应用户的需要，在1994年1月，第一个可搜索、可浏览的分类目录EINet Galaxy上线，同年4月，Yahoo目录诞生，随着访问量和收录链接数的增长，开始支持简单的数据库查询，这就是我们所说的目录导航系统，它们的缺点是网站的收录、更新都需要人工处理，因此在信息量激增的情况下，目录导航系统便不再适用。

1994年7月，Lycos推出了基于Robot（机器人程序）的数据发掘技术，并支持搜索结果相关性排序，并且第一次开始在搜索结果中使用网页自动摘要。InfoSeek也是同时期的重要代表，它们是搜索引擎发展进程中一个重要的进步。

1995年，一种称为元搜索引擎的新的搜索工具诞生了，就是由华盛顿大学开发的Metacrawler。用户只需提交一次搜索请求，由元搜索引擎负责转换处理后提交给多个预先选定的独立搜索引擎，并将从各个独立搜索引擎返回的结果集中起来处理后再返回给用户。

1995年12月，AltaVista推出了大量的创新功能，使之达到当时搜索引擎的顶峰，它是第一个支持自然语言搜索的搜索引擎，具备了基于网页内容分析、智能处理的能力，第一个实现高级搜索语法的搜索引擎（如AND、OR、NOT等），同时AltaVista还支持搜索新闻组、搜索图片等具有划时代意义的功能。

1998年10月，Google诞生，它是目前世界上最流行的搜索引擎之一，具备很多独特而且优秀的功能，并且在界面实现了革命性创新。

在中文搜索引擎领域，1996年8月成立的搜狐公司是最早参与网络信息分类导航的网站，曾一度有"出门找地图，上网找搜狐"的美誉。由于基于人工分类提交的局限性，随着网络信息量的激增，逐渐被基于Robot（机器人程序）自动抓取智能分类的新一代信息技术取代。

北大天网是教育网最流行的搜索引擎，它由北大计算机系网络与分布式系统研究室开发,于 1997 年 10 月正式在 CERNET 上提供服务,2000 年初成立天网搜索引擎课题组,由国家 973 重点基础研究发展规划项目基金资助开发,收录网页约 6000 万,利用教育网优势,具有强大的 FTP 搜索功能。

百度中文搜索由超链接分析专利发明人、前 InfoSeek 自身工程师李彦宏和好友徐勇在 2001 年创建,目前支持网页信息检索,图片、Flash、音乐等多媒体信息的检索。并且百度在中文搜索引擎领域第一个开始使用 PPC(Pay Per Click,点击付费广告)经营模式。

随着互联网的不断发展,网上可以获得的网页变得越来越多,而网页内容的质量亦变得良莠不齐。因此,未来的搜索引擎将会朝着知识型搜索引擎的方向发展,以期为用户提供更准确及适用的信息。目前,网上的百科全书如雨后春笋般发展起来;另一方面,近年来亦有不少公司尝试在搜索方面进行改进,务求更符合用户的需求。诸如 Copernic Agent 的搜索代理、Google 的学术搜索等。

6.1.2 搜索引擎的工作原理

搜索引擎的工作原理分为 3 个部分。

6.1.2.1 搜集信息

搜索引擎的信息搜集基本都是自动的。搜索引擎利用称为网络蜘蛛的自动搜索机器人程序连接第一个网页上的超链接。机器人程序根据网页连到其中的超链接,就像日常生活中所说的"一传十,十传百……"一样,从少数几个网页开始,连到网站上所有其他网页的链接。理论上,若网页上有适当的超链接,机器人便可以遍历绝大部分网页。

"六度空间"理论又称作六度分隔理论。这个理论可以通俗地阐述为:"你和任何一个陌生人之间所间隔的人不会超过六个,也就是说,最多通过六个人你就能够认识任何一个陌生人。"该理论产生于 20 世纪 60 年代,由美国心理学家米尔格伦提出。尽管该理论还未得到数学意义上的证明,但很多事例都说明六度空间理论的可靠性。搜索引擎的信息搜集方法,似乎也可以用这个理论来说明。

6.1.2.2 整理信息

搜索引擎整理信息的过程称为"建立索引"。搜索引擎不仅要保存收集起来的信息,还要将它们按照一定的规则进行编排。如果信息不按任何规则地随意堆放在搜索引擎的数据库中,那么每次寻找特定信息都要将全部数据库翻查一次,通过建立索引,寻找特定信息的速度将会大大加快。

6.1.2.3 接受查询

用户向搜索引擎发出查询,搜索引擎接受查询并向用户返回信息。搜索引擎时刻都要接受来自大量用户同时发出的查询,它按照每个用户的要求检查自己的索引,在极短时间内找到用户所需要的资料,并返回给用户。目前,搜索引擎返回的结果主要是以网页链接的形式提供的,通过这些链接,用户便能到达自己所需信息的网页。通常搜索引擎会在这些链接下方提供一小段来自这些网页的摘要信息,以帮助用户判断该网页是否含有自己需要的内容。

搜索引擎典型工作原理如图 6.1 所示。

第6章 网络文献信息检索

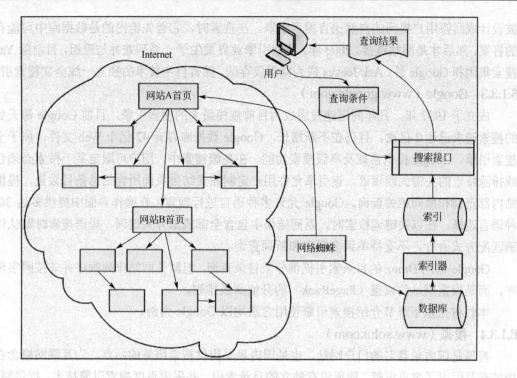

图 6.1 搜索引擎工作原理图

首先,给予网络蜘蛛一个任务,该任务即 A 网站的首页地址,网络蜘蛛获取 A 网页的内容后,从中发现了一些链接,进而继续追寻链接所在的网页,直至将该网站的内容获取完毕,同时 A 网站也包含了到 B 网站的链接,因此,使用同样机制可以将 B 网站的内容全部获取完毕,以此类推,全部互联网的网页仅需通过少数网页地址便可全部达到。网络蜘蛛每获取一个网页,都将网页内容放入到数据库中。

搜索引擎中的索引器根据网页蜘蛛存入数据库中的内容,使用特定的规则(一般是倒排档索引)建立索引,通过该索引可以迅速获得包含某个词汇或句子的网页信息。

搜索引擎为用户提供接口,用户可以将自己的查询条件输入到搜索接口,搜索接口接收到用户的查询条件后,从索引中寻找匹配的信息,并将其排版成网页地址的清单,提供给用户,用户仅需要点击结果中的链接,便可直达所需信息的网页。

6.1.3 国内外主要搜索引擎简介

6.1.3.1 Yahoo(雅虎,www.yahoo.com)

最早的目录索引之一,也是目前最重要的搜索服务网站,在全部互联网搜索应用中所占份额高达 36%左右,除主站外,还设有美国都会城市分站(如芝加哥分站),国别分站(如雅虎中国)等。其数据库中的注册网站无论是形式上还是内容上质量都非常高。Yahoo(雅虎)属于目录索引类搜索引擎,可以通过两种方式查找信息;一是通常的关键词搜索;二是按照分类目录逐层查找。以关键词搜索时,网站排列基于分类目录及网站信息与关键词的相关程度。

6.1.3.2 Ask Jeeves(www.ask.com)

是人工操作目录索引,规模小,但很有特点。与其他关键词搜索引擎不同,Ask Jeeves

被设计成回答用户提问的自然语言搜索引擎。在搜索时，它首先给出的是数据库中可能存在的答案，然后才是网站链接。2003 年，搜索引擎业界发生了一系列兼并与重组，目前除 Yahoo 搜索集团和 Google 外，Ask Jeeves 成为硕果仅存的、拥有自主技术的独立一线全文搜索引擎。

6.1.3.3 Google（www.google.com）

成立于 1997 年，几年间迅速发展成为目前规模最大的搜索引擎，目前 Google 每天处理的搜索请求已达 2 亿次，且仍在不断增长，Google 数据库存有 42 亿个 Web 文件。属于全文搜索引擎。Google 提供常规及高级搜索功能。在高级搜索中，用户可限定某一搜索必须包含或排除特定的关键词或短语。该引擎允许用户定制搜索结果页面所含信息条目数量，提供网站内部查询和横向相关查询。Google 允许多种语言进行搜索，在操作界面中提供多达 30 余种语言选择。在以关键词检索时，返回结果中包含全部或部分关键词，短语搜索时默认以精确匹配方式进行，不支持单词多形态和断词查询。

Google 借用 Dmoz 的目录索引提供分类目录查询，但默认网站排列顺序并非按照字母排序，而是根据网站的权重（PageRank）的分值高低排列。

本教材在以下章节介绍搜索引擎使用方法均以 Google 为例。

6.1.3.4 搜狐（www.sohu.com）

搜狐是国内最著名的门户网站，也是国内最早提供搜索服务的站点。为互联网概念在国内的普及做出了突出贡献。搜狐设有独立的目录索引，并采用百度搜索引擎技术，提供网站、网页、类目、新闻、黄页、软件等多项搜索选择。搜狐搜索范围以中文网站为主，支持中文域名。

6.1.3.5 百度（www.baidu.com）

百度公司于 1999 年成立于美国硅谷，2000 年在中国设立全资子公司百度网络技术（北京）有限公司。百度是国内最大的商业化搜索引擎，其功能完善，搜索精度高，除数据库的规模及特殊搜索功能外，其他方面可与 Google 相媲美，是目前国内技术水平最高的搜索引擎。

百度目前主要提供中文（简/繁体）网页搜索服务。如无限定，默认以关键词精确匹配方式搜索，在搜索结果页面，百度还设置了关联搜索功能，方便访问者查询与输入关键词有关的其他方面的信息。提供"百度快照"查询。其他搜索功能包括新闻搜索、MP3 搜索、图片搜索、Flash 搜索等。

6.1.4 Google

6.1.4.1 Google 基本搜索

Google 致力于将搜索变得更简单，只要在搜索框中输入想到的任何字词，按 Enter 或点击"搜索"按钮，Google 就会在网络上搜索与该字词相关的内容，如图 6.2 所示。

1. 一些基本要点

① 对于搜索引擎，通常会使用到用户在查询中输入的所有字词，尽量不要输入无意义的词汇如"的"、"我们"、"研究"、"应用"等。

② 对于英文字词，搜索不区分大小写，搜索"New York"与搜索"new york"得到的结果相同。

③ 通常，标点符号（包括@#¥%^&*()=+[]\，以及中文标点）均会被忽略。

图 6.2　Google 检索界面

2. 优化搜索结果：

（1）保持简单　如果需要查找特定的公司，仅需输入公司名称即可，或者该公司的部分名称（如"联想"较"联想集团"优）。如果要查找某个特定的概念、地点或产品，请先搜索它的名称。如需查找附近的比萨餐厅，只需要输入"比萨"和所在城市的名称即可。通常大多数查询不需要高级操作符和语法。

（2）考虑所要查找的网页将以何种方式编写　搜索引擎是机器程序，它根据指定的字词，匹配网络上的网页。使用最可能出现在要查找的网页上的字词。例如，查询"哪些国家或地区将蝙蝠当作好运气的象征？"，对于人来说，该查询清晰明了，但是包含相关答案的文档可能不会出现这样的句子。应改用查询"蝙蝠被认为好运"，或者甚至只适用"蝙蝠好运"，因此后者最有可能就是相应的网页要显示的内容。

（3）尽量简明扼要的描述所要查找的内容　查询中的每个字词都应使得目标更加明确。每增加一个检索词，就会对结果多一些限制。如果限制过多，可能会错过有用的信息。以较少的关键词搜索的主要优点在于：如果没有得到需要的结果，那么多显示的结果很可能会提供很好的提示，通过提示了解需要添加哪些字词以便在下次搜索中优化结果。例如，"北京天气"是一种查询天气的简单方法，与更长的"中国北京市的天气预报"相比，很可能会得到更好的效果。

（4）选择描述性的字词　字词越独特，就越有可能获得有价值的结果。在通常情况下，避免使用描述性欠佳的字词，如"文档"、"网站"、"公司"或"信息"等词汇。但如果某个字词不是绝大多数人常用的，那么即使它意思正确，也可能无法找到匹配的网页。例如"名人铃声"比"名人声音"更具描述性而且更具体。

3. 搜索结果页（图 6.3）

页面中每个带下划线的蓝色行都是 Google 搜索引擎针对搜索字词找到的搜索结果，页面中列出的第一个条目是相关性最高的匹配项，第二个条目是相关性次高的匹配项，向下依次类推,点击任一结果的标题,均会打开该网页。

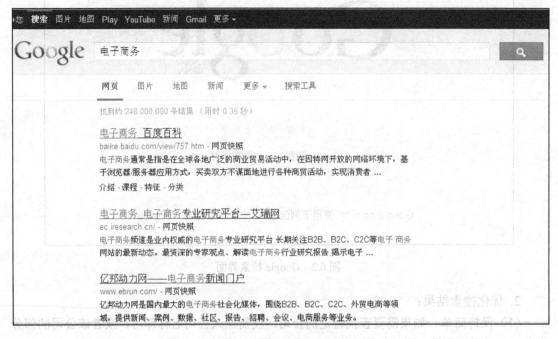

图 6.3 Google 搜索结果页面

(1) 标头部分　包含指向 Google 各项服务的链接、搜索设置、登录和退出、网络历史记录等。

(2) 搜索栏部分　包含搜索输入框,可以在结果页直接更换字词进行搜索,而不必后退网页重新搜索,高级搜索可以进行更加精确的搜索,搜索统计信息显示结果综数以及完成搜索所用的时间。

(3) 结果部分

① 标题:所有搜索结果的第一行都是网页标题。点击标题可以打开相应网页。

② 摘要:标题下方是对网页的描述,可包含从该网页摘录的实际文本。系统将加粗显示搜索字词,便于确定该网页是否具有所查找的内容。

③ 网址:结果网页的网址将以绿色显示。

④ 网页快照和类似结果:网页由于某些原因无法载入,可以点击网页快照查看 Google 在上一次编制索引时的网页版本,点击类似结果可查看与结果相关的其他网站。

⑤ 页面底部:如图 6.4 所示,包含相关搜索,是与直接输入的搜索字词相关的最合适的搜索字词,点击这些相关的搜索字词可以看到备选的搜索结果。

⑥ 分页链接:可以点击上一页、下一页翻看搜索结果。

6.1.4.2　Google 高级搜索

1. 短语搜索

Google 通常仅处理搜索关键词串中具有实际意义的词汇,介词、冠词、连词等无实际意义的词汇通常会被忽略,当希望使用 Google 搜索某一特定句子时,需要在句子首尾放置引号,确保词汇按次序出现,且与搜索条件确切匹配。如:"to be or not to be",在使用短语搜索时,

Google 还支持通配符"*",如:"do as * say not as * do",此处的通配符可以代表任何字词。

```
电子商务的相关搜索
电子商务专业        电子商务网站
电子商务vbugu      电子商务的发展
电子商务专业介绍    电子商务的发展前景
什么是电子商务      电子商务师
电子商务论文        电子商务网
```

图 6.4　页面底部相关搜索

2. 基本连接符

Google 默认的连接符是 AND(与),意味着如果不加任何其他修饰符号直接搜索后,Google 就会对所有关键词同时进行搜索。如:Snowblower Honda "Green Bay"。

如果要从几个关键词中指定任何一个,可以使用 OR(或)连接符。如:Snowblower OR Honda OR "Green Bay"。如果要明确地指出 2 个或多个关键词使用 OR 连接,可以使用括号连接。如:Snowblower(Honda OR "Green Bay")。同时也可以使用管道符号"|"表示 OR 功能。

如果要在搜索结果中不包括某个关键词,使用"–"(减号),如:Snowblower Honda – "Green Bay",要求检索结果中包含前 2 个关键词,但不能包含"Green Bay"。

3. 手气不错

手气不错(Feeling Lucky)是 Google 的一个很有特色的功能,可以迅速得到 Google 认为的最符合用户搜索结果的页面。如搜索 Washington Post,点击手气不错将会直接将用户带到 http://www.washingtonpost.com/(华盛顿邮局),而搜索 president 则会将用户带到 http://www.whitehouse.gov(白宫网站)。

4. 特殊语法

intitle:限制搜索的网页标题。allintitle:搜索所有关键词构成标题的网页,如 intitle:"george bush",表示仅搜索网页标题中包含"george bush"的网页。再如 allintitle:"money supply" economics,表示这 2 个关键词都必须同时出现在网页标题中。

inurl:用于搜索网页的 URL,如 inurl:product,表示 product 必须出现在网页的 URL 中。allinurl:所有关键词都必须出现在网页的 URL 中。

intext:用于搜索网页的内容部分包含的文字,忽略网页标题、链接、URL 等的文字。

site:限定搜索的网址范围,如 site:loc.gov,仅在美国国会图书馆网站搜索,site:edu 仅在域名中包含 edu 的网站中搜索。

filetype:限定搜索文件的后缀或扩展名,注意 filetype:html 和 filetype:htm 将会得到不同的结果,Google 对部分 Microsoft 平台的文档进行了索引,比如 PowerPoint(ppt)、Excel(xls)、Word(doc)以及 PDF 电子文档(pdf)等。如搜索 homeschooling filetype:doc,表示仅搜索包含 homeschooling 的 Word 文档。

除以上内容外,Google 还提供 daterange(日期范围)、related(相关搜索)、info(信息摘要)、define(概念定义)、phonebook(电话查询)、cache(缓存搜索)、link(链接搜索)

等特殊功能。同时以上特殊语法均可组合使用，如搜索清华大学网站中包含土木工程的 Word 文档的语法表达为：土木工程 site:tsinghua.edu.cn filetype:doc。

Google 同时还提供类似电子资源数据库的高级搜索页面，如图 6.5 所示，通过高级搜索，可以在不掌握 Google 特殊语法的情况下执行高级搜索。通过该页面，Google 将用户所输入的条件转换为特殊语法，执行查询并提供结果给用户。

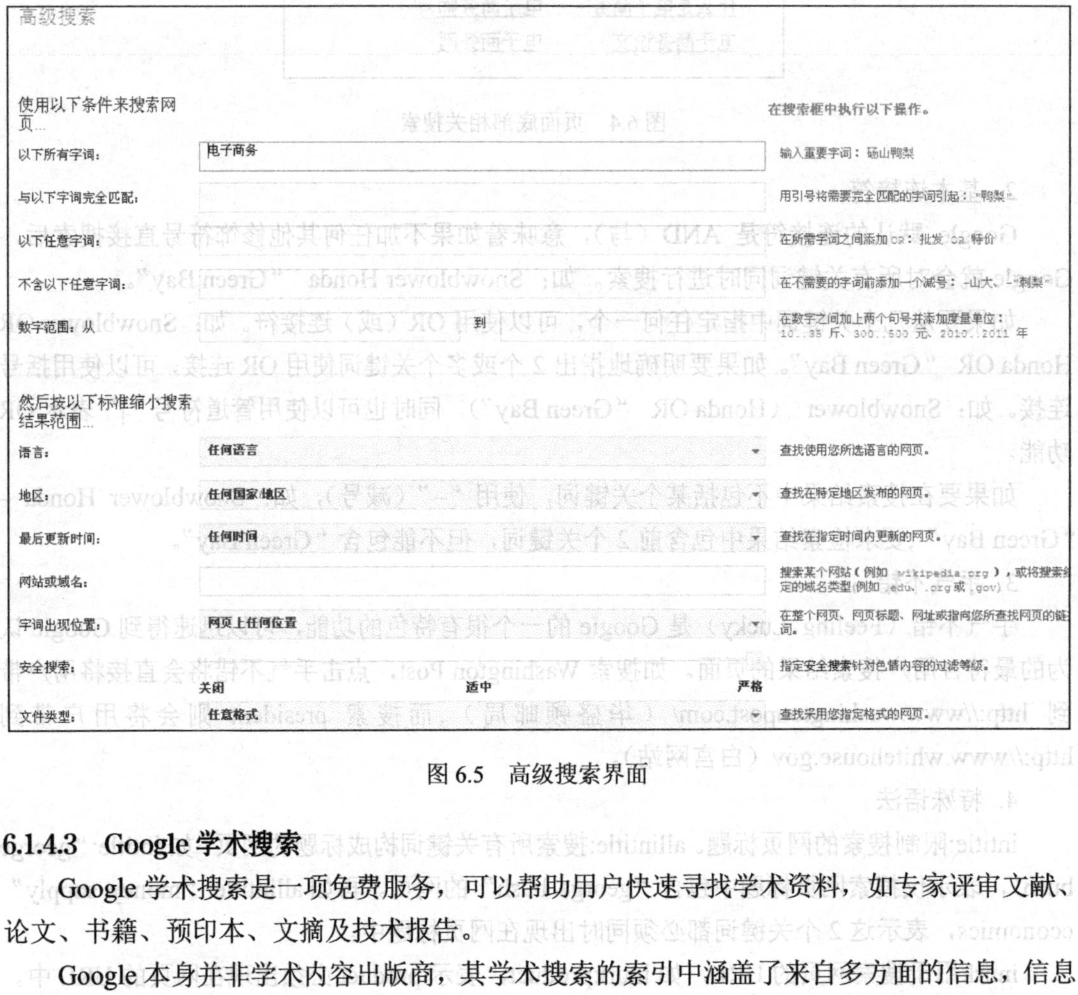

图 6.5　高级搜索界面

6.1.4.3　Google 学术搜索

Google 学术搜索是一项免费服务，可以帮助用户快速寻找学术资料，如专家评审文献、论文、书籍、预印本、文摘及技术报告。

Google 本身并非学术内容出版商，其学术搜索的索引中涵盖了来自多方面的信息，信息来源包括万方数据资源系统，维普资讯，主要大学发表的学术期刊、公开的学术期刊、中国大学的论文以及网上可以免费搜索到的各类文章。最新又加入了中国国家数字图书馆的馆藏图书。Google 学术搜索同时提供了中文版界面，其网址为 http://scholar.google.com。

Google 学术搜索具有以下特点：针对性、专业性加强，对搜索结果的排序考虑到每篇文章的内容、作者影响度、发表刊物的权威性，以及该文章被其他著作的引用次数等要素。同时支持多语言搜索。同时支持非在线文章搜索，Google 学术搜索涵盖了各方面的学术著作，包括尚未发表的学术研究成果，比如爱因斯坦的许多著作并未在线发布，但却被众多学者引用，Google 学术搜索通过提供这些引用信息使得搜索者了解到重要的未在线论文和书籍。

Google 学术搜索提供高级搜索页，可以对文章标题、文章内容、作者姓名、出版物/刊物、日期范围进行限定搜索，如图 6.6 所示。

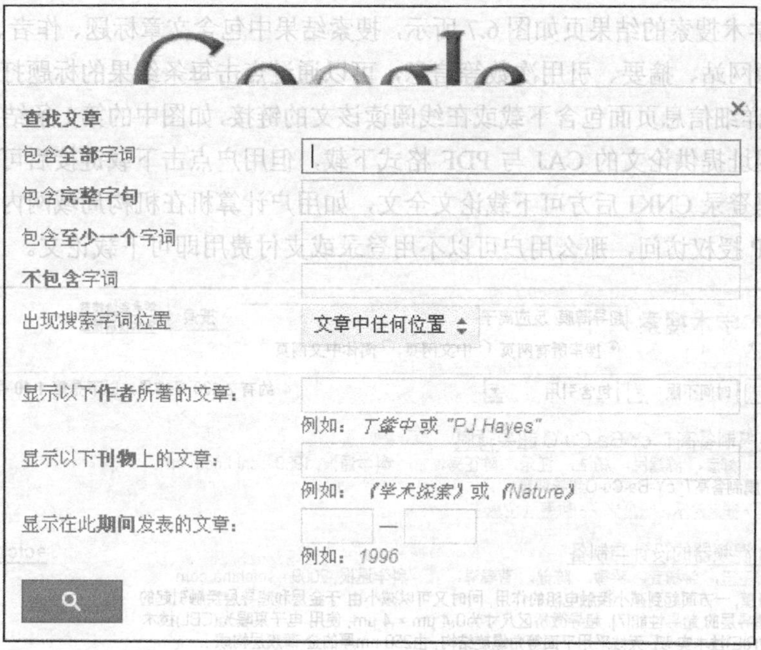

图 6.6 Google 学术搜索高级搜索

作者搜索是寻找某篇特定文章的最有效的方式之一。如果预先知道要找的文章的作者，那么直接将作者姓名添加到搜索框中即可。例如，搜索 friedman regression(弗里德曼 回归)，会返回以 "regression" 为主题的，由 friedman 撰写的文章。如果要搜索作者的全名或姓氏首字母，则输入加引号的姓名即可，如："jh friedman"。

如果某个词既是人名，也是普通名词，可以使用"作者："操作符加以限定，该操作符只影响紧挨其后的搜索字词，因此"作者"和搜索字词之间不能有空格，如作者:flowers（人名弗劳尔，也是花的意思），会返回由名为"Flowers"的人撰写的文章，而 flowers –作者: flowers 会返回关于花的文章，而忽略由名为"Flowers"的人撰写的文章，关键词之前的减号（–）表示排除该关键词的搜索结果。

对出版物进行限制仅能在高级学术搜索页上完成，如果要在《金融研究》上搜索有关投资基金的文章，可以直接在关键词输入框中输入"投资基金"，在出版物输入框输入"金融研究"执行搜索即可。但是 Google 的出版物搜索并不完善，Google 学术搜索从多种来源搜集书目数据，包括从文字和引言中自动提取，信息可能不完整甚至不准确。例如，大量预印本没有介绍文章在哪里、甚至是否最终出版。另外，可能部分期刊名称有多种书写方式，如 Journal of Biological Chemistry《生化杂志》经常被简写为 J Biol Chem，因此为了得到完整的搜索结果，需要对同一出版物多尝试几种拼写方法。包括中文期刊名称的曾用名等类似问题。

当查找某一特定领域的最新内容时，可以选择日期范围限定搜索，如想要搜索 2004 年后出版的超导薄膜方面的文章，只需要将"超导薄膜"输入关键词输入框，将"2004"输入到起始日期输入框搜索即可。Google 学术搜索所收集的部分文章并未标注出版日期，因此对含有日期限定的搜索，此类文章不会出现在结果中，如果想要寻找今年出版的有关超导薄膜的论文，但通过日期限定搜索未能找到，此时可尝试不加日期限制的搜索。

Google 学术搜索的结果页如图 6.7 所示,搜索结果中包含文章标题、作者、发表的刊物、出版年、来源网站、摘要、引用次数等信息,可以通过点击每条结果的标题打开文章的详细信息页面,在详细信息页面包含下载或在线阅读该文的链接,如图中的第 1 条结果,来自 CNKI(知网),该网址提供论文的 CAJ 与 PDF 格式下载,但用户点击下载链接后可能会需要使用用户名、密码登录 CNKI 后方可下载论文全文,如用户计算机在机构局域网内,且机构购置了 CNKI 的 IP 授权访问,那么用户可以不用登录或支付费用即可下载论文。

图 6.7 Google 学术搜索的结果页

6.2 开放获取资源及专业网络文献资源

6.2.1 开放获取概述

开放获取(Open Access)是一个通过互联网让科学研究成果能够自由传播的方式。它可以让用户把经过同行评议的学术论文放到互联网上,以利于学术成果的快速传播。开放获取不考虑版权和授权限制。

开放获取一般包括开放获取期刊(OA Journals)和作者自存档(Author self archiving)2 种。

6.2.2 开放获取期刊

开放获取期刊采用作者付费、读者免费获取方式。虽然这种模式有时会被质疑论文水平下降,但是根据 ISI 研究,开放获取期刊和非开放获取期刊的影响力并无本质区别。著名的开放获取期刊 PLoS Biology 在生物学领域非常有影响力,其影响因子达到 13.9。开放获取期刊多采用创作共用协议,以利于论文的自由传播。

6.2.3 作者自存档

作者自存档是作者向传统期刊投稿的同时,将自己的论文以电子档存放在专门的开放获取知识库中供读者阅读。知名的 arxiv.org 网站就是一例。这个网站存放物理学、数学、计算机科学和计算生物学方面的学术论文。

6.2.4 开放获取的发展趋势

6.2.4.1 公共资助的研究成果的强制性开放获取正在更为深入地推进中。

2007年年初，NIH(National Institutes of Health: http://www.nih.gov/)实施的是2005年5月生效的开放获取政策，建议而不是要求研究人员将 NIH 资助的研究成果开放获取。12月26日，布什总统签署了该预算案。由此，NIH 要求的强制性开放获取政策正式具备了法律效力。NIH 是全世界最大的综合类科研资助机构，其资助的各类研究所产生的论文每年达65000余篇。一些欧洲国家的相关机构就采纳了强制性开放获取政策，这些机构包括：英国关节炎运动、英国人文艺术研究理事会、英国卫生部、英国心脏基金会、英国癌症研究中心、JISC、苏格兰卫生部首席科学家办公室、加拿大健康研究所、法国研究署、Flanders 研究基金会、瑞士国家科学基金会等。欧盟理事会第七框架计划共同决议（FP7 Grant Agreement）中也包含了开放获取的强制性命令。Flanders 基金会的海洋研究所采纳了类似于强制命令的政策，亚美尼亚也在制订其全国性的开放获取体系，并有可能强制性要求实施"Green OA"，并同时支持"green"、"gold"形式的开放获取。在私人资助机构中，Howard Hughes 医学研究所实施了强制性开放获取。英国医学研究理事会和英国心脏基金会均已采纳强制性开放获取政策，并加入私人制药公司来资助生物标记方面的研究，合作各方均同意在强制性开放获取前提下为相关研究提供资助。此外，这里提到的强制性开放获取实施机构不包括大学和相关数据的强制性开放获取。

英国研究理事会全部7个理事会中有6家已经采纳了强制性命令，另1家理事会（工程与物理科学研究理事会）正在商讨此事。英国 PubMed Central 资助小组的全部10家成员也已采纳了强制性命令。爱尔兰科学工程技术研究理事会发布了一份措辞强烈的开放获取强制性政策草案，向公众征求意见。欧洲研究理事会在其相关的 OA 部门正式成立前就宣布在2006年采取强制性开放获取政策，2007年9月，重申了其在强制性开放获取方面的主张。巴西议会收到了要求公立大学的研究成果强制性开放获取的议案，法国研究署的科研道德委员会建议最广泛地传播研究成果的出版物和数据。欧洲研究管理委员会和欧洲大学协会开放获取工作小组发出了倡议书。截止到2008年1月，该倡议书已有26900个签名表示支持，其中包括代表1300多个研究机构的签名支持。在美国，8家非营利组织发起了一个类似的倡议活动，疾病控制与预防中心、能源部也提出关于公共资助的研究成果开放获取的号召。JISC与NSF联合资助的欧美联席会议最终报告建议实施公共资助的研究成果强制性开放获取的政策。在英国，科研创新办公室电子基础设施工作组在英国研究理事会签署了开放获取强制命令。加拿大图书馆与档案馆、德国的 Green Party 均呼吁公共资助的研究成果的开放获取。在印度，国家知识委员会建议实施强制性开放获取，首先从图书馆工作组开始实施，随后通过开放获取工作组和开放教育资源推进，再由国家知识委员会主席上书印度总理提请此事。在南非，OSI 在南非的工作人员 Eve Gray 以政策建议的形式向 OSI 提出了开放获取强制性命令的建议，一个月后据称南非政府有意向向这一方向实施。Botswana 教育部长 Jacob Nkate、斯洛文尼亚 Growth 部部长 Ziga Turk 都呼吁实施公共资助的研究成果的强制性开放获取。

全世界各大学的行动显示出他们不想再等待资助机构或政府颁布的开放获取政策。各大学开始运作大学层面的开放获取强制命令,已实施强制开放获取政策的大学包括:Liege 大学、俄罗斯科学院中央经济与数字研究所、土耳其中东理工大学,哈佛。而 MIT、加州大学正在酝酿它们的计划。南安普敦大学电子计算机系书写了强制性存储政策的成功案例,根据对全系研究成果产出量的不同估计,对这一政策的服从率为 80%~100%。Ilmenau 理工大学制订了该大学出版社出版的图书强制性开放获取的政策。巴西和欧洲开始组织和说服相关国家和地区的各大学采取强制性、区域性的开放获取政策。巴西主要由巴伐大学牵头、而欧洲的牵头大学是 Liege 大学。英国各大学支持欧盟的开放获取强制性命令,美国机构合作委员会(US Committee on Institutional Cooperation, CIC)的 12 家成员加入了 Google 的图书馆项目,起草了作者权益补充条款,并督促其成员机构采纳实施。

6.2.4.2 开放获取期刊和知识库增长显著

DOAJ 的开放获取学术期刊增长了 486 种,比上一年增长 19%;根据 OAIster 的数据,OA 知识库的数量增长了 199 个,涨幅 27%;OA 知识库登记系统(ROAR)中的数字增长了 176 个,涨幅 22%;而 OpenDOAR 的这一数字为 184 个,涨幅 22%。OAIster 的数据显示,存储在这些知识库中的记录数量增长了 4560809 条,涨幅 46%。DOAJ 正在以加速度吸纳新的开放获取期刊,2007 年全年,每天平均吸纳 1.4 种期刊,到 11 月和 12 月,吸纳增加到每天 2 种(以上数据由 Heather Morrison 提供)ScientificCommons 目前已有 893 个知识库,OA 知识库登记系统中的数字为 968 个,OpenDOAR 为 1017 个。除此之外,美国图书馆与信息资源委员会详细地统计美国的 OA 知识库情况、SURF 统计欧盟各国的情况、eIFL 统计发展中国家的情况。在期刊方面,DOAJ 的期刊达到 3000 多种,SHERPA 项目的 RoMEO 数据库记录了 300 多家出版商关于自存储的规定,其中有近一半是去年增加的。

6.2.4.3 Green OA

西班牙、荷兰、英国纷纷投入公共资金为其国内的大学创建开放获取知识库。爱尔兰承诺投入公共资金为其国内全部大学建设开放获取知识库。英国利用公共资助启动了为全英国研究人员创建的 Depot 机构知识库;新西兰和瑞典启动了收割本国各机构知识库的服务;澳大利亚启动了国家级的知识库登记系统;德国创建了 OA-Netzwerk;欧盟的 DRIVER 项目,起草了促进知识库收割的指南、并与独立的知识库合作促进加入 DRIVER 协同工作。英国的知识库管理者包括 SHERPA 的知识库研究委员会(UKCoRR)、JISC 的知识库支撑项目以及南安普敦的 EPrints 联盟。澳大利亚和新西兰的管理者包括 Arthur Sale 的 AuseAccess wiki、Alison Hunter 的 ANZ 机构知识库联盟、ORCA 网络以及澳大利亚政府下设的区域大学创建的研究基础设施合作组织(Regional Universities Building Research Infrastructure Collaboratively, RUBRIC)。德国由 DINI 的 OA-Netzwerk 管理 OA 知识库;欧洲的 DRIVER 项目创建了 Wiki 和 Mentor 项目;OpenDOAR 创建了 Email 寄送服务向各个 OA 知识库管理部门都发送信息和通知,比如根据不同的国家、语言或软件平台发送。OpenDOAR 和 ROAR 还参与了跨界地图绘制服务(ROAR 与 Google Earth 合作、OpenDOAR 与 Google Maps 合作),展示其收录的知识库在全世界的分布情况。ScientificCommons 启动了知识库内容的引言跟踪服务。印度针对其国内的 OA 知识库启动了跨库搜索引擎服务。BioMed Central 更新了其开放知识库服务,同时支持 RSS。JISC 和 UKOLN 启动 SWORD 项目(Simple Web-service Offering

Repository Deposit, SWORD) 提供知识库自动存储。Zotero 正在增加新的功能，允许用户将公共领域的文档上传到其互联网档案库 Zotero Commons 中。AIRway 项目和 OCLC Openly Informatics 描绘了 OA 知识库点链接的解决方案，帮助研究人员找到其机构没有订购的而知识库中存储了的研究论文的所属期刊。密歇根大学 PubMed 作者文摘与该校机构知识库的全文开放获取相链接。

6.2.4.4 Gold OA

加拿大社会科学与人文研究理事会利用公共资金资助开放获取期刊。CERN 启动了 5 个独立的试验，鼓励研究人员将成果向开放获取期刊投稿。INASP 和 Lund 大学图书馆合作提升发展中国家出版的开放获取期刊的显示度。欧洲研究理事会同意为需支付出版费用的 OA 期刊缴费，Howard Hughes 医学研究所扩展了现有的政策，为在复合开放获取期刊上出版的研究人员支付出版费用。CNRS 的核物理研究所同意为法国在高能物理开放获取期刊出版论文的研究人员支付出版费用。相反，各大学开始设立资金帮助教职员工在需要付费的开放获取期刊上支付出版费用。阿姆斯特丹大学、诺丁汉大学、威斯康辛大学 2007 年都设立了开放获取资助基金。德克萨斯大学宣布了为其员工支付出版费用的意愿，甚至包括不同集中支付的方式。英国研究理事会通过事后报销的方式来支付出版费用，使操作更为简便。据不完全统计，2007 年有 65 种期刊由订购型（TA, toll access）转为 OA，是 2006 年的 2 倍，也是此前各年度总和的 2 倍。少量期刊由 TA 转为复合式开放获取，从复合式开放获取转为完全开放获取，从付费出版的开放获取转为免费出版的开放获取。Hindawi 将其最后 2 种 TA 期刊转为了 OA 期刊，成为完全采取 OA 模式的出版商。而几个月后，据报道，Hindawi 的投稿率比上一年上涨 70%，这也许不仅仅是一个巧合。CERN 的 SCOAP3 项目正平稳推进，并通过重新设计期刊订购资金的流向，向着将粒子物理全部主要期刊转变为开放获取的目标而努力。目前 SCOAP3 联盟的资金提供成员遍及丹麦、法国、德国、希腊、意大利、瑞典、瑞士、美国。梅隆基金会宣布其资助 OA 期刊重新定位的相关研究的意向。在与 Hindawi 合作后，Sage 创办了其第一份完全 OA 期刊；Wiley-Blackwell 在合并也创办了第一份完全 OA 期刊。Bentham 科学出版集团宣布到 2007 年底创办 300 种 OA 期刊的宏伟计划，随后目标调整为 200 种，07 年底其网站中显示新 OA 期刊为 166 种，分别处在不同的发展阶段。其他出版商也在尝试和启动 OA 期刊的创办进程，如 Birchley Hall 出版社、Co-Action 出版集团、Marquette Books、Merlien、以及 Pabst 科学出版集团。

一些科学家建立了一个名为 Eureka Science Journal Watch 的 wiki，收集关于 OA 和 TA 期刊的相关信息，并策划相关对策推广 OA 期刊。一群西班牙的研究人员创建了 SCImago 项目，这是一个开放获取期刊数据库，按照领域和国家进行组织，支持灵活的查询和期刊名次排序（根据该数据库自定义的评价标准）。JISC 和 Glasgow 大学启动 OpenLOCKSS，一个基于 LOCKSS 的 OA 期刊保存系统。Bill Hooker 的研究发现，67%的完全 OA 期刊不收取出版费用，18%收费，还有 15%期刊无法判断（2005 年 10 月，Kaufman 和 Wills 对 OA 期刊的抽样研究结果是 52.8%的 OA 期刊不收取出版费用）。Caroline Sutton 与 Peter Suber 的研究发现，427 家学会出版机构出版了 296 种完全开放获取期刊，19 家学会出版机构拥有 74 种复合 OA 期刊，动摇了广泛流传的学会出版机构认为 gold OA 构成其威胁的观念，研究还发现大多数学会出版的 OA 期刊也不收取出版费用，并且在全部学会 OA 期刊中占绝大部分（83.3%），高于全部 OA 期刊中不收出版费的 OA 期刊比例（67%，Hooker）。

6.2.4.5　图书的开放获取

Google 图书馆项目吸引了多所大学和机构加入，如德克萨斯大学、普林斯顿大学、Bavarian 州立大学、Lausanne 大学、Ghent 大学、Keio 大学、康奈尔大学、5 家 Catalonian 图书馆（包括 Catalonia 国家图书馆）、美国机构合作委员会的 12 家研究机构。

开放内容联盟（Open Content Alliance，OCA）不但将参与的图书馆扩展到 80 家，而且吸引了一些从公众立场出发的图书馆宣布宁愿自己支付数据化的费用，将数字化的内容交由 OCA 开放，这些图书馆是包括 MIT 图书馆在内的波士顿图书馆联盟的 19 家机构成员。纽约大学图书馆的学生也要求学校加入 OCA。

欧洲议会督促欧洲数字图书馆加快建设进程。古腾堡项目启动了加拿大的 PG（Project Gutenberg）项目。图书项目达到 1500 万册数字化图书的大关，LibriVox 达到了至少第 1000 种免费联机的有声图书的里程碑。微软公司分别对大英图书馆的 10 万多册图书、耶鲁大学图书馆的 10 万多册图书进行数字化。斯隆基金会资助美国国会图书馆 200 万美元用于数字化上千种珍善本书并开放获取。图书扫描设备制造商 Kirtas 技术公司也和亚马逊 BookSurge 合作数字化公共领域的珍善本书，并销售 POD（按需打印，print-on-demand）版本，在此基础上，有新的成员加入，成立了新的大型图书扫描项目。

开放获取与按需打印的完美结合在 2007 年得到了快速的推广。Kirtas-Amazon 的图书扫描项目主要依托于 POD 版本的销售；前三家加入的大学是 Emory 大学、Maine 大学和康奈尔大学，他们承诺将数字化版本提供开放获取。Rice 大学出版社不但以 OA 或 POD 版本进行专著出版，同时还得到了斯坦福大学图书馆的响应和支持。汉堡大学最初决定其全部的科学出版物都是 OA 或 POD 版本，随后同意将 Schleswig-Holstein 州存档出版的著作提供 OA 和 POD 版。6 家欧洲大学和博物馆出版社成立了 OAPEN（Open Access Publishing in European Networks）联盟，以 POD 版本出版 OA 专著。公共领域的图书预印本服务也开始出售 Internet Archive 和 Google 中的公共领域的电子图书的 POD 版本。

我们看到了一系列新的 OA 图书，既包括有定价的印刷版，也包括无订价的印刷版，这些图书来自于密歇根大学出版社（数字文化图书）、加州大学出版社（FlashPoints）、MIT 出版社（数字媒体与学习）、加拿大人文社科资金会、美国自然历史博物馆、开放知识基金会以及哈佛 Berkman 中心与计算机协助法律指导中心。加拿大图书馆协会将考虑把所有新专著开放获取；Librede Bruxelles 大学决定将其所有已出版的图书开放获取。匹兹堡大学出版社决定将已出版的图书开放获取，而新书的开放获取最迟不超过 2 年。美国大学出版协会也发布了开放获取声明，号召各个出版社尝试 OA 模式的专著出版；英国国家电子图书项目开始为英国各大学提供免费的电子图书；巴基斯坦高等教育委员会正在将订购补助与开放获取结合起来，向国内各大学提供免费的电子图书和期刊。

当 Springer 宣布 29000 多种图书已被 Google Book Search 建立索引时，它认为此举提高了图书的显示度，推进了库存图书的销售。首家加入 Google 出版计划的中国图书出版商城邦出版控制集团（Cite Publishing Holding Group）解释说加入 Google 计划就是预见了 Google 的索引将会增加图书的销售量。

6.2.4.6 学位论文（ETDs）开放获取

丹麦、德国、荷兰、瑞典、英国宣布推出欧洲电子学位论文门户的试点，该门户可以从参与的各国家的互操作的开放获取知识库中收割相关内容。瑞典已推出了它的学位论文开放获取门户，并启动了英文学位论文的开放获取资源建设。意大利各大学校长会议采纳了开放获取知识库 ETDs 存储指南；澳大利亚的知识开放获取法项目发布了研究生的版权指南，介绍学位论文作者的开放获取和创作共用协议。ProQuest 开始向各大学开放获取全部 ProQuest 拥有的 ETD。佛罗里达大学开始将以前的学位论文数字化并开放获取；俄亥俄大学 Russ 工程学院、技术国际研究中心决定要求提交学位论文的电子版；加拿大维多利亚大学制订了 ETD 提交的流程；哈佛自由文化学院的学生创建了本科生高水平学位论文的开放获取学位论文知识库。

6.2.4.7 学术、科研、教育领域的视频的开放获取

PLoS 及其合作者创办了"科学家们的 YouTube"——SciVee，专门以开放获取视频解释 OA 期刊论文。新的 OA 科学视频内容在 AthenaWeb、Bioscreencast、DNATube、Science Hack、SciTalks、VideoLectures 以及 Science Daily 的视频频道报道。Video Journal of conference Presentations 是关于会议发言的同行评议的开放获取期刊。BioMed Central 还创建了 YouTube 频道，加强对 BMC 多媒体论文的视频的支持，并与 Intelligent Television 一道成立了开放获取记录片项目，将制作关于 OA 的视频纪录片。加州大学伯克利分校、南加州大学也启动了他们自己的 YouTube 频道，播放各种讨论和公共事件。耶鲁大学新的开放课件项目将有关 OA 的视频作为课件内容的一部分。JISC 与惠康基金会合作提供 400 多部医学史上重要影片的开放获取。SPARC 宣布其第一个 SPARC Discovery Awards 频道（Sparkies）成立，宣传关于信息共享的视频资料。Lawrence Lessig 组织了一项运动，要求美国电视网络向公众或遵循 CC 协议发布总统竞选广播；Barak Obama、John Edwards、Chris Dodds 签名赞同这一运动；CNN 同意加入这一运动而 Fox 新闻台不同意加入。简而言之，带宽和相关的工具使视频和其他形式的宣传都更为容易，使得网络上的学问不再是印本上的学问的复制品。

6.2.4.8 类维基百科的兴起

德国开始使用公共资金资助德国维基百科中的科研论文，一些德国科研人员创建了 DBpedia，这是一个 OA 数据库，可以从维基百科中收割没有知识产权的知识内容，支持向维基百科提问，与其他 OA 数据集链接。

Ezclopedia 是另一个由用户编写的开放获取式的百科全书，试图比维基百科做得更好；Debatepedia 是由 Debate 教育协会和乔治敦大学创建的新的 Wiki，组织对重要的政策问题的正反两方面的观点和评论。Archivopedia 是一个新的基于 Wiki 有关图书情报学的百科全书，支撑 OA 重要资源的检索。Freebase 是类似于 Wiki 的免费数据库，附属于 Danny Hillis 的 Metaweb，旨在捕获"全世界的知识"，并已经与 BMC 协商获取其 OA 期刊中的知识。2007 年 11 月，Google 推出 Knols 百科全书服务，邀请人们修改自己的文章。Citizendium 于 2006 年成立，2007 年发布 beta 版，采用 CC-BY-SA 许可协议，公布了在管理和调整 Citizendium2.0 标签的范围方面的变动计划。美国 Cleveland 的 4 位医师创建了 AskDrWiki、Elsevier 创建了 WiserWiki，还有很多类似的只能由工程师提供内容的医学类百科。WHO 也将其国际疾病分类数据库转化成了 Wiki。Sloan 数字天空调查创建了 Wiki，汇集了虚拟望远镜、存储天文数

据的数据库、天文学文献的图书馆、可注释的 Wiki、以及探索天空的 Google Earth。Wiley 的 Wrox 出版社以 Wiki 的形式生产了一系列有关计算机编程的开放获取图书。

还有一些百科全书的建设是有关于 OA 而与 Wiki 无关。有 2 家基金会、一些研究机构发起创建了生活百科全书，这是一个关于我们地球的生物多样性框架的开放获取的多媒体百科全书。开放符号学资源中心（Open Semiotics Resource Center）是 OA 知识库、OA 百科全书、OA 期刊的集合。

6.2.4.9 课件资源及其他教学资料的开放获取

课件资源及教学资料的开放获取资源的繁荣，如同免费的开放源软件，数量规模庞大，以至于无法一一列举。其中在 2007 年比较重要的资源是包括：MIT 的开放课件达到 1800 种，并创建了专门面向高中生的新的开放课件计划；Novell 公司创建了 Novell 开放课件，这是第一个由赢利性的公司提供的关于公司的培训课程的开放课件；IEEE 信号处理学会开始与 Connexions 合作建立开放教育模块；Sun Microsystem 新增加了 Curriki 百科全书教程；哈佛 Berkman 中心与计算机协助法律指导中心为各法学院创建了开放获取的教学与学习资料；人类开放获取教育计划是一项新的开放教育项目，重点关注发展中国家的医学教育；印度教育改革联盟发起了全国性的开放教育项目；越南创建了本国的开放课件；耶鲁大学也成立了自己的 Open Yale Course 项目。非营利的公共资金项目、加拿大的课件开放获取门户 CultureSource 启动；欧盟资助的 e-Learning 开放内容服务发布了关于开放知识库中的课件和研究成果的报告。Creative Commons 正式启动了 ccLearn 项目，针对教学资源的开放内容和开放许可；创建第一份开放内容许可的 David Wiley 针对开放教育内容的目标起草了一份新的内容使用许可；ccLearn 项目与 Hewlett 基金会正在开发面向开放教育资源的搜索引擎；荷兰 SURF 基金会开始资助提升高等教育知识共享的项目；犹他州出资 20 万美元资助犹他大学的 OpenCourseWare。挪威、荷兰、博茨瓦纳教育部部长公开号召教育资源的开放获取。

6.2.4.10 PRO 的政府信息开放获取

2007 年 Carl Malamud 成立了 Public.Resource.Org（PRO），系统地收集美国政府部门发布的公共领域的信息，并提供开放获取。Ari Schwartz 在 2007 年也实施了一个类似的项目，将国家研究报告（Congressional Research Service，CRS）开放获取。11 月，PRO 与 Fastcase 联合建设美国联邦法律案例开放获取资源，包括可回溯至 1754 年的美国最高法院的判决书；Fastcase 将以前需付费获取的数字形式的文件捐赠给了 PRO。还是在 11 月，PRO 说服美国国家技术信息服务中心（NTIS）每月为期提供 10～20 盘有关政府的视频录像带，由 PRO 数字化后提供联机开放获取。PRO 还创建了一个美国政府印刷局完整的开放获取镜像网站。12 月，PRO 与 CC 承诺到 2008 年年底将全部美国联邦法律案例开放获取；还与波士顿公共图书馆达成一致，合作进行政府文件数字化并开放获取的工作。PRO 充满了能量和活力，但处理事务更为严谨，避免了相关的法律纠纷。

6.2.5 开放获取资源介绍及链接

6.2.5.1 DOAJ (http://www.doaj.org/)

开放存取期刊目录 DOAJ (Directory of Open Access Journal) 由瑞典的隆德大学图书馆 Lund University Libraries 设立于 2003 年 5 月，其宗旨是增加开放存取学术期刊的透明性、可用性、易用性，提高期刊的使用率，扩大学术成果的影响力。

该目录收录的均为学术性、研究性期刊，具有免费、全文、高质量的特点。其质量源于所收录的期刊实行同行评审，或者有编辑作质量控制，故而对学术研究有很高的参考价值。DOAJ 从最初的 350 种期刊开始，截止 2010 年 8 月，DOAJ 收录的期刊已有 9804 种，其中 5636 种期刊可以直接检索全文，包括 1573847 篇文章。资源范围涵盖 17 个一级学科，包括：农业及食品科学、艺术及建筑学、生物及生命科学、商业与经济学、化学、地球及环境科学、健康科学、历史及考古学、语言及文学、法律及政治学、数学及统计学、哲学及宗教学、物理及天文学、一般科学、社会科学、工程学等，语种不限。

图 6.8 为 DOAJ 期刊浏览界面，用户既可以检索特定的刊名，也可以按刊名字母顺序浏览期刊，或者按专业主题浏览特定类别的期刊。在网站首页的主题分类中，点击类目名称可进入相应的类目期刊列表，点击"Expand Subject Tree"可以将各类目扩展至下位类目。另外，用户可以通过对题名、期刊名、ISSN 号、作者、关键词和文摘 6 条检索途径进行布尔逻辑运算搜索符合条件的论文，如果需要，点击搜索结果中的该论文全文链接地址，直接登录它的全文页面进行浏览和获取。

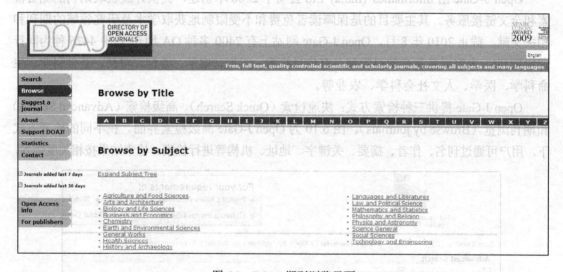

图 6.8　DOAJ 期刊浏览界面

6.2.5.2　HighWire Press　http://highwire.stanford.edu/

HighWire Press 是提供免费全文的、全球最大的学术文献出版商之一，于 1995 年由美国斯坦福大学图书馆创立。目前收录电子期刊 1775 种，覆盖生命科学、医学、物理学、社会科学等学科。

HighWire Press 提供了浏览(Browse)、检索(Search)入口，如图 6.9 所示。用户可以按刊名字母顺序(Journals by Alphabet)、主题(by Topic)、出版社(by Publisher)等方式浏览其出版的期刊或论文。点击首页的"search"按钮，进入高级检索界面，用户可以利用作者、关键词、题名词进行文献检索，同时可对文献所在的年、卷、页码及文献来源期刊范围、出版日期范围、检索结果输出格式等进行限定。

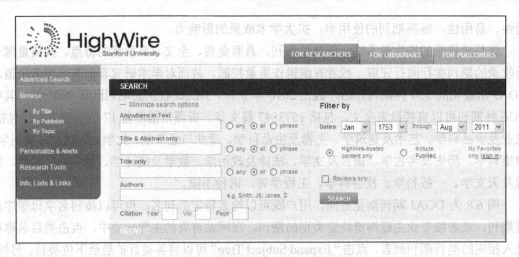

图 6.9 HighWire Press 检索界面

6.2.5.3 Open J-Gate(http://www.openj-gate.com/Search/QuickSearch.aspx)

Open J-Gate 由 Informatics (India) Ltd 公司于 2006 年创建，提供开放获取期刊的免费检索和全文链接服务。其主要目的是保障读者免费和不受限制地获取学术及研究领域的期刊和相关文献。截止 2010 年 8 月，Open J-Gate 网站上有 7400 多种 OA 期刊(其中 4426 种为同行评审期刊)。内容涵盖各个学科领域，有信息技术、工程、电子、通信、材料、基础科学、生命科学、医学、人文社会科学、农业等。

Open J-Gate 提供三种检索方式：快速检索（Quick Search）、高级检索（Advanced Search）和期刊浏览（Browse by journals）。图 6.10 为 Open J-Gate 高级检索界面。在不同的检索方式下，用户可通过刊名、作者、摘要、关键字、地址、机构等进行检索。检索结果按相关度排列。

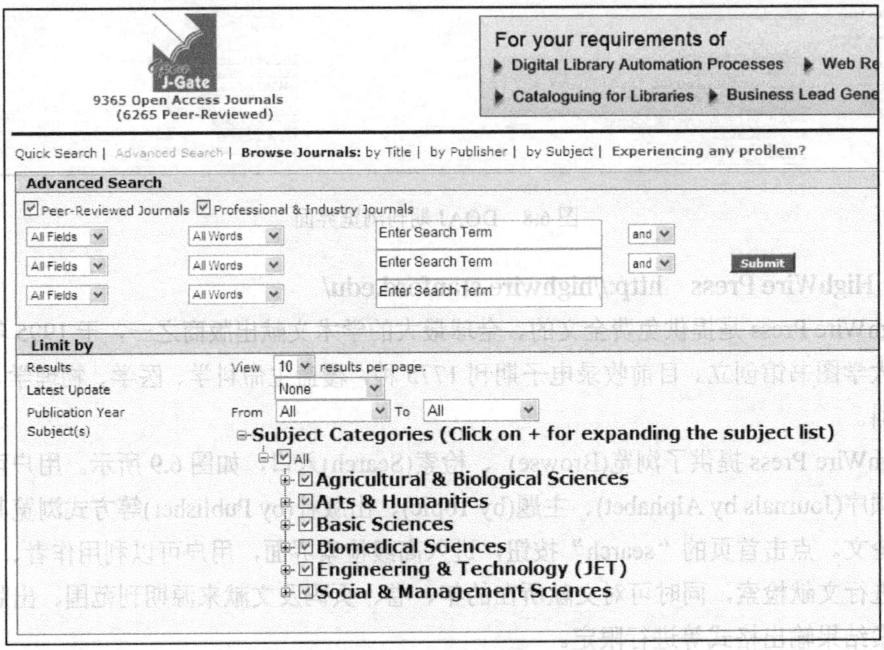

图 6.10 Open J-Gate 高级检索界面

6.2.5.4 J-STAGE (http://www.jstage.jst.go.jp/browse/_journallist)

J-STAGE (Japan Science and Technology Information Aggregator, Electronic)是日本独立行政法人科学技术机构(Japan Science and Technology Agency，JST)建立的日本科学技术情报电子整合系统。该系统提供日本的科学技术学术团体出版的期刊、研究报告、会议录等出版物的开放获取式网络服务，学科内容包括自然科学、生物技术、医学、农业、环境、工业技术等。J-STAGE网站提供日文和英文两种文字界面，用户可以通过日文刊名或英文刊名进入浏览阅读。

用户可以对该网站收录的期刊、会议录、研究报告等文献内容从刊名、题名词、作者、作者单位、关键词、文摘内自由词及全文内自由词等途径进行检索，同时也可以对文献类型、文献语种、是否同行评议等特征进行检索条件限制，其高级检索界面如图6.11所示。

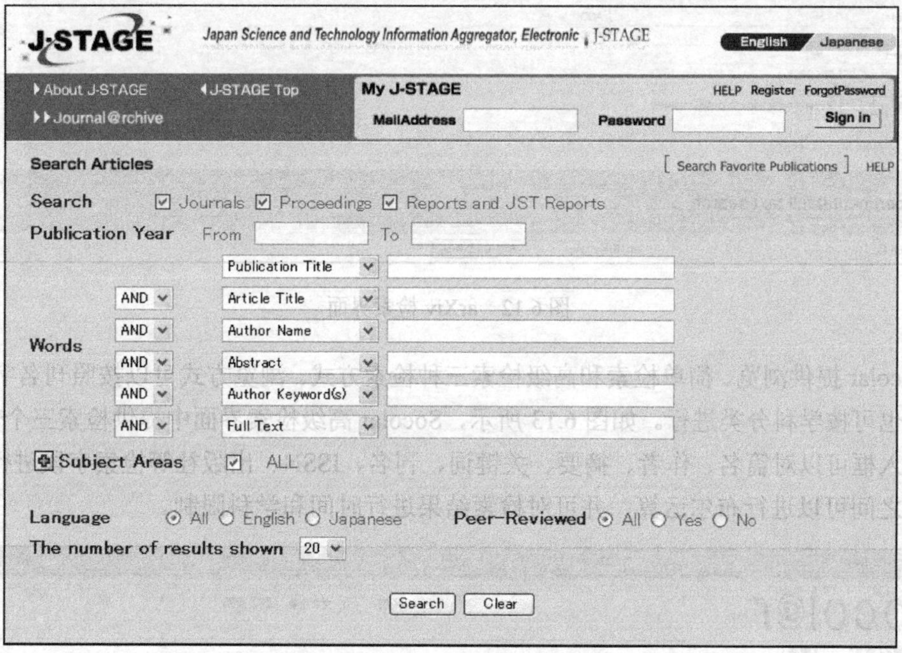

图 6.11　J-STAGE 高级检索界面

6.2.5.5 arXiv (http://arxiv.org/)

arXiv是由美国一个专门收集物理学、数学、计算机科学和生物学学术论文电子预印本的开放访问典藏，它建立于1991年，由Paul Ginsparg创建，最初节点设立于美国Los Alamos国家实验室，目前主节点设立在Conell大学并在世界范围内设立多个镜像点。迄今，arXiv.org中已收集了约901445篇预印论文，收录范围包含物理学、数学、非线性科学、计算机科学、定量生物学、定量金融学、统计学。其检索界面如图6.12所示。

6.2.5.6 开放存取资源图书馆 (http://www.socolar.com/)

Socolar是中国教育图书进出口公司自主研发的国内首个综合性的一站式开放存取资源检索平台，对世界上重要的OA期刊和OA仓储资源进行全面的收集、整理并提供统一检索的集成服务平台。是目前最大的开放存取资源集成检索平台，截止2013年12月，Socolar

收入的 OA 期刊已有 11739 种，包含文章数 13503317 篇，OA 仓储数目 1048 个，包含文章 10391241 篇。

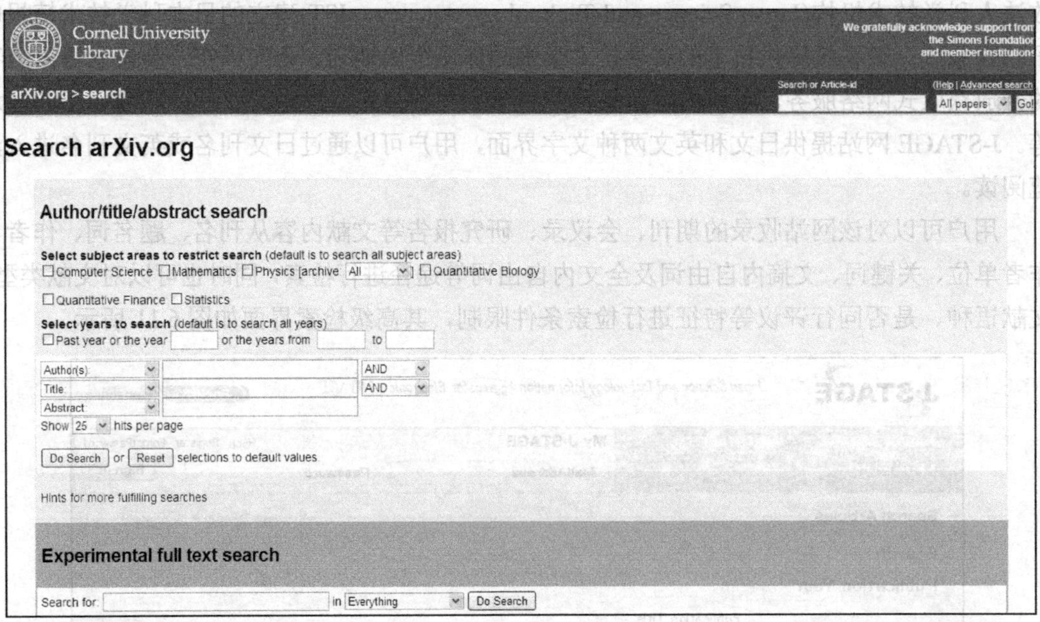

图 6.12　arXiv 检索界面

Socolar 提供浏览、简单检索和高级检索三种检索方式。浏览方式可以按照刊名字顺方式进行，也可按学科分类进行。如图 6.13 所示，Socolar 高级检索界面中提供检索三个输入框，每个输入框可以对篇名、作者、摘要、关键词、刊名、ISSN、出版社等检索字段进行选择，输入框之间可以进行布尔运算，并可对检索结果进行时间和学科限制。

图 6.13　Socolar 高级检索界面

6.2.5.7　中图链接服务(cnpLINKer)平台　(http://cnplinker.cnpeak.com)

中图链接服务（cnpLINKer）是由中国图书进出口（集团）总公司开发并提供的国外期

刊网络检索平台，旨在为国内广大用户提供一个统一的检索、获取国外期刊的网络信息服务平台，于 2002 年底开通运行。截止 2013 年 12 月，该系统已收录 39812 多种期刊信息，其中收录 23026 多种开放获取期刊供用户免费浏览和下载。

cnpLINKer 提供了期刊检索、简单检索、高级检索三种检索方式，其检索首页如图 6.14 所示。期刊检索可以输入刊名进行查找，也可按刊名字顺、学科分类、出版社出版刊物浏览查找。

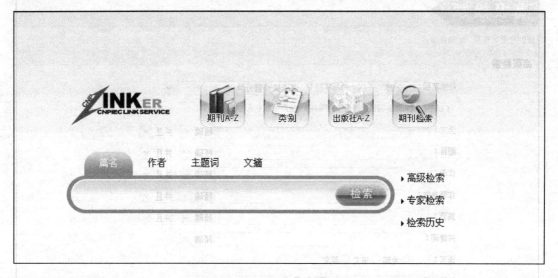

图 6.14　cnpLINKer 检索首页面

6.2.5.8　中国科技论文在线　(http://www.paper.edu.cn/)

中国科技论文在线是经教育部批准，由教育部科技发展中心主办的科技论文网站。该网站提供国内优秀学者论文、在线发表论文、各种科技期刊论文（各种大学学报与科技期刊）全文，此外还提供对国外免费数据库的链接。

该网站给科研人员提供了一个方便、快捷的交流平台以及及时发表成果和新观点的有效渠道，从而使新成果得到及时推广，科研创新思想得到及时交流。中国科技论文在线根据文责自负的原则，只要作者所投论文遵守国家相关法律、有一定学术水平且符合中国科技论文在线的基本投稿要求，可在一周内发表。并允许作者同时向其他专业学术刊物投稿，并保护原创作者的知识产权。

专业领域按自然科学国家标准学科分类与代码分为 39 类。包括数学、材料科学、地球科学、化学工程等。

中国科技论文在线提供基本检索和高级检索两种检索方式。在基本检索中，用户输入检索词，系统在所有论文库中所有提供字段中进行检索，也可按学科类别进行浏览。在高级检索中，用户可选择不同的论文库和所属学科，选择论文题目、作者、摘要或者关键词进行检索，并可对论文限定时间，检索页面如图 6.15 所示。

6.2.5.9　中国预印本服务系统　(http://prep.istic.ac.cn)

中国预印本服务系统是由中国科学技术信息研究所与国家科技图书文献中心联合建设

的以提供预印本文献资源服务为主要目的实时学术交流系统,是国家科学技术部科技条件基础平台面上项目的研究成果。该系统由国内预印本服务子系统和国外预印本门户(SINDAP)子系统构成。

图 6.15　中国科技论文在线高级检索界面

国内预印本服务子系统主要收藏的是国内科技工作者自由提交的预印本文章,可以实现二次文献检索、浏览全文、发表评论等功能。系统的收录范围按学科分为五大类:自然科学、农业科学、医药科学、工程与技术科学、图书馆、情报与文献学。除图书馆、情报与文献学外,其他每一个大类再细分为二级子类,如自然科学又分为数学、物理学、化学等。

国外预印本门户(SINDAP)子系统是由中国科学技术信息研究所与丹麦技术知识中心合作开发完成的,它实现了全球预印本文献资源的一站式检索。通过 SINDAP 子系统,用户只需输入检索式一次即可对全球知名的 16 个预印本系统进行检索,并可获得相应系统提供的预印本全文。目前,SINDAP 子系统含有预印本二次文献记录约 80 万条。

中国预印本服务系统可按学科类别进行浏览,也可输入标题、作者、摘要、关键词等进行检索,检索页面如图 6.16 所示。

6.2.5.10　奇迹文库　(http://www.qiji.cn/)

这是我国第一个开放存取仓库,创建于 2003 年 8 月,是完全由科研工作者个人维护运作的电子预印本系统。奇迹文库目前已形成了自然科学(理学、数学、生命科学等)、工程科学与技术（计算机科学、信息处理、材料科学等）、人文与社会科学（艺术、法学、政治、经济、图书情报学等）、其他分类四个大分类，基本覆盖了主要的基础学科。

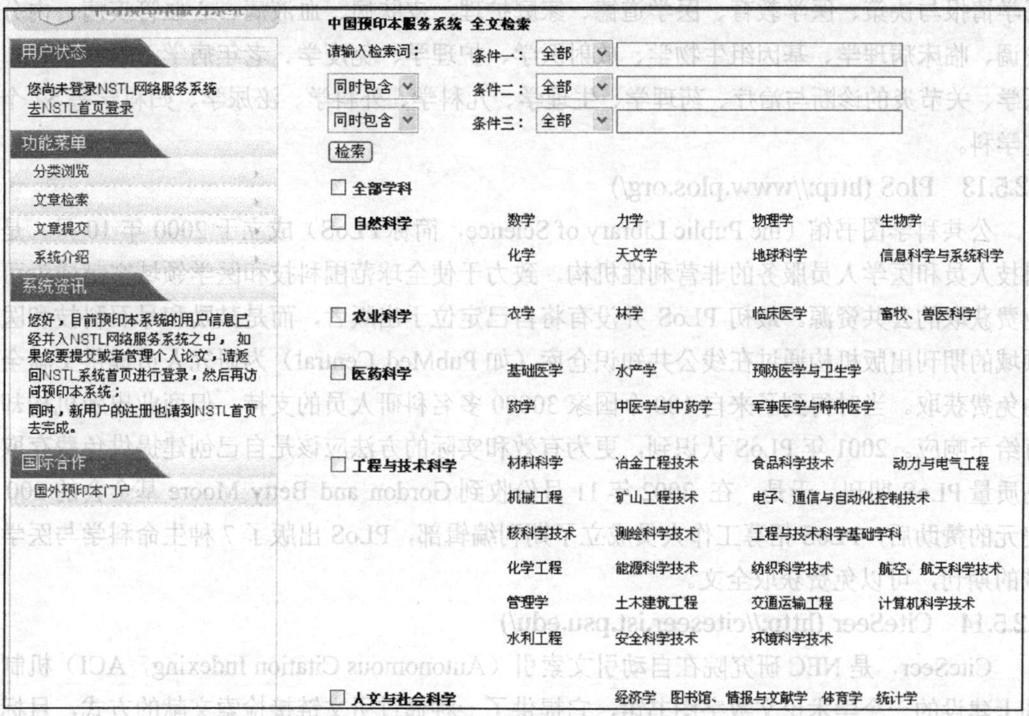

图 6.16　中国预印本服务系统全文检索界面

用户可使用分类浏览、关键词查询等方法获取奇迹文库中的资料。

6.2.5.11　Open Science Directory　(http://www.opensciencedirectory.net/)

Open Access Directory 是个不错的 OA 期刊查询的入口，包括了大部分开放存取的期刊，现可查到 13000 个 OA 期刊。其中包含了一些著名的 OA 期刊目录，例如 DOAJ、Open J-Gate、BioMed Central、HighWire Press、PubMed Central (PMC) 以及一些专门的免费期刊项目：全球农业研究文献在线获取（Access to Global Online Research in Agriculture，AGORA）、健康科学研究计划跨网存取（Health InterNetwork Access to Research Initiative，HINARI）、环境科学成果在线存取（Online Access to Research in the Environment，OARE）和电子期刊文献传递服务（The eJournals Delivery Service，eJDS）等收录的期刊。其中，全球农业研究文献在线获取(AGOPA)中的文献对于中国用户是不可以免费获取的，他限定了很不发达的国家例如：索马里、阿富汗、越南等国家的才可以免费获取，中国属于要全额（付）费用的国家。

6.2.5.12　BioMed Central (http://www.biomedcentral.com/)

BioMed Central 集中出版了近百种生物医学领域的期刊，其出版期刊又称 BMC 期刊，具有免费检索和全文获取的功能。BioMed Central 是一家独立的出版机构，致力于提供生物医学文献的直接、免费的获取与访问。所有 BioMed Central 出版期刊上的文献均可以直接、永久、免费地在线获取，且不会受到任何阻碍。BioMed Central 出版的期刊均拥有 BMC 的网络版，它们的范围涵盖了生物学和医学的所有主要领域，包括麻醉学、生物化学、生物信息学、生物技术、癌症、细胞生物学、微生物学、分子生物学、植物生理学、遗传学、进化生物学、医学情报与决策、医学教育、医学道德、家庭护理、皮肤病、血液病、心血管疾病、内分泌失调、临床病理学、基因组生物学、放射医学、护理学、免疫学、老年病学、眼科学、口腔医学、关节炎的诊断与治疗、药理学、生理学、儿科学、外科学、泌尿学、妇科学等57个分支学科。

6.2.5.13 PLoS (http://www.plos.org/)

公共科学图书馆（the Public Library of Science，简称 PLoS）成立于 2000 年 10 月，是为科技人员和医学人员服务的非营利性机构，致力于使全球范围科技和医学领域文献成为可以免费获取的公共资源。最初 PLoS 并没有将自己定位于出版者，而是鼓励和号召科技和医学领域的期刊出版机构通过在线公共知识仓库（如 PubMed Central）为研究人员提供文献全文的免费获取。当时得到了来自 180 个国家 30000 多名科研人员的支持，但商业出版机构却没有给予响应。2001 年 PLoS 认识到，更为有效和实际的方法应该是自己创建提供免费存取的高质量 PLoS 期刊。于是，在 2002 年 11 月份收到 Gordon and Betty Moore 基金会的 900 万美元的赞助后，PLoS 招募工作人员成立了期刊编辑部，PLoS 出版了 7 种生命科学与医学领域的期刊，可以免费获取全文。

6.2.5.14 CiteSeer (http://citeseer.ist.psu.edu/)

CiteSeer，是 NEC 研究院在自动引文索引（Autonomous Citation Indexing，ACI）机制基础上建设的一个学术论文数字图书馆，它提供了一种通过引文链接检索文献的方式，目标是从多个方面促进学术文献的传播与反馈。CiteSeer 检索互联网上 Postscript 和 PDF 文件格式的学术论文。目前在其数据库中可检索到超过 500000 篇论文。主要涉及计算机科学领域，涉及的主题包括互联网分析与检索、数字图书馆与引文索引、机器学习、神经网络、语音识别、人脸识别、元搜索引擎、音频/音乐等。CiteSeer 在网上提供完全免费的服务（包括下载 PS 或 PDF 格式的全文），系统已实现全天 24 小时实时更新。

6.2.5.15 Bentham Open (http://www.bentham.org/open/)

Bentham 科学出版社提供的 200 多种 Open Access 的期刊，内容涵盖科学、医药、工程设计等学科。文章都经过同行评议，质量较高。并且这些 OA 期刊接受大家在线投稿，按照作者付费读者免费的模式进行。

Bentham 科学出版社发行了 79 种科学、技术及医学期刊，以满足医药、生物及医疗研究行业的信息需求。目前，Bentham 的发行领域覆盖了 24 个学科门类。Bentham 出版社在医药类期刊发行方面具有强大的实力，出版 89 在线和印刷版期刊，200 多种开放期刊以及相关丛书（均包括电子版和印刷版），为从事药物学、生物医学及医学研究的人员提供最新的信息。主要期刊包括《当代药物设计》（影响因子 5.27）、《当代医药化学》（影响因子 5.20），是该领域的主导评论期刊，荣获 7 项诺贝尔奖。其他高质量期刊包括《当代医药化学主题》（影响因子 4.16）、《当代药物代谢》（影响因子 5.76）、《当代药物靶研究》（影响因子 4.27）、《当代分子医学》（影响因子 4.85）、《当代癌症药物靶研究》（影响因子 5.67）其中《当代药物设计》、《当代医药化学》这两个在医学领域影响非常大的期刊，也列入了 OA 期刊的列表，可以免费查看索引和全文在 OA 期刊接受投稿方面，Bentham Science OPEN 将发布三类创新性的开放

式阅读期刊:
① 发表科研文章的期刊和发表独家评论文章的期刊;
② 发表读者来信或短篇通信文章的期刊;
③ 所有文章在发表之前都将先经过同行的审评向作者收取的稿件处理费,每篇发表稿件不超过 1000 美元。

6.2.5.16 开网——开放存取论文仓储(http://www.paperopen.com/)

"开放存取论文仓储"(Archive of Open Access Papers)是空军工程大学开放存取研究中心主办的国内外 OA 论文仓储平台。目前共收录:① OA 期刊732家,其中中文期刊 131家,外文期刊601家;② 仓储站点3个,其中中文仓储1个,外文仓储2个;论文总数为 1835164篇。

6.2.5.17 AgZines 期刊列表 (http://usain.org/agzines.html)

AgZines 收集了农业、食品、环境三大类数十种的期刊。这些期刊都可以免费下载全文。期刊目录按照字母顺序排序。

6.2.5.18 Scirus (http://www.scirus.com/)

非常强大的学术搜索引擎。包含了 Highwire、Pubmed、Arxiv、ScienceDirect、美国物理学会、美国专利等几乎所有的国外知名 OA 数据库。包括了 4.5 亿科学相关的网页。这是您查询外文文献的不二选择。并在高级搜索中,可按数据库进行检索,非常方便。Scirus 是一个有趣的混合型的搜索引擎。它不仅包含发表的科学/技术类期刊文章,还包含精选的科学类的网页,以及同行评议的文章、预印本资源、会议文章、专利等科学相关的文献。Scirus 在 2001 年和 2002 年,被 Search Engine Watch Awards 推选为"最佳科学类搜索引擎",2004 年由 Web Marketing Association 评选为"最佳目录或搜索引擎网站",在 2005、2006 年中再次当选。

1. SCIRUS 概况

Scirus 是目前互联网上最全面、综合性最强的科技文献门户网站之一,Scirus 引擎的信息源主要是两部分:网页和期刊。这种搜索引擎网站的出现为科学家们在网络上和专有数据库中快速查找所需的信息打开了一道便捷之门,此外,还可以对网络中所搜索到的结果进行过滤,然后只列出包含有科学信息的成分。Scirus 所覆盖的内容:目前 Scirus 已将 4.5 亿个与科学有关的网页编入索引中。除此之外,它还包括 425000 篇美国物理学会的文章、492000 篇 Arxiv 的预印本资源、33000 篇 BioMed Central 的文章全文、1000000 篇 PudMed Central 的文献、7600000 篇 ScienceDirect 文献全文等资源等资料。Scirus 覆盖的学科范围包括:农业与生物学,天文学,生物科学,化学与化工,计算机科学,地球与行星科学,经济、金融与管理科学,工程、能源与技术,环境科学,语言学,法学,生命科学,材料科学,数学,医学,神经系统科学,药理学,物理学,心理学,社会与行为科学,社会学等。

2. SCIRUS 的特色

该搜寻引擎是专为科研人员所设计的,它与一般搜索引擎(如 Yahoo、Google 等)不同的是它主要涵盖专门科学方面的信息,特色大致如下:
① 过滤非科学方面的信息;
② 收录同行评审的文章,这在一般搜索引擎中大部分是被忽略掉的;

③ 可以搜索特定作者、期刊、出版年等缩小查询范围；
④ 可同时查询学科相关的会议、摘要及专利资料；
⑤ 可以完善，自定义，并存储您的搜索。

3. SCIRUS 检索方法

Scirus 的检索界面友好，提供了两个检索界面，即"基本检索（Basic Search）"界面和高级检索（Advanced Search），如图 6.17 所示。基本检索与一般的搜索引擎类似，支持逻辑或与非等。高级检索部分，可以利用期刊名称,文章题目,作者,关键词,ISSN,作者联系方式,文献类型等进行检索,部分可利用 URL 进行检索。并且，还可以选定是在哪一个数据库进行检索，这个非常值得推荐。

图 6.17 SCIRUS 高级检索界面

6.2.5.19 国道数据库提供的国外免费期刊链接(http://www.guodao.cn/newsite/qkdh/oalist.aspx)

国道数据制作了一个详细的全球知名 OA 期刊资源列表，收录 OA 期刊万余种，并不断的更新，以方便用户查询、利用 OA 期刊资源。

6.2.5.20 加利福尼亚大学国际和区域数字馆藏 (http://repositories.cdlib.org/escholarship/)

加利福尼亚大学国际和区域数字馆藏研究项目。eScholarship Repository 主要提供已出版的期刊论文、未出版的研究手稿、会议文献以及其他连续出版物上的文章 1 万多篇，均可免费阅读。

6.2.5.21 剑桥大学机构知识库 (http://www.dspace.cam.ac.uk/)

由 Cambridge University Library 和 University Computing Service 维护，提供剑桥大学相关的期刊、学术论文、学位论文等电子资源。

6.2.5.22 发展中国家联合期刊库 (http://www.bioline.org.br/)

非营利的电子出版物服务机构，提供来自发展中国家（如巴西、古巴、印度、印尼、肯尼亚、南非、乌干达、津巴布韦等）的开放获取的多种期刊的全文。

6.2.5.23 美国密西根大学论文库 (http://deepblue.lib.umich.edu/index.jsp)

美国密西根大学论文库2万多篇期刊论文、技术报告、评论等文献全文。包含艺术学、生物学、社会科学、资源环境学等学科的相关论文，另还有博硕士论文。标识为OPEN的可以打开全文。

6.2.5.24 CERN Document Server(欧洲原子核研究委员会文件服务器)(http://cdsweb.cern.ch/)

主要覆盖物理学（particle physics）及相关学科，提供360,000多篇全文文献，包括预印文献、期刊论文、图书、图片、学位论文等。

6.2.5.25 NASA Technical Reports Server(http://ntrs.nasa.gov/?method=browse)

主要是关于航空航天领域研究的科技报告和会议论文。

6.2.5.26 National Service Center for Environmental Publications（环境出版物国内业务中心）(http://www.epa.gov/ncepihom/)

National Service Center for Environmental Publications提供的是美国环境保护总署(EPA)出版物。可以通过EPA出版号或题名检索EPA National Publications Catalog。

6.2.5.27 Energy Citations Database (http://www.osti.gov/energycitations/)

提供美国能源部的科技信息摘要。学科范围：材料科学、环境科学、计算机、能源和物理。文献类型包括期刊论文、学位论文、研究报告和专利。

6.2.5.28 PMC(PubMed Centeral) (http://www.pubmedcentral.org/)

美国NCBI（美国国家生物技术信息中心）建立的数字化生命科学期刊文献集，现提供50余种生物医学期刊免费全文。

6.2.5.29 University of Tennessee, Knoxville (http://diglib.lib.utk.edu/utj/jei-home.php)

田纳西大学的经济学杂志，包括2000年至2002年三年共12期的免费期刊。

6.2.5.30 The Electronic Library of Mathematics(http://emis.math.ecnu.edu.cn/journals/)

欧洲数学会电子图书馆，提供了期刊、会议、论文集、专著、演讲、软件等资源。并提供期刊和电子版图书的全文浏览。非电子版图书提供前言、摘要、目录和书评等内容。特别地，在经典著作栏目内，目前可检索到哈密尔顿和黎曼的经典论文的全文。

6.2.5.31 ERIC教育资源信息中心 (http://www.eric.ed.gov/)

美国教育部资助的网站系列和世界上最大的教育资源数据库，其中包括各种文档以及教育研究与实践方面的论文摘要，这些摘要超过了一百万篇，收录980多种教育及和教育相关的期刊文献的题录和文摘。部分资源可查找到全文。

6.2.5.32 Blackwell电子期刊 (http://www.blackwell-synergy.com/)

Blackwell出版公司是全球最大的学协会出版商，与世界上550多个学术和专业学会合作，出版国际性期刊800余种（包含很多非英美地区出版的英文期刊），其中理科类期刊占54%左右。它所出版的学术期刊在科学技术、医学、社会科学以及人文科学等学科领域享有盛誉。学科范围包括：农业、动物学、经济学、金融学、数学、统计学、工程、计算机科学、保健学、人文学、法学、生命和自然科学、医学、社会科学及行为科学等。部分期刊提供全文。

6.2.5.33 世界银行报告 (http://documents.worldbank.org)

汇集了27000篇银行报告。

6.2.5.34 Networked Computer Science Technical Reference Library（NCSTRL）(http://www.ncstrl.org/)

网络计算机参考图书馆，由文安德鲁梅隆基金会、联合信息网络、数字图书馆联盟、美国国家科学基金会等支持，因特网上开放式的计算机科学研究报告和论文库。提供高级检索和简单检索，原文格式需根据要求，下载相应的阅读器软件。

6.2.5.35 法律学术类网络资源

法律学术网站是推动法学进步的前沿阵地，也是了解法学新思潮的窗口。很多法学专家和法学研究者的学术论文会在这里有所反映。

1．北大法律信息网(http://www.chinalawinfo.corn)

该网站是北大英华科技公司和北大法制信息中心共同创办的大型综合性法律网站，主要栏目是法律新闻、法学文献、法规搜索、法规中心、天问咨询、法律网校、法学研究、法学书刊、法律动态、北大法律周刊、聊天室等。该网的特色是有"北大法律周刊"栏目，它是中国目前唯一的法律类电子刊物。每周一期，供网友订阅、下载和查询，提供免费服务。

2．中国法学网（http://www.iolaw.org.cn/）

该网是中国社科院法学研究所设立、建设和管理的法学专业网站。旨在展示科研成果，传播法学信息，提供法律服务，开展在线法学教育，引导网上法学研究和交流活动。现有主要栏目包括研究课题、理论前沿、热点问题、学术讲座、学术论坛、出版信息、国际学术交流、研究生园地、高级法学教育、法律服务和数字图书馆等。

3．中国民商法律网 (http://www.civillaw.com.cn)

该网站是中国人民大学民商事法律科学研究中心的主要学术窗口之一，是迄今为止国内民商法网站中最优秀者。其栏目规划和内容紧密联系民商法领域的前沿理论与实践。该站的特色一是每两周一次学术沙龙和讲座；二是具有学术性和资料性，除了有许多著名学者和新锐的论文，还有相当一部分立法前期资料和阶段性成果草案公布；三是指导司法实践和学生学习。

4．中国诉讼法律网 (http://www.procedurallaw.tom.cn)

该网站是由中国政法大学诉讼法研究中心创办的专业性门户网站，设有法律法规、港澳台法律、外国法律、学术动态、学术论坛、中国法学会诉讼法学研究会专栏、考试中心、热点聚焦、案例研究、最新文章等栏目。

5．中国私法网 (http://www.privatelaw.con.cn)

该网站是中南财经政法大学法学院与知识产权中心合作创建的专业性学术网站，设有专题研究、思想维度、农地立法、法学沙龙、青年学术、读书时光、在线课堂、法律诊所、学人风采栏目。"专题研究"按民法、商法、经济法、社会法、民事诉讼法等专题及时收集、更新研究成果；"思想维度"可了解到各种法律媒体上报道的法学研究信息，法界人士在该网站学术沙龙所做的报告以及法学研究文集。

6．中国公法网 (http://www.chinapublaw.com)

该网站是由浙江大学公法与比较法研究所创办的。设有宪法学文稿、行政法学文稿、政府管制、他山之石、公法书评、公法随笔、判例研习、法边漫步和公法论坛等栏目。该网站的资料库中专设有宪法论文索引，利用此索引查找宪法方面的文章非常方便。

7．中评网（http://www.china-review.com）

该网站由著名经济学家茅于轼任所长的北京天则经济研究所创办。该网的特色是专题讨论，文章大都是网站向专门人士的约稿，当代著名的文史哲、经济、管理、法学学者在该网站大都有文章发表。

6.2.5.36 管理科学专业网站

1．北京大学光华管理学院图书资料室(http://lib.gsm.pku.edu.cn/gsm_direct.htm)

北京大学光华管理学院图书资料室提供的网上检索服务，包括期刊检索、图书检索和论文检索。北京大学光华管理学院图书资料室成立于1995年，是一个以工商管理学为主的专业资料室，拥有中外文藏书1.5万余册，内容涉及管理学、经济学、金融学、会计学、市场营销学、管理科学、商务统计、经济计量学等学科；此外还拥有400多种中外文期刊，并保存了各届博士生、硕士生及MBA的学位论文供读者阅览。

2．中国管理传播网(http://age.org.com/)

中国管理传播网简称CMC(China Management Communicating)，是一个综合性管理类网站。该网站2002年5月开通，是目前国内比较有影响力的管理类网站之一。中国管理传播网是一个为商业人士服务的网站，它将传统的商务信息、知识资源与互联网技术作了较好的整合，同时也为国内咨询培训业和企业搭建交流和沟通的平台。

中国管理传播网共设置了18个栏目，包括"原创、观察、职场、图书、论坛、充电、专栏、投稿、专题、沙龙、焦点、头条、高端思维、管理观察站、网络营销、管理故事、看影视学管理、案例"。每个栏目都提供了丰富的资源供大家浏览，而且无须注册登录即可以免费浏览。此外，为了方便浏览，该网站每个一级栏目下还建有二级子栏目，二级子栏目下还有三级子栏目。例如"原创"这个一级栏目下又建有"商界观察、企业·行业、营销管理、人力资源、组织战略、企业研究、人物·职场、综合管理、宏观政策"9个二级栏目，而"营销管理"栏目下又建有"营销管理文章、营销观点、渠道管理、营销策略、营销精英、市场分析、营销实战、客户关系、策划广告、营销战略、公关关系"11个三级栏目。总之该网站不仅资源丰富，而且浏览方便。只需逐级单击阅读即可。当然，该网站还有站内搜索功能，只需将检索目标输入首页或者具体频道的检索栏，即可单击"搜索"查询。

3．中国人力资源开发网(http://www.hrdchina.org)

中国人力资源开发网由中国人力资源开发研究会主办，该网站主要提供中国人力资源开发的相关资料，既有新闻知识、理论资源，又有实践支持。通常情况下，并不需要注册登录即可浏览绝大部分网页和内容，有些栏目(如"工具下载")，则需要注册登录才能使用。

6.3 网络信息的评价

互联网，看不见，摸不着，但又无处不在。网络已经深入人们生活的各个方面。它的重要性无论怎么强调都不过分。但我们在利用网络信息资源时，又常常感到困惑和无奈：昨天还看到的网站，今天域名已经不存在；昨天还看到的帖子，今天就消失得无影无踪；想查找某个确定性的数据,输入检索词后,得到的结果却千差万别,无从认定哪一个是客观的,正确的;2011年8月12日,某知名会计网站发布了《关于修订征收个人所得税若干问题的规定的公告》(国家税务总局公告2011年第47号公告,下称"第47号公告"),随后另一家专业会计网站也发布了同样内容。之后,网络媒体、平面媒体竞相转发,正在广大纳税人欢呼雀跃之时,国税总局15日上午紧急发布声明澄清,日前"《国家税务总局关于修订个人所得税若干问题的规定的公告》(2011年47号公告)"系伪造,有人盗用国税总局名义发布公告并作出解读。国税总局指出,从未发过该文件及解读稿。

面对纷繁复杂的网络信息资源,我们尝试提出一些评价的方向,以便用户在利用网络信息资源时参考。

6.3.1 网络信息资源评价的必要性

互联网的开放性与自由性,改变了信息的发布与传播方式。在网上发表信息并不像传统印刷品那样经过编辑和出版部门的权威审核,任何人都可以在网上发布传播任何信息,信息的质量无法得到控制,这就使得互联网信息资源具有数量庞大、增长迅速、优劣混杂的特征,人们在享受海量信息的同时,也面临着选择、利用有效信息的困扰。

网络的互动性、离散型表现之一就是信息的有序化程度较低。搜索引擎的出现并不能从根本上改变互联网信息的无序状态。目前互联网具有相同主题的网站数量不断增加,即使借助搜索引擎,搜索到的往往是一大堆网页地址或者一些不相关的混合资料。这种状况给专业人员方便、有效、快捷地获取所需信息带来了困难。

由于互联网信息质量的参差不齐,在利用互联网信息之前需要对信息资源进行评估,信息资源评价能够有效屏蔽一些信息污染或噪音,从而提高用户利用资源的效率,可以说,网络时代的发展开始要求每一位参与者具备网络信息资源的选择、评价等信息素养。

6.3.2 网络信息资源的定性评价与定量评价

定性评价是指按照一定的评价标准从主观角度对网络信息资源所作的优选与评估。定性评价标准因专业领域、学术水平和课题的专门需求等的差别而不同,无法划定统一标准。通常其定性评价标准包括信息收录范围、内容、图形与多媒体设计、网站设立的目标与对象、相关评论、可操作性、成本等7项。该标准目前已被许多研究者借鉴和采纳。

定性评价的优点是可以对网站内容进行深入分析,缺点是评价结果受人为因素影响较大。并且由于缺乏量化标准,评价结果往往是模糊的。

定量评价是指按照数量分析方法,利用网上自动搜集和整理网站信息的评估工具,从客观量化角度对网络信息资源进行的优选与评价。

目前互联网上有许多信息评估工具,如在一些搜索引擎中,如Excite能把网页搜索软件发往每一个站点,记录每一页的所有文本内容并统计检索词的出现频率。如Google可以测定站点的链接数量,如MegaSpider可以自动统计网站的点击率。一般来说,站点被用户访问的次数越多,说明该网站上的信息越有价值。而一个网站被链接的数量越多,也可以断定该网站的内容比较重要。某一特定主题的词汇在一个网站出现的频率越高,也可以反映出该网站的专业化程度。这样,将有关网站的访问次数、下载情况、链接数量等进行整理排序,就可以对网站影响力,站点所提供信息的水平和可信度等做出评判,进而选出常用站点、给出热门网站。这种方法类似于传统文献信息工作中通过引文等方法来确定核心期刊。

定量评价的优点是信息比较全面而及时,使用方便快捷,可以从技术指标上对网站进行评价,所得到的评价结果客观公正。缺点是标准过于简单,并且这些统计数据可能会受到广告、网站免费服务、浏览器设置等因素的印象。另外,客观评价无法对内容进行深入考察,因此对于学术类网站不适用定量评价方法。

6.3.3 内容评价与形式评价

信息资源的内容是评价与选择的核心,从中可以反映网络信息资源的本质。评价网络信息资源的内容可从以下几方面考察。

(1) 完备性　网站收录信息资源的范围要全面广泛,应该基本涵盖相关主题的所有概念,能使用户全面、准确、系统地了解和掌握特定主题基础知识、研究方向以及相关课题研究的具体成果。要包括世界上主要语种范围内有关研究的信息。既有文字信息,又有图像信息;既提供原始文献,又提供其他网址的资源链接;既提供一次文献,又提供二次文献;既有数字化的印刷型材料,又有原创的电子文献。

(2) 针对性　网站的选题应该突出针对性,信息的专业化程度要适应用户的水平,要将过于肤浅的普及型的知识、趣味性的内容以及过于深奥晦涩的不适合用户需求的信息排除在外。

(3) 可靠性　网站上应有明确的创建者,并能使用户检索到有关创建或拥有网站的机构或个人的说明。每条信息都要标明作者及其身份。要提供著者、网站创始人或管理人的联系方式。引用其他信息来源时应注明出处,以备用户进一步核查,并确保引用事实和数据的准确。所有信息都要经过核实并可以通过其他信息验证。网站要保证其内容没有政治问题或色情暴力倾向,不含商业性广告色彩。作者在文章中不使用过激的词语,并带有某种偏见,文章的内容没有煽动性。语言表达要严谨、规范、有很高的精确度,无拼写和语法错误。

(4) 权威性　网站的主办者要具有专业背景,在学术界拥有较大的影响力。作者或信息提供者应在本专业领域具有一定的声望。信息要能够经常被其他权威网站摘引、链接与推荐。在通常情况下,可以通过点击主页上的"关于我们"、"联系我们"等链接上提供的内容来考察网站的作者和发布者的权威性以及网站信息来源的权威性。一般来说,某个专业较著名的机构或专家所拥有的网站和发布的信息会具有较高的质量。尤其是大学和研究机构的网站,一般在发布前已对信息做过审查、筛选,此类信息权威性、可信度较强;政府机关门户网站发布的通知公告、统计数据、文件等,一般是可靠的。

(5) 原创性　在互联网上,相同的主题常常会有许多网站,但这些网站发布原始信息的数量和质量均具有较大的差别。有的网站以发布原始信息为主,有的网站主要是有关该主题链接的集合,还有一些是其他网站信息的镜像。通常发布原始信息的网站,其研究结论是经过严肃思考得出的,与那些简单地照搬别人信息的网站相比,具有较强的独创性。

(6) 新颖性　网站上的信息要标明日期(包括撰写日期、上网日期、修改日期等)。网站的内容及链接应定期更新,使得信息始终保持最新状态。对于过时的信息和死链接应当及时清除。

网络信息资源的形式评价主要包括以下几方面。

(1) 美观性　网站设计具有审美性与吸引力,感官效果良好,符合人的阅读习惯。由于图形、图像等可视化方式有利于人们更快、更有效地传播交流信息,所以人类也越来越趋向于通过图形、图像等可视化的形式来接受信息,因此网站的界面应友好直观,要强调信息的可视化程度。应当充分利用多媒体功能,将文本、图像、音频、视频信息有机地集成于一体,重视网页的视听效果，以增强用户理解信息的能力。

（2）条理性 网站资源分类要科学规范，文档的等级结构应该具有逻辑性和一致性，做到信息组织合理、结构清晰、层次分明、重点突出。各部分所含信息适中平衡。网页界面模块标识要清楚，菜单设计、图标排列要调理分明，具有较强的可读性。在内部链接的平衡性、相关性等方面科学合理。

（3）查检性 网站应该内部链接丰富，提供内容检查功能，查询引擎要能对全部资源进行索引，资源中所包含的信息可以有效地被检出。检索方式要多样，应能用分类、主题等多种途径，提供布尔逻辑、截词检索等高级查询方式，对所查信息有选择与限定自由，检索结果可以按相关度排序。

（4）帮助性 网站应该有使用指南、导言等帮助信息，帮助信息要清晰醒目、方便查阅利用。要设有专门的帮助键，帮助页面要有使用举例，有必要的培训资料。导航系统应简明易用，所需的特殊命令要清楚直观。

（5）快捷性 网站的快捷性主要体现在以下几点：容易登录，连通迅速，等待时间短，响应速度快；网页的设计简练，网页之间切换方便，尽量减少用屏幕卷动的次数，每个网页设有直接返回本部分资源起始页或网站主页的功能键；易于输出，下载所需时间短等。

（6）稳定性 优秀网站的管理与维护应该保持良好状态，做到网页稳定，性能可靠，可被用户长期依赖，能够连续地接受访问，很少出现阻塞或掉线、离线的情况。一般来说，大型网站由于有充足的资金与人力支持，相对比较正规稳定。

（7）低耗性 网站对设备环境如硬件、软件及网络条件等要求要低，不需要制订类型、版本的浏览器，可允许多种访问工具，对多种浏览器开放，并且用户的使用成本合理。

需要注意的是，内容评价与形式评价的重要程度是不同的。其中，内容反映网站的本质特征，是最重要的评价要素，而反映外部特征以及操作使用等方面的指标，是为提供内容服务的。因此，在进行信息评价时，应当分清主次，把内容评价作为信息资源评价的重点。

思 考 题

1. 搜索引擎在其发展过程中经历了哪些阶段？目前流行的搜索引擎（如百度、Google）的工作原理是什么？请简要阐述。

2. 登录书中所介绍的国内外主要搜索引擎，分别针对某一主题（如水利工程）进行检索，分析其检索结果是否符合要求、检索速度、重复结果数量等指标，并使用相应的英文主题（如 Water Resources Engineering）进行检索并分析。

3. 使用 Google 特殊语法搜索你所在学校的网站上公布的有关专家（如校长、教授）的内容，且要求内容为 Word 或 PDF 文档。请写出检索式。

4. 使用 Google 学术搜索找到至少 3 本有关你所在专业的中英文图书，并进行在线阅读或浏览，如不提供在线阅读，请给出该书的购买途径及价格。

5. 尝试使用 Google 的图片、音乐、新闻、地图、翻译等搜索功能尝试查找你所感兴趣的内容，并对结果进行分析。

6. 尝试使用书中所介绍的网络信息评价方法对你经常访问的网络站点进行内容和形式评价。

第 7 章 文献信息的利用

查找文献信息资料的目的，是解决学习工作生活中的实际问题。学以致用，是我们的目的。本章将就学术论文的写作要项及文献信息资源利用过程中需要注意的问题进行简单阐述。

7.1 文献信息利用过程中的版权保护及学术道德

7.1.1 文献利用中的道德规范

文献信息利用的规范属于学术道德的范畴。教育部《关于加强学术道德建设的若干意见》对学术道德作了精辟的阐述和严格的规定。学术道德包括基本道德规范和引文道德规范两个方面。

信息用户要坚持实事求是的科学精神和严谨的治学态度；树立法制观念，保护知识产权、尊重他人劳动和权益。要依照学术规范，按照有关规定引用和应用他人的研究成果，不得剽窃、抄袭他人成果，不得在未参与工作的研究成果中署名。

一项科学研究成果总是在前人成果的基础上取得的新进展，是在继承的基础上的一种进步。它体现了科学技术发展的客观规律。研究者一般都是在已有理论、方法、结论等基础上加以提高和创新的，对已有成果实事求是地加以援引，以体现研究工作的连续性及知识产权的严肃性。将已有成果引用到自己的研究成果中，并且标注、著录所引用成果，这就是参考文献，即引用文献。一般只需引用表述某个定义、原理、观点的语句即可，要避免简单复制、照搬他人思路、方法甚至具体数据等做法。应该指出，规范的引用已有研究成果，不仅是当事研究者的义务，也是其合法权利。

7.1.2 文献利用中的版权保护

版权，即著作权，指版权人对其在文学、艺术、科学活动中创造的成果依法享有的权利，是知识产权的一种。版权包括人身权和财产权两方面的权利：人身权，也称"精神权利"，指与版权人人身相联系的权利。根据我国《著作权法》的规定，人身权包括发表权、署名权、修改权、保护作品完整权。财产权，也称"经济权利"，指版权人享有许可他人使用其作品并由此获得报酬的权利。财产权包括复制权、表演权、播放权、展览权、发行权，摄制电影、电视、录像权、改编权、翻译权、注释权、编辑权等。

版权可以保护权利人的积极性，激发其创造力，但不应阻碍思想和信息的传播与获取。绝对保护会影响对智力成果的使用，造成知识的闲置和浪费，不利于知识共享。为此，版权法同时又规定了对版权的限制。我国《著作权法》第 22 条规定了在 12 种情况下使用作品，可以不经著作权人许可，不向其支付报酬，但应当指明作者姓名、作品名称，并且不得侵犯著作权人依法享有的其他权利：如为个人学习、研究或者欣赏，使用他人已经发表的作品；为介绍、评论某一作品或者说明某一问题，在作品中适当引用他人已经发表的作品；为学校课堂教学或者科学研究，翻译或者少量复制已经发表的作品，供教学或者科研人员使用，但不得出版发行；图书馆、档案馆、纪念馆、博物馆、美术馆等为陈列或者保存版本的需要，复制本馆收藏的作品等。版权保护不是对作品的限制和封锁，而是使其利用更为充分、合理。文献信息工作涉及版权保护的各方面内容，其前提是对版权的尊重和维护，同时依法保护自己作品的版权。比如，对享有版权的作品进行复制、改编、翻译、注释或编辑时，不得侵犯其权利；图书馆通过自己改编、编辑等智力劳动产生与原作不同的新作品，并对此享有版权。从事文献信息工作的单位和个人要在版权许可的"合理使用"的范围内，尽可能地为广大用户提供文献信息服务。

我国目前的《著作权法》中虽然没有专门关于数字图书馆的条款，但 2001 年 10 月 27 日，九届全国人大常务委员会第二十四次会议通过了《全国人民代表大会常务委员会关于修改<中华人民共和国著作权法>的决定》。修改后的《著作权法》在第十条中增加了"信息网络传播权"一款，给予版权人"以有线或者无线方式向公众提供作品，使公众可以在其个人选定的时间和地点获得作品的权利。"毫无疑问，根据修改后的《著作权法》，将数字化文献上载到网络上向公众发送，肯定属于版权人的一项专有权。换言之，只有在该作品版权人许可的情况下，作品才可以上载到网络上，否则就是侵权行为。因此，数字图书馆将版权作品数字化后上网提供给用户，必须事先得到版权人的许可，与版权人签订许可协议，并付给一定的报酬。就这一点来说，修改后的《著作权法》对数字图书馆的使用提出了新的要求。

对于数据库的版权保护问题，我国的《著作权法》还没有做出规定。据《著作权法实施条例》第五条以及《实施著作权国际公约的规定》第八条，可以将数据库按编辑作品来看待。又据我国《著作权法实施条例》第二条的规定，只要具有"独创性"的数据库，就能获得版权法的保护。

版权问题涉及文献利用的各个领域，是全局性的。研究者在文献利用过程中，应该小心处理万维网上的可用著作，将其列入致谢和参考文献来源，在有必要的地方应先取得许可。通过文献传递获得的影音资料只能用于个人用途，除非他们已经支付了额外的版权批准费。研究者应当在复制、下载和使用资料时，确认遵守现行版权法。

7.2 学术论文的写作

学术论文是某一学术课题在实验性、理论性或观测性上具有新的科学研究成果或创新见解和知识的科学记录；或是某种已知原理应用于实际中取得新进展的科学总结，用以提供学术会议上宣读、交流或讨论；或在学术刊物上发表；或者其他用途的书面文件。

学术论文是通用于科学领域内的一种学术文体，既反映社会的科学研究成果，也体现科研工作者的学术水平。因为撰写学术论文是各行各业专业技术人员的基本功，也是对其考察评聘的主要条件。作为专业人才储备的大学生，必须学习、掌握学术论文的写作要领。

7.2.1 学术论文概述

7.2.1.1 学术论文的特征

学术论文具有以下基本特征。

1. 学术性

学术性是学术论文的根本特征,是它与其他文体的根本区别所在。学术论文是学术成果的载体,以学术问题为论题,把学术成果作为描述对象,以学术见解为内容核心,具有系统性和鲜明的专业性,揭示学科事物的现状或发展规律,以促进学科的发展,也反映出作者对所研究课题的了解、研究的深度与广度以及其专业素养。

2. 科学性

科学性是指论文的选题必须有理论和事实根据;内容真实可信,忠于事实和材料,以科学的思想方法进行论述,得出科学的结论;论据真实、可靠,论证严谨、周密、逻辑性强;结论经得起实践检验。学术论文就是记录和总结科学研究实践过程、表述和论证并传播科学信息,因此,必须具有科学性。

3. 创新性

科学研究的意义在不断发现新现象、探索新问题、提出新见解、取得新进展,因此,创新性不仅是科学研究也是学术论文的生命所在。学术论文的创新性大致表现在以下几方面:开拓新的研究领域,提出全新的论断;深化和发展前人的研究成果,老课题出新意、出新的创见;从不同的角度,或以新的论证方式,或以新的理论,或利用新资料来研究、论证老问题,从而提出新见解、新思路等。创新性是衡量学术论文是否有价值的根本标准。

4. 理论性

科学研究需要理论思维,而这种理论思维反映到学术论文里,就构成了其内在的理论性。学术论文阐述的是对事物本质和规律的深刻认识,具有理论价值。理论的高度是人类认识发展的标志,学术论文所达到的理论高度,则是衡量其水平和价值的重要标志之一。因此,在写作学术论文时,要求我们不仅仅是罗列现象、数据,而是要运用科学的方法,分析数据、现象,寻找规律,提升自己的发现和认识的理论高度。

5. 逻辑性

逻辑性是指学术论文所提出和论述的问题必须具有一定的逻辑顺序和内在联系,其逻辑结构应是步步为营、层层推进,运用演绎推理或归纳推理等研究方法,推出必然的结论。逻辑性是一篇学术论文成功与否的重要保证。

7.2.1.2 学术论文的类型

要将学术论文进行科学而严谨分类并非易事,因为从不同的层面去分析,会得到不同的结果。从研究领域、对象来分,有人文社会科学学术论文和自然科学学术论文;从社会功用来分,有报告学术论文、期刊学术论文、学位学术论文。所以,本章不对学术论文分类展开讨论。本章的主要目的是引导学术论文的写作者在撰写、修改论文时,应如何抓住各类学术论文的文体特点。

因此,从内容、性质的角度,我们把学术论文大致分为理论型、应用型、观测型和调研型等。

1. 理论型论文

理论型论文是基础理论性研究成果的表达形式。即从学术性角度对基础理论研究的信息进行收集、筛选、评价、分析,并进行理论概括,提出自己的观点和见解,由此而形成的论文。概括性、说理性、严谨的逻辑推理是此类论文最本质的特点。其基本研究方法主要是理论证明、数学推导和综合考察。

2. 应用型论文

应用型论文是应用性研究成果的表达形式，即应用基础理论知识，研究社会实践、科学实验中的具体问题而形成的研究成果，其特点具有明确的目的性和针对性，提出具有可操作性方案、措施。包括对策性研究报告、实验型论文、设计型论文等。

3. 观测型论文

观测型论文就是将自然界、社会生活中各种现象、事物观察和测量的结果进行准确、具体的描述，因此，也被称为描述型论文。此类论文有突出的直观性，一般不作大量的逻辑论证和推理。

4. 调研型论文

调研型论文即作者在对现实生活现象、问题进行调查研究后，介绍分析事实、揭示事物本质、提出对策和建议的论文形式，是调查研究结果的书面表达形式。与一般性调查报告相比，调研型论文更突出专业性、学术性。在经济、法律、历史、教育、文秘、新闻、档案等领域，调研型论文运用相当广泛。

7.2.2 学术论文的基本格式

根据国家标准 GB7713-87 规定：论文、报告由前置部分和主体部分组成。前置部分包括：题名、作者、摘要、关键词和分类号。主体部分包括引言、正文、结论、参考文献和作者简介。下面按先后顺序作简要介绍。

7.2.2.1 前置部分

1. 题名（Title，Topic）

包括正题名和副题名，其中副题名不是必要项，根据需要选择使用与否。题名又称题目或标题，是以最恰当、最简明的词语反映论文中最重要的特定内容的逻辑组合。是论文给出涉及论文范围与水平的第一重要信息，因此，要求题名准确、得体、精炼、新颖。

2. 作者及单位（Author and Affiliation）

分为两行，第一行是作者姓名，第二行列出与作者相关的信息，内容和格式为"作者单位名称　单位所在城市名称　邮政编码"。论文署名大体分为两种情况，即单个作者和多个作者。按照惯例，多个作者署名，以贡献最大者列为第一作者，贡献次之者，位列第二，以此类推。

3. 摘要（Abstract）

摘要是论文内容不加注释和评论的简短陈述，是论文精华的高度浓缩。一般是在论文完成之后写。摘要让读者不用阅读全文即可获取必要的信息。因此，要求简洁精要。

论文的中文摘要一般控制在 200～300 字；外文摘要不宜超过 250 个实词。摘要应包括：论文的研究目的或起因及主要内容、获得的基本结论与研究成果及其意义，突出论文的创新之处。

4. 关键词（Key Word）

关键词是为了文献标引而从论文中选出以代表全文主题内容信息的实词或术语。每篇论文可选 3～8 个词作关键词。一般是作者在完成论文后，纵观全文，从论文题名、摘要、主题内容中抽选出具有实际意义的词或术语。

5. 分类号

这是论文检索的需要，是根据《中图法》给出的类别号码。

7.2.2.2 主体部分

1. 序论（Introduction）

序论又称引言、导言、绪论、前言或序言，字数不宜过多，一般控制在 1000 字左右。其内容包括：研究的起因、目的、背景、前人研究的总结、现存问题及知识空白、研究的理论依据与条件、预期的结果及在相关领域的地位、作用和意义等。引言要言简意赅，既不与摘要雷同，也不是摘要的注释。

2. 本论（Main Body）

本论是论文的主体和核心部分，约占全文的 2/3。其表述的是作者详细地阐述个人的研究成果、提出的新的、独创性的内容。

3. 结论（Conclusion）

结论是经过正文的详细论述，作者论证给出的最终的、总体的结论，是作者总观点的呈现。因此，要求准确、完整、明确和精炼。

4. 参考文献（Reference）

参考文献是撰写学术论文所引用的书刊或网络文献等文献信息。是对别人学术成果的尊重，也反映了作者严谨的治学态度、该学术论文起点及科学依据，也是进行引文统计分析的重要信息来源之一，并有利于读者的检索利用。

国家标准 GB7714-2005 "文后参考文献著录规则"对参考文献的标注方法和参考文献的著录项目与著录格式都作了详细规定，在这里，我们就不赘述了。

5. 作者介绍（Author）

作者介绍简要说明作者的基本情况和学术研究情况。主要包括姓名、年龄、性别、工作单位、职务或职称，发表论文情况和研究方向等。

7.2.3 学术论文的写作程序

7.2.3.1 资料的搜集

任何一篇有价值的论文都是由大量鲜活的事实材料构成。达尔文完成其鸿篇巨著《物种起源》就用了长达 27 年的时间搜集并积累所需的各种资料与数据。"巧妇难为无米之炊"，没有资料，就无法进行研究。由此可见，搜集资料是进行学术论文撰写的基础。

但是，搜集资料也不是盲目的搜集，一定要紧紧围绕个人研究的课题和撰写的论文进行搜集。要注重搜集第一手资料——与论文直接相关的文字材料、数字材料（包括图表），比如统计材料、典型案例和经验总结等；尽力搜集他人的研究成果——国内外与论文研究相关的最新学术动态，比如创新的观点与理论、独到的见解以及典型、有说服力的资料等，同时还要注意搜集材料的准确性和完整性。

搜集资料的方法和方式可以多种多样，下面简要介绍几种常见的方法：

① 摘录式笔记——照抄原文或内容摘要；

② 提纲式笔记——将资料的论点或基本内容提纲挈领地记录下来；

③ 心得式笔记——将对某个问题的心得体会写下来；

④ 若是电子文档，在计算机上建立索引文件，记下相关资料的题录，以备查用。若是纸本文档，建议用卡片的方式记录相关的文献信息，包括书刊名或学术论文题目、作者、版本、页码或日期（若是报刊上的资料）。目前已有很多工具性软件，可以帮助我们进行参考文献处理。

通过不同的渠道搜集了大量的资料，若不对其进行整理归类，这些资料会成为一堆杂乱无章、毫无价值的东西。如何整理资料才能使其眉目清晰、有条有序并变成鲜活、有用、有价值的资料呢？资料的整理工作实际上是对资料进行辨析。辨析所搜集资料的全面性、适用性、真实性、新颖性、典型性等，这样才能知道搜集的资料哪些有用、哪些无用，哪些与自己的研究课题有关，还缺少哪些资料，是否需要进一步搜集、补充等。

整理资料时，应将其分门归类，分类的方法也很多，这里介绍几种常见的分类法：项目分类——按照材料内容属性分类，一般分为理论类（概念、定理、定律、定义等）和事实类；学科分类——按照学科属性分类；按观点和主题分类，将同一观点、同一认识和同一见解材料归为一类。

7.2.3.2 选题与提纲的撰写

选题是科研和写作的开端，决定着论文的价值和成败。但是，无论选择什么题目，都应当遵循以下原则：适应需要，也就是针对学科发展和社会发展的需要，注重学术价值，是指在学科发展中应具有重要意义、迫切需要解决并且新意的问题，指的是学科存在的"空白点"、研究的不足之处、研究的薄弱环节、尚待深入研究的领域以及在实践中出现的新情况新问题等；选题不宜过大，因为题目过大，难度会过深，会力不从心而难以驾驭，即使勉强完成，也容易流于表面，难以深入。选题难易程度适中，才有可能抓住问题的要害和重点，才能做到透彻分析，有自己独到的见解；注重现实可能性。有待研究的问题很多，但是不是所有的论题自己都具备研究条件，所以选题要切合自身实际情况，尽量选择与自己所学的学科或自己本身具有较好知识积累，并有一定研究条件的论题。

论文的提纲不仅勾画出论文的框架结构，而且还体现出写作总体思路及逻辑顺序。学术论文要用大量的资料、较多的层次、严密的推理来展开论述，从各方面来阐述理由、论证自己的观点。因此，一个好的提纲，就能纲举目张，提纲挈领，使论文的结构完整统一，使总论点和分论点有机地统一，也能按照提纲各部分的要求安排、组织利用、决定取舍资料，最大限度地发挥资料的作用。

如何拟定学术论文的提纲？要把握以下几个原则：全局观。从整体出发审查各部分在全文中的地位以及所起的作用，在结构上给各部分适当的比例；以中心论点为根本，决定材料的取舍，要牢记材料终究是为中心论点服务的，与此无关的材料应当摒弃不予采用，不管自己花了多少精力与时间所收集而来的资料；兼顾各部分间的逻辑关系。有说服力的学术论文必须有虚有实，有论点有例证，论据、例证要支撑论点，理论和实际相结合，论证过程中应有严密的逻辑性。

编写学术论文提纲方法如下：

① 拟题；

② 写出中心论点；

③ 全篇的总安排——以什么顺序来论述总论点、分论点及主要论据的要点，这是论文结构的骨架；

④ 在决定总论点后，再逐个考虑其分论点，直到第三级标题，并写出该级内容的论点句（即该级主旨句）；

⑤ 全面检查，作必要的删减。

提纲完成后，还必须对其进行反复推敲和修改，推敲题目是否恰当、结构是否合理、各部分的比例分配是否合理、论证是否围绕中心论点展开、各层次、段落的联系是否紧密等。若缺失这一项工作，势必会严重影响其学术论文的质量。

7.2.3.3 论文的写作

在前面，我们已经详细讲述了学术论文的基本格式，在这里恕不赘述。学术论文的正文由序论、本论和结论三大部分组成。

1. 序论

序论也叫前言、引言、导论或绪论，是论文的开头部分。其内容一般包括选题的背景、问题的提出、意义和目的，或研究目的、范围、方法、及已取得的结果，明确全文论述的中心论点。因此，这部分要开门见山、简洁精当，不能混同于正文，雷同于摘要。

2. 本论

本论是论文的核心部分，是分析问题、论证观点的主要部分，主要是运用论据来论证分论点，进而论证中心论点。是最能体现作者研究成果和学术水平的重要部分。论文质量的优劣、水平的高低、学术价值的大小主要取决于该部分的写作。下面就简要说明本论部分的写作要求。

本论部分的结构安排应按照层次或段落之间的关系以及观点排列方式的不同，将其分为并列式、递进式和综合式三种结构形式。并列式结构又称为横式结构，指各分论点相提并论，各层次平行排列，从不同角度对中心论点展开论证，让本论部分呈现齐头并进的格局。递进式结构又称为纵式结构，在中心论点的引领下，层层推进，逐步深入地进行论证。综合式将以上两种结构结合起来，以一种结构为主来安排大的层次，而用另一种结构来安排小的层次，表现为并列中的递进，递进中的并列，并列、递进交错使用。除此而外，若要论证条理清楚，还常在各层次之前加上小标题、序码或空行等。

本论部分最主要的任务是组织论证，以理服人。围绕论点，运用论据，展开充分的论证。论证是用论据来说明论点的正确或反驳论点的错误的过程和方法，可分为立论和驳论两种。

立论是正面阐述自己的观点，证明它的正确性，从而把论点确立起来的过程。常见的有以下几种。

（1）例证法　用事实作论据，举例说明的论证方法，就是让事实说话，事实胜于雄辩，这是最常用的有效论证方法。

（2）引证法　引用权威人士的观点、理论、格言、警句、谚语、自然科学说的定律和公理等来证明自己观点的论证方法。采用引证法，应当注意一定要忠实于作者的原意，切忌断章取义，而且引语要简洁、准确无误，最好注明出处。

(3) 分析法　把一个较为复杂庞大的事物或道理，分割成若干部分，然后一一加以分析的论证方法。

(4) 推理法　从一个或几个已知的判断推出一个新判断的论证过程。从文章的整体来说，完整的推理过程包括归纳、演绎或类比推理的过程。

立论除以上方法外，还有因果论证、对比论证、比喻论证等方法，因篇幅问题，我们就不一一说明了。

驳论则是通过驳斥反面观点，证明其荒谬、错误，从而证明自己观点正确的一种论证方法。驳论可分为驳论点、驳论据和驳论证三种。常用驳论方法有：

(5) 直接反驳　运用论据或推理，直接证明对方论点是错误的方法。

(6) 反证法　先证明与对方相矛盾的另一观点是正确的，进而证明对方的观点是错误的一种论证方法。

(7) 归谬法　先假定对方的观点是正确的，然后以其为前提，推导出一个明显荒谬的结论，从而证明对方的论点是错误的一种论证方法。

论证或驳论的方法有很多，究竟用哪一种，这得根据论证的实际情况来定。一般来说，只用一种论证方法是很少见的，在多数情况下，是需要将几种论证或反驳方法加以结合，才能达到好的论证效果。

本论部分的内容是由观点和材料构成，写好本论部分则要求将观点和材料有机地结合，由观点来决定材料，用材料来证明观点。切忌堆砌材料，忽略了材料是为论点服务的。为避免这一问题，可以将材料按照各自要证明的观点来安排，即把所有的材料分别划归到各个分论点下，随着观点间的逻辑关系及排列顺序，材料也就自然而然各就各位了。

3. 结论

是一篇论文的结束部分，总结全文论证的结果，指出进一步的研究方向。要写好结论，应当注意结论的语言要简洁有力、掷地有声，切忌草草收尾、拖拖拉拉。也不宜在该部分提出新的观点或材料，因为结论部分是收束全文的作用。

7.2.3.4 论文的修改

论文的修改方法有热改法、冷改法、征求意见法和诵读修改法等。

(1) 热改法　是指论文完成后，趁热打铁，即刻进行修改的方法。其优点是记忆清晰，改动及时，避免遗忘。缺点是作者处于写作激情状态，对于需要删改的部分难以甄别，判断会出现偏差。但是作者对行文中发现的问题还是有着深刻的印象，在论文完成的初期进行修改还是较为容易，因此，热改法适合于对论文进行补充修改。

(2) 冷改法　是指初稿完成一段时间后，再对其进行修改的方法。该方法最大的优点是作者已过写作兴奋期，能较冷静地看稿，容易发现初稿中不妥之处，便于进行修改。

(3) 征求意见法　是指初稿完成后，请别人帮助修改的方法。这是一种较好的修改方法。请教一位本学科领域科研能力、写作能力较强的人，对论文的基本观点、结构、语言等提出客观的修改意见，可以让论文更全面、更客观。

(4) 诵读修改法　是指初稿完成后，通过反复诵读，发现问题及时修改的方法。在诵读过程中，会从那些读起不顺口、不恰当的地方，发现问题，易于对论文进行修改。

在实际论文修改中，常常将以上四种方法综合使用，才能完成一篇高水平的学术论文。

7.3 综述报告的撰写

7.3.1 概念、特点及其作用

概念：综述报告是对某一方面的专题搜集大量文献资料后经综合分析而写成的一种学术论文，是反映当前某一领域中某分支学科或重要专题的最新进展、学术见解和建议，它往往能反映出有关问题的新动态、新趋势、新水平、新原理和新技术等，属于三次文献范畴。

7.3.1.1 综合叙述

综述报告能全面系统地介绍国内外某一学科或某一领域中某一时期的综合情况，以汇集文献资料为主，辅以注释。它反映的是某一学科在某一时期的发展演变规律和发展趋势，与一般科技论文相比，综述报告不具有首创性，但是不同于"读书笔记"、"读书报告"，因此，在搜集文献应尽量全面，全面、大量地占有文献资料是写好综述报告的前提，否则，以偏概全，没有综合性，甚至误导读者。

7.3.1.2 述而不评

综述报告只是对原始文献、数据、观点做客观分析，不掺入个人的观点，不作评论，更不会提出预测与建议。但是在材料的引用和观点的取舍，完全体现了作者的立场和解释。因此，综述报告还是有倾向性的，不仅仅是资料的罗列，而是具有创造性的研究成果，是一种有价值的科技信息。

作用：综述报告能较为全面系统地反映国内外某专业领域或某学科的历史沿革、当前状况及发展趋势。它可以帮助读者花费少量的时间和精力，获得大量的信息和数据，尽早、尽快了解某一专业或学科的国内外发展水平和趋势、存在问题及解决问题的办法，便于读者确定其科研主攻方向、制定科研规划等。

综述的内容和形式灵活多样，无严格的规定，篇幅大小不一，大的可以是几十万字甚至上百万字的专著，参考文献可数百篇乃至数千篇；小的可仅有千余字，参考文献数篇。一般期刊登载的多为 3000~4000 字，引文 20~30 篇，一般不超过 30 篇，外文参考文献不应少于 1/3。

7.3.2 综述报告写作前的准备工作

7.3.2.1 选题

综述报告的撰写通常是目的明确，为了某种需要，比如从事某项科研、积累某方面的文献资料等，因此，综述报告选题的范围可大可小，大到一个学科或一个领域，小到一种理论、一个方法等，这是根据作者的需要、自身专业素养以及对文献的检索、搜集与整理能力而定。

但是，选题一定要新，即所综述的选题必须是近期该刊未曾刊载过的。因为综述不是写学科发展的历史，而是要搜集最新资料，获取最新内容，将最新的学科信息和科研动向及时传递给读者。

7.3.2.2 搜集、阅读文献

在选题之后，就要围绕题目进行搜集与题目相关的文献。综述报告是对某个领域或某一

专业在某一时期的综合情况的全面介绍，因此，在搜集文献时应尽可能全面地检索到与题目相关的各种类型文献资料，而不同类型的文献各有其特点，各有所用。比如，了解各学科的背景资料，宜选择图书作为入门读物；科学研究宜选择科技期刊论文和科技报告；介绍科技动态、国内外同领域研究的现状宜参阅会议文献和综述报告；开展新产品研制与技术革新，宜参考专利文献和技术标准等。因此，综述报告的撰写好坏不仅与作者是否具有较强的研究能力有关，而且也与作者的文献搜集能力相关。

由于现在的综述多为"现状综述"，所以在引用文献中，70%的应为3年内的文献，所以，用于完成综述的文献一定要新。

完成与题目相关的文献搜集工作后，就要对这些文献进行阅读、归纳与整理。因为综述不是材料的罗列，而是对亲自阅读和收集的材料，加以归纳、总结，做出评论和评价，并由提供的文献资料引出重要结论。一篇好的综述，应当是既有观点，又有事实，有骨又有肉的好文章。

如何从搜集的大量文献中选出具有代表性、科学性和可靠性的单篇文献是十分重要的，因为选择文献质量的高低直接影响到文献综述的水平，这也反映出作者整理文献资料的能力、科学组织自己文档的能力。只有在能反映国内外最新水平的系统文献资料的基础上，才能撰写出高水平的综述报告。

因此，在阅读文献时，要做好"读书笔记"、"读书心得"和"文献摘要"。用自己的语言记下文献的精髓、阅读文献时的心得体会、所得到的启示等，这不仅为撰写报告提供有益的资料，也提高自己文献阅读的能力，而且还训练自己的文字表达力，一举多得。

7.3.3 综述报告的基本格式及写作方法

综述报告是向读者介绍与报告主题相关的发展动态及与主题有关的详细资料等，其写作的基本格式不同于一般的研究性学术论文。尽管综述报告有着相对多样的写作格式，但是其应具备的要素是基本相同的，除了题目和文摘而外，一般包括前言、正文、结论和参考文献。

7.3.3.1 前言

用200～300字的篇幅简要说明综述报告写作的目的、范围，介绍课题相关的历史背景及研究方向，让读者对全文所叙述内容有一个初步了解。

7.3.3.2 正文

主要包括论据和论证。通过提出问题、分析问题和解决问题，比较各种观点的异同点及其理论根据，从而反映作者的见解。为把问题说得明白透彻，可分为若干个小标题分述。这部分应包括历史发展、现状分析和趋向预测几个方面的内容。①历史发展：要按时间顺序，简要说明这一课题的提出及各历史阶段的发展状况，体现各阶段的研究水平；②现状分析：介绍国内外对本课题的研究现状及各派观点，包括作者本人的观点。将归纳、整理的科学事实和资料进行排列和必要的分析。对有创造性和发展前途的理论或假说要详细介绍，并引出论据；对有争论的问题要介绍各家观点或学说，进行比较，指出问题的焦点和可能的发展趋势，并提出自己的看法。对陈旧的、过时的或已被否定的观点可从简。对一般读者熟知的问题只要提及即可；③趋向预测：在纵横对比中肯定所综述课题的研究水平、存在问题和不同观点，提出展望性意见。这部分内容要写得客观、准确，不但要指明方向，而且要提示捷径，为有志于攀登新高峰者指明方向。主体部分没有固定的格式，有的按问题发展历史依年代顺序介绍，也有按问题的现状加以阐述的。不论采用哪种方式，都应比较各家学说及论据，阐明有关问题的历史背景、现状和发展方向。

7.3.3.3 正文部分的写作方法

1. 纵式写法

"纵"是"历史发展纵观"。它主要围绕某一专题，按时间先后顺序或专题本身发展层次，对其历史演变、目前状况、趋向预测作纵向描述，从而勾划出某一专题的来龙去脉和发展轨迹。纵式写法要把握脉络分明，即对某一专题在各个阶段的发展动态作扼要描述，已经解决了哪些问题，取得了什么成果，还存在哪些问题，今后发展趋向如何，对这些内容要把发展层次交代清楚，文字描述要紧密衔接。撰写综述不要孤立地按时间顺序罗列事实，把它写成了"大事记"或"编年体"。纵式写法还要突出一个"创"字。有些专题时间跨度大，科研成果多，在描述时就要抓住具有创造性、突破性的成果作详细介绍，而对一般性、重复性的资料就从简从略。这样既突出了重点，又做到了详略得当。纵式写法适合于动态性综述。这种综述描述专题的发展动向明显，层次清楚。

2. 横式写法

"横"是"国际国内横览"。它就是对某一专题在国际和国内的各个方面，如各派观点、各家之言、各种方法、各自成就等加以描述和比较。通过横向对比，既可以分辨出各种观点、见解、方法、成果的优劣利弊，又可以看出国际水平、国内水平和本单位水平，从而找到了差距。横式写法适用于成就性综述。这种综述专门介绍某个方面或某个项目的新成就，如新理论、新观点、新发明、新方法、新技术、新进展等。因为是"新"，所以时间跨度短，但却引起国际、国内同行关注，纷纷从事这方面研究，发表了许多论文，如能及时加以整理，写成综述向同行报道，就能起到借鉴、启示和指导的作用。

3. 纵横结合式写法

在同一篇综述中，同时采用纵式与横式写法。例如，写历史背景采用纵式写法，写目前状况采用横式写法。通过"纵"、"横"描述，才能广泛地综合文献资料，全面系统地认识某一专题及其发展方向，作出比较可靠的趋向预测，为新的研究工作选择突破口或提供参考依据。无论是纵式、横式或是纵横结合式写法，都要求做到：一要全面系统地搜集资料，客观公正地如实反映；二要分析透彻，综合恰当；三要层次分明，条理清楚；四要语言简练，详略得当。

但是不管用何种方法进行综述，都要求对所搜集的文献资料进行归纳、整理及分析比较，阐明与主题相关的历史背景、现状和发展趋势，以及对这些问题的评述。正文部分还应特别注重对代表性强、具有科学性和创造性的文献引用和评述，因为搜集到的文献中可能存在观点雷同，在可靠性和科学性方面存在一定的差异。说理也必须占有充分的资料，处处以事实为依据，决不能异想天开地臆造数据和论断，将自己的推测作为结论写。

引用文献时，一定要做到忠实于原文，不能任意篡改引用文献的内容，因为文献综述不应有作者自己的评论分析。参考文献也要依照引用先后次序排列在综述文末，并将序号置入该论据（引文内容）的右上角。引用文献必须确实，以便读者查阅参考。

7.3.3.4 总结

主要是对主题部分所阐述的主要内容进行概括,重点评议,提出结论,最好是提出自己的见解,并提出赞成什么,反对什么。

7.3.3.5 参考文献

尽管这部分放在文末,但它也是综述报告重要的组成部分,是绝对不能省略的。因为它不仅是提供引用文献的出处,表示对被引文献作者应有的尊重,而且也为读者进一步深入探讨相关问题提供文献线索。所以,应该认真著录参考文献,条目编排要清晰,内容应准确无误。

7.4 参考文献的著录方法

写文章,做科研项目,编辑图书资料,都免不了要参考引用不同数量不同类型的文献资料。人类的进步、科学的发展,都是建立在继承和发展的基础之上的。尤其是到了人类物质文明相当发达的今天,任何人都已经不可能脱离现有的知识体系异想天开。所以参考引用他人的研究成果,是非常正常的,是必需的。为了尊重他人研究成果,体现自身研究成果的思路和脉络,有必要在文后对参考和引用的文献资料进行揭示。引用的文献可能有图书、期刊论文、网络资料、电子文献、标准等不同类型。中华人民共和国国家标准 GB / T 7714——2005《文后参考文献著录规则》对此作了详细的规定。本节结合有关资料,只就具有代表性的文后参考文献著录方法做一个简单的介绍。

7.4.1 有关基本概念

文后参考文献,是指为撰写或编辑论文和著作而引用的有关文献信息资源。

专著,是指以单行本形式或多卷册形式,在限定的期限内出版的非连续性出版物。它包括以各种载体形式出版的普通图书、古籍、学位论文、技术报告、会议文集、汇编、多卷书、丛书等。

析出文献,是指从整本文献中析出的具有独立篇名的文献。

电子文献,是指以数字方式将图、文、声、像等信息存储在磁、光、电介质上,通过计算机、网络或相关设备使用的记录有知识内容或艺术内容的文献信息资源,包括电子书刊、数据库、电子公告等。

顺序编码制,是指一种文后参考文献的标注体系,即引文采用序号标注,参考文献表按引文的序号排序。

著者-出版年制,是指一种文后参考文献的标注体系,即引文采用著者—出版年标注,参考文献表按著者字顺和出版年排序。

7.4.2 参考文献的著录格式

7.4.2.1 引用专著的著录格式

主要责任者. 题名: 其他题名信息[文献类型标志]. 其他责任者. 版本项. 出版地: 出版者, 出版年: 引文页码[引用日期]. 获取和访问路径.

示例:

[1]余敏. 出版集团研究[M]. 北京：中国书籍出版社，2001：179-193.

[2]昂温 G. 昂温 PS.外国出版史[M]. 陈生铮. 译. 北京：中国书籍出版社，1988.

[3]全国文献工作标准化技术委员会第七分委员会. GB／T 5795—1986 中国标准书号[S]. 北京：中国标准出版社，1986.

[4]辛希孟. 信息技术与信息服务国际研讨会论文集：A 集[C]. 北京：中国社会科学出版社，1994.

[5]孙玉文. 汉语变调构词研究[D]. 北京：北京大学出版社，2000.

[6]顾炎武. 昌平山水记；京东考古录[M]. 北京：北京古籍出版社，1982.

[7]王夫之. 宋论[M]. 刻本. 金陵：曾氏. 1845(清同治四年).

[8]赵耀东. 新时代的工业工程师[M/OL]. 台北：天下文化出版社，1998[1998—09-26]. http：//www. Ic.nthu. edu. tw/info/ie. newie. htm(Big5).

7.4.2.2 引用专著中的析出文献的著录格式

著录格式：析出文献主要责任者. 析出文献题名[文献类型标志]. 析出文献其他责任者//专著主要责任者. 专著题名：其他题名信息. 版本项. 出版地：出版者，出版年：析出文献的页码[引用日期]. 获取和访问路径.

示例：

[1]程根伟. 1998 年长江洪水的成因与减灾对策[M]//许厚泽. 赵其国. 长江流域洪涝灾害与科技对策. 北京：科学出版社，1999：32-36.

[2]陈晋链-张惠民. 朱士兴. 等. 蓟县震旦亚界研究[M]//中国地质科学院天津地质矿产研究所. 中国震里亚界. 天津：天津科学技术出版社，1980：56-114.

[3]白书农. 植物开花研究[M]//李承森. 植物科学进展. 北京：高等教育出版社，1998：146-163.

[4]马克思. 关于《工资、价格和利润》的报告札记[M]//马克思. 恩格斯. 马克思恩格斯全集：第 44 卷. 北京：人民出版社，1982：505.

[5]钟文发. 非线性规划在可燃毒物配置中的应用[c]//赵玮. 运筹学的理论与应用：中国运筹学会第五届大会论文集. 西安：西安电子科技大学出版社，1996：468-471.

7.4.2.3 引用连续出版物的著录格式

著录格式：主要责任者. 题名：其他题名信息[文献类型标志]. 年，卷(期)－年，卷(期). 出版地：出版者，出版年[引用日期]. 获取和访问路径.

示例：

[1]中国地质学会. 地质论评[J]. 1936，1(1). 北京：地质出版社，1936-.

[2]中国图书馆学会. 图书馆学通讯[J]. 1957(1)-1990(4). 北京：北京图书馆，1957-1990.

7.4.2.4 引用连续出版物中的析出文献的著录格式

连续出版物中的析出文献著录格式：析出文献主要责任者. 析出文献题名[文献类型标志]. 连续出版物题名：其他题名信息，年，卷(期)：页码[引用日期]. 获取和访问路径.

示例：

[1]李晓东. 张庆红. 叶瑾琳. 气候学研究的若干理论问题[J]. 北京大学学报：自然科学版，1999. 35(1)：101-106.

[2]刘武·郑庭. 姜础. 元谋古猿牙齿测量数据的统计分析及其在分类研究上的意义[J]. 科学通报，1999. 44(23)：2481-2488.

[3]傅刚. 赵承. 李佳路. 大风沙过后的思考[N／OL]. 北京青年报. 2000-04-12(14)[2005-07-12].http：//www.Biyouth.com.cn/Bqb/2000412/GB/ 4216%5ED0412B1401. htm.

[4]莫少强. 数字式中文全文文献格式的设计与研究[J／OL]. 情报学报，1999. 18(4)：1-6[2001-07-08].http：// periodical.wanfangdata.com.cn/periodical/qbxb/qbxb99/ qbxb9904 / 990407.htm.

7.4.3 参考文献表的组织方法

参考文献表可以按顺序编码制组织，也可以按著者一出版年制组织。

7.4.3.1 顺序编码制

参考文献表按顺序编码制组织时，各篇文献要按正文部分标注的序号依次列出。

示例：

[1] 尼葛洛庞帝. 数字化生存[M]. 胡泳. 范海燕. 译. 海口：海南出版社,1996.

[2] 汪冰. 电子图书馆理论与实践研究[M]. 北京：北京图书馆出版社,1997.

[3] 杨宗英. 电子图书馆的现实模型[J]. 中国图书馆学报,1996(2)：24-29.

7.4.3.2 著者-出版年制

参考文献表采用著者一出版年制组织时，各篇文献首先按文种集中，可分为中文、日文、西文、俄文、其他文种5部分；然后按著者字顺和出版年排列。中文文献可以按汉语拼音字顺排列。也可以按笔画笔顺排列。

示例：

参考文献

尼葛洛庞帝. 1996. 数字化生存[M]. 胡泳，范海燕，译.海口:海南出版社.

汪冰. 1997. 电子图书馆理论与实践研究[M]. 北京：北京图书馆出版社.

杨宗英. 1996. 电子图书馆的现实模型[J]. 中国图书馆学报(2);24-29.

7.4.4 文献类型和文献载体标志代码

文献类型	标志代码	文献类型	标志代码
普通图书	M	会议录	C
汇　编	G	报　纸	N
期　刊	J	学位论文	D
报　告	R	标　准	S
专　利	P	数据库	DB
计算机程序	CP	电子公告	EB

载体类型	标志代码
磁带(magnetic tape)	MT
磁盘(disk)	DK
光盘(CD-ROM)	CD
联机网络(online)	OL

思 考 题

1. 请谈谈文献利用过程中的著作权保护。
2. 学术论文是什么？如何理解学术论文？
3. 简述学术论文的选题、整理资料及撰写提纲的方法。
4. 简述学术论文修改需要注意的事项。
5. 何谓综述报告？有哪些特点？
6. 简述如何撰写综述报告。
7. 掌握本章介绍的参考文献著录方法，浏览你所在专业的期刊上的参考文献著录是否规范？

参 考 文 献

[1] 曹彩英，左惠凯.化学化工信息检索与利用[M].北京：海洋出版社，2008.
[2] 曹志梅，范亚芳等.信息检索问题集萃与实用案例[M].北京：北京图书馆出版社，2008.
[3] 陈建文.Google 数字图书馆及其对图书馆的影响[J].图书馆学研究,2010,6(6).
[4] 邓珞华，夏淑萍，王真.现代文献综合信息检索[M].北京：高等教育出版社，2006.8.
[5] 龚忠武.文献检索与传递[M].北京：科学技术文献出版社，1994.
[6] 洪全.信息检索与利用[M].北京：清华大学出版社，2007.8.
[7] 胡剑胜.关于影响因子主要影响因素的讨论[J].安徽农业科学，2009.2.
[8] 花芳.文献检索与利用[M].北京：清华大学出版社，2009.
[9] 蒋永新等. 人文社会科学信息检索教程（第二版）[M]. 上海：上海大学出版社，2005.
[10] 空军政治学院.国外大学图书馆概述[M].上海：上海科学技术文献出版社，1986.
[11] 黎文.经济管理文献与信息检索[M].广州：华南理工大学出版社，2008.
[12] 李金庆. 信息时代期刊管理[M]. 北京：光明日报出版社，2005.
[13] 李魁彩.情报与文献工作词典[M].北京：中国城市经济社会出版社，1990.
[14] 刘静.信息素质教育中的高校图书馆[J].医学信息，2004.10.
[15] 刘廷元，邵卫东，汤凝.信息检索教程[M].北京：北京交通大学出版社,2008.
[16] 刘廷元.数字信息检索教程[M]. 上海：华东理工大学出版社，2006.8.
[17] 刘喜怀，王晓云.美国高校是如何进行信息素质教育的[J].现代远距离教育，2004.
[18] 罗志尧，胡优新，张永红. 文献信息检索与利用[M]. 北京：科学技术文献出版社，2003.
[19] 马费城.信息资源开发与管理[M].北京：电子工业出版社，2004.
[20] 牛燕平等.对"核心期刊"存在价值的理性思考[C].第二届全国核心期刊与期刊国际化、网络化研讨会论文集.2004.
[21] 钱荣贵.核心期刊与期刊评价[M].北京：中国传媒大学出版社，2006.
[22] 秦殿启.文献检索与信息素养教育[M].南京：南京大学出版社，2008.
[23] 沙振江.人文社科信息检索与利用教程[M].镇江：江苏大学出版社，2007.
[24] 松见弘道.中国图书与图书馆[M].北京：书目文献出版社，1995.
[25] 王汉桥.经济法律信息检索[M].北京：高等教育出版社，2006.
[26] 王钜春.法律信息的计算机检索[M].北京：中国人民大学出版社，2001.
[27] 王立诚.科技文献检索与利用（第 3 版）[M].南京：东南大学出版社，2006.
[28] 王立诚.社会科学文献检索与利用[M].南京：东南大学出版社，2007.
[29] 王荣民.化学化工信息及网络资源的检索与利用（第 2 版）[M].北京：化学工业出版社，2007.
[30] 王新荣.文献信息检索与利用（第 2 版）[M].上海：上海交通大学出版社，2005.
[31] 威尔逊.信息时代：运用信息技术的成功管理[M].北京：经济管理出版社，2000.
[32] 信息检索利用技术编写组.信息检索利用技术（第 2 版）[M].成都：四川大学出版社，2008.
[33] 许家梁.信息检索[M].北京：国防工业出版社，2004.
[34] 叶继元.核心期刊概论[M].南京：南京大学出版社，1995.

[35] 詹华清，介凤. 国外信息共享空间评价研究与实践[J]. 图书馆学研究,2010,(20)7.
[36] 张孙玮，吕伯升，张迅.科技论文写作入门（第2版）[M].北京：化学工业出版社，2007.
[37] 张天桥，李霞.科技论文检索、写作与投稿指南[M].北京：国防工业出版社，2008.
[38] 张洋，张磊. 网络信息资源评价研究综述[J]. 中国图书馆学报,2010,(5).
[39] 郑章飞.理工信息检索[M].北京：高等教育出版社，2006.
[40] 周薇. 常用中文搜索引擎的应用、分析和比较[J]. 图书情报工作,2009,(S1).